「専門家」
以外の人のための

決算書&ファイナンスの教科書

早稲田大学ビジネススクール教授
西山 茂
NISHIYAMA SHIGERU

東洋経済新報社

はじめに

「数字の話は経理や財務の人に任せておけばいい」
　こんな考えをもっている方がいるかもしれない。たしかに、財務諸表の作成や詳細な分析、また数字を使った精緻な業績評価や意思決定をする場合、社内の経理・財務の専門家に頼ることが必要になる。
　だが、頼りっぱなし、任せっぱなしでいいのだろうか。

　私は、経理・財務の専門家ではない企画・営業・研究開発・製造などを担当している方々も、経営に関係する数字の活用方法を「ざっくり」理解しておくことが重要だと考える。
　なぜなら、日々のビジネスの現場では、数字を含めたいろいろな視点から総合的に意思決定をすることが重要になるからだ。
　実際に、最近件数が増えているM&Aや成長戦略のための新規事業への投資、また既存の事業の検討や競合企業・取引先企業の状況の把握、そのいずれの場面でも、戦略やマーケティング、人的資源管理などをベースにした定性的な検討と並行して、アカウンティングやファイナンスをベースにした定量的な検討が必要になる。
　ただ、このような場面で、ともするとそれぞれの分野を専門とする人が集められ、おのおのが専門的な視点から検討をしてしまい、結果的に、深くても狭い意見を寄せ集めるような形で判断や意思決定をしてしまうことがある。これでは総合的に見て、最適なマネジメントができているとはいえない。
　そうならないためには、専門性をもつビジネスパーソンが、自分の専門分野以外についてもざっくりと理解しておき、さまざまな分野の専門家と連携しながら共通したベースで議論や検討を行ない、ベストと考えられる判断や意思決定をしていくことが重要になる。

また、組織としても、これができるビジネスリーダーがどんどん生まれてくることが理想である。
　中でも、会社の数字を専門としないビジネスリーダーにとっては、経営に関係する数字を理解できることが重要だ。実際に、そのようなリーダーが数字を理解し活用できるようになると、定性的な側面が集約されている数字を使って、客観的でありながら総合的に、ビジネスが検討できるようになってくる。
　さらに、ビジネスリーダーが数字と現場を結びつけて判断し、意思決定をすることによって、

数字が意味をもち
現場を語るようになり
さらに予測の数字などにも魂が入ってくるのだ。

　ただ、会計や財務の専門用語と、ずらりと並ぶ数字に、苦手意識をもっている方も多いと思う。そこで、本書は数字の専門家ではないビジネスパーソン、リーダーが、経営に関係する数字のポイントをわかりやすく学べるようにいくつかの仕掛けをしている。

　まず1つ目は、数字の専門家ではないビジネスパーソン、リーダー向けに、経営に関係する数字の中でも重要な点に絞ってまとめていることである。経営に関係する数字の分野は大きくはアカウンティングとファイナンスの2つに、さらにアカウンティングを決算書の話である財務会計と社内の経営管理の話である管理会計に分けると3つに分かれている。本書は、これらの分野の重要なポイントだけを1冊にまとめている。つまり、1冊だけで、現場も数字もわかるビジネスリーダーになるために必要なポイントが学べるようになっているのである。
　2つ目は、読みやすく、学びやすくなるような工夫をしていることである。本書の中では、財務会計8テーマ、ファイナンス8テーマ、管理会計6テーマの合計22のテーマを取り上げている。それぞれのテーマはストー

リーで始まる。学ぶポイントを、ビジネスの現場に即してイメージしてもらうために、テーマに関係するストーリー（物語）とその後日談を掲載している。また、各テーマの文章の中で、特に重要なポイントについては下線や点線を引いて、見逃すことのないようにしている。

さらに、各テーマの最後には、重要なポイントを箇条書きにして、復習や再確認に役立つようにしている。つまり、本書は数字を専門としない方でも、素早く読みたい、復習したいポイントが探せるようになっている。

3つ目は、内容を理解しやすくするために、またイメージしやすくするために、具体例を数多く取り上げていることである。各テーマの中でいろいろな企業の事例を取り上げるとともに、テーマごとに1つ、あるいは2つほど、実際の企業をベースにしたケースを掲載している。本書は、具体的な事例を用いて、<u>ビジネスの現場と経営の数字を結びつける実践力を養えるようになっている。</u>

会社の数字の専門ではないビジネスリーダー、また将来のリーダー候補にとって、数字にもある程度は強くなっておくことは必須である。ぜひ本書を最後までお読みいただき、数字にも強いビジネスリーダーになっていただきたい。

最後に、本書の執筆にあたっては、東洋経済新報社の黒坂浩一氏に大変お世話になった。書籍の構想から実際の執筆終了まで約2年をかけることになってしまったが、その間も忍耐強く待っていただき、最初から最後まで貴重で的確なアドバイスを数多くしていただいた。何とか出版にまで至ることができたのは、黒坂氏の貢献の賜物である。この場を借りて深く感謝申し上げる。

本書で、アカウンティングとファイナンスを、**まとめて、ざっくり、一気に学んでいただき**、「数字の専門家ではないが、数字もわかる」ビジネスリーダーがひとりでも多く誕生し、ビジネスの世界で活躍されることを祈念している。

2019年6月

西山　茂

> 基礎知識

アカウンティングとファイナンスの違いと一体化

企業の立場、投資家の立場、それぞれの立場で数字を使う

　経営に関係する数字の分野としては、大きくアカウンティングとファイナンスの2つがある。本書は、この2つの分野について、すべてのビジネスリーダーが知っておくべきポイントをまとめたものである。まず、この2つの違いについて確認しておこう。

　アカウンティングは、企業の立場から数字を扱っていくものだ。具体的には、2つの分野に分かれている。1つは企業の業績を企業外部に報告する資料である財務諸表、つまり貸借対照表、損益計算書、キャッシュフロー計算書などをどうつくっていったらよいのか、またそれをどう分析していったらよいのかに関連する**財務会計**。もう1つは企業内部で経営管理のために数字を使っていくことに関連する**管理会計**である。つまり、アカウンティングは企業の立場で、外部への報告のために、また内部での経営管理のために数字を活用していくものである。

　一方で**ファイナンスは、企業の外部にいる投資家（資金提供者）の立場から、企業の数字を扱っていく**ものである。上場公開企業では株主や銀行、さらには社債の保有者から資金を預かって事業を行なっている。したがって、投資家の考え方を理解し、投資家の評価を高めるような経営を行ない、最終的には企業価値、さらに時価総額、株価を高めていくために数字を活用していくものがファイナンスである。

　このように、アカウンティングとファイナンスは、いずれも企業の数字を扱うものであるが、どのような立場から数字を扱っていくのかという点が違っている。

財務会計、管理会計、
ファイナンス、この３つが一体化してきている

　アカウンティングとファイナンスは、別物だが、最近になって、かなり一体化してきている。

　たとえば、ファイナンスの代表的な考え方の１つに、企業価値や株主価値の評価に使われるDCF法（Discounted Cash Flow法）がある。この方法では、企業価値や株主価値を、企業が事業を中心に将来生み出すと予測されるキャッシュフローを現時点の価値に割り引くことで計算していく。

　このDCF法が、財務諸表を作成する財務会計の中で、最近よく話題になる減損会計などで使われている。減損会計とは土地や建物、機械といった有形固定資産や、M&Aの際に発生する無形資産の評価額である「のれん」が、過去の財務諸表に記載されている金額（簿価）よりも大幅に下がってしまった場合に、その価値の下落を認識するものである。その「価値の下落」を評価する方法としてDCF法が使われている。これは**ファイナンスと財務会計の一体化**の例である。

　また、外部へ報告する財務諸表に含まれている事業分野別、地域別の業績を表すセグメント情報は、社内の経営管理で活用している区分で集計されている。これは、社内の経営管理の区分をベースに外部への報告を行なっていこうという、**管理会計と財務会計の一体化**の一例である。

　さらに、社内の経営管理の中でも、M&Aや事業投資、設備投資の案件の評価の中で、ファイナンスの手法が使われている。具体的には、そのプロジェクトでいくら儲かるかによって評価するNPV法や年平均で何％儲かるのかで評価するIRR法といったファイナンスの考え方が使われている。これは**管理会計とファイナンスの一体化**の例である。

　ファイナンス、財務会計、管理会計、この３つは、かなり一体化してきている。ビジネスリーダーは、これらを一体として理解しておくことが重要になる。

もくじ

はじめに 003
【基礎知識】アカウンティングとファイナンスの違いと一体化 006

財務3表から企業の状況を読む
【財務会計】　017

1 貸借対照表から何がわかるのか　019
【ストーリー】買収、のれん、無形、有形…なぜわかりにくい？　019
貸借対照表とは決算日の数字を使った記念写真　020
「この取引先は大丈夫？」安全性がわかる　021
「どんなビジネスをしているのか？」事業の構造がわかる　023
「潜在的な課題は何か？」企業の課題が見えてくる　026
【ケース】5つの企業の貸借対照表の比較　029
【後日談】BSから安全度や事業構造が見える　034

2 損益計算書から何がわかるのか　037
【ストーリー】高級ブランド品の原価と儲けはどれくらい？　037
損益計算書は売上高からスタートし、純利益というゴールに至る　038
利益構造、コスト構造が見えてくる　040
企業の課題や特徴が見つかる　044
【ケース】5つの企業の損益計算書の比較　047
【後日談】原価よりも販売管理費のほうが高いコスト構造　053

3 キャッシュフロー計算書から何がわかるのか　055

【ストーリー】なぜキャッシュフローが重視されるのか　055
キャッシュフロー計算書とは何か　056
企業の動きがわかる　060
フリーキャッシュフローと営業活動からのキャッシュフローに注目　061
【ケース】大塚家具とキヤノンのキャッシュフロー計算書の動き　064
【後日談】情報共有でもキャッシュフローはよくなる　069

4　IFRSと日本の会計基準の違い　072

【ストーリー】IFRSの導入で何が変わるのか　072
IFRS導入の理由と経緯「なぜ会計基準の統一が必要なのか」　073
IFRSの特徴は原則主義と貸借対照表重視　074
IFRSと日本の会計基準の代表的な違いを押さえる　075
日本でのIFRSの導入状況とそれによる変化　080
【ケース】IFRS導入の影響と独自の利益の集計
　　　　──J.フロントリテイリングとアステラス製薬　081
【後日談】IFRSと「独自の利益」の導入──比較しやすさを求めて　083

5　ROE、ROAから何がわかるか　086

【ストーリー】ROEが低いと社長退任まで要求される？　086
ROEとは株主が出した資金に対する儲けの率　087
ROEを3つの比率に分解したデュポンシステム　088
ROAは保有している資産に対する投資効率を評価する指標　090
ROAの意味とROEとの関係──2つは連動する可能性が高い　092
ROE、ROA活用の際に注意すべき3つのポイント　094
【ケース】ROEから見る明治ホールディングスの変化　095
【後日談】利益率改善の手段には、価格設定や業界再編なども　097

6　収益性と効率性を読み解く　099

【ストーリー】大学同期でも業種が違えば別世界　099
収益性──利益を生み出す能力は「率」ではかる　100
効率性──「小さなBSと大きなPL」の関係が効率がよい　101
収益性と効率性の関係はトレードオフ　110
【ケース】ROAから見るひらまつとサイゼリヤの違い　111

【ケース】スクールビジネスを展開するTACのCCC　114
　　　【後日談】収益性や効率性は業種によって違う。CCCの目標達成も重要だ　116

7　安全性と成長性を読み解く …………………………………… 118
　　　【ストーリー】30年来の取引先から支払日延長の依頼…何があったのか？　118
　　　安全性──貸借対照表と財務比率で適切に評価　119
　　　成長性──売上と資産の増加率に注目　124
　　　【ケース】ミクシィ、P&G、花王の安全性を比較する　126
　　　【後日談】取引先は、売上は伸びているが安全性がよくない　129

8　株価をベースに評価するEBITDAマルチプル、PER、PBR ……………………………………………………… 131
　　　【ストーリー】経営企画部へ抜擢も、M&Aの話についていけず…　131
　　　EBITDAマルチプル──営業キャッシュフローと企業価値の倍率　132
　　　【ケース】5社のEBITDAマルチプルの違いから見えてくるもの　136
　　　PER──1株当たりの株価と純利益の比率　137
　　　PBR──1株当たりの株価と純資産額の比率　139
　　　3つの評価方法の限界「特徴や強みを十分には評価できない」　141
　　　【ケース】PERやPBRの高い、あるいは低い企業　142
　　　【後日談】買収金額が割高なのがわかった　144

第2章

これだけで大丈夫！ファイナンス入門　147

金利とリスク、割引率と現在価値　ファイナンスに不可欠な考え方① ………………… 149
　　　【ストーリー】A案、B案、どちらに投資すべきか？　149

金利とリスク──「今年の1億円」「来年の1億円」、どっちが得？ 150
割引率と現在価値──未来の儲けを現時点の価値に置き直す 152
【ケース】JR東海と任天堂のリスクを財務数値をもとに比較する 153
【ケース】割引率を使って10年後現在価値を見てみよう 155
【後日談】割引率を使ってプロジェクトを評価する 156

2 資本コストとWACC、ハードルレート
ファイナンスに不可欠な考え方② ……………158
【ストーリー】収益力、投資効率とWACCは、どう関係する？ 158
資本コスト（Cost of Capital）──資金提供者が期待（要求）している儲け 159
WACCとは資本コストを具体的に計算したもの 160
【ケース】業種の違う5社のβ値からわかること 164
【ケース】コマツのWACCを計算する 167
WACCの高さを決める3つの要因 169
割引率はWACCを使う──資金提供者が1年間で期待する「儲けの率」 171
投資プロジェクトの評価と毎年の業績評価で使う 171
【後日談】自社のWACCを知ることは「期待されている儲け」を知ること 174

3 フリーキャッシュフローとは
自由に分配できるキャッシュフロー ……………177
【ストーリー】フリーキャッシュフローとは「自由な」「資金の」「流れ」？ 177
投資プロジェクトの儲けはフリーキャッシュフローが基本 178
フリーキャッシュフローはこう計算する 178
キャッシュフロー計算書とファイナンスのフリーキャッシュフローの違い 182
【演習問題】予測財務諸表からフリーキャッシュフローを計算する 183
【後日談】フリーキャッシュフローの予測が投資プロジェクトの評価のキモ 187

4 NPVとIRR
──投資プロジェクトの評価方法 ……………189
【ストーリー】プロジェクトの評価をしろといわれても…… 189
NPVは現在価値でいくら儲かるかで評価する 190
IRRは儲けの率で評価する 191

慣れれば5分！ エクセルでNPVとIRRを計算する　194
重要なのはフリーキャッシュフローの予測　201
シンプルな回収期間法はNPVやIRRと一緒に使う　206
【演習問題】新規事業の評価「高級美肌クリームは儲かるか」　208
【後日談】エクセルを使えば簡単だが…注意すべき点も多い　222

5　最適な借入の水準（最適資本構成）……225

【ストーリー】借入が多い取引先はすべて危ないのか？　225
最適資本構成──借入金と社債のメリットとデメリットのバランスを考える　226
WACCと借入金・社債の関係──借りるとWACCは下がる？　227
格付けと借入金・社債の関係──実務への示唆　229
最適資本構成は事業の状況、業界、業界順位で変わる　229
【ケース】事業の違いと資本構成──不動産、鉄道、ゲーム業界の比較　232
【後日談】無借金経営が必ずしも善ではない　234

6　配当と自社株買いは株主還元。どちらを選択？……236

【ストーリー】自社株を買うことがなぜ株主還元になるのか　236
バフェットが「自社株買いを望む理由」　237
配当は利益などをベースにした株主への還元　238
配当の水準に影響を与える「成長ステージ」や「財務状況」　241
業績悪化や赤字の場合でも配当する理由　242
「配当の増加＝経営者の自信の変化」と考えられて株価に影響　244
自社株買いの発表と実行が株価上昇につながる理由　245
配当、自社株買い、どちらを選択するべきか？　246
【ケース】三菱商事の赤字の中での配当方針（2016年3月期）　249
【後日談】X社の株主還元の考え方が見えてきた　250

7　買収金額の評価……253

【ストーリー】買収金額はどう決めるのか？　253
買収金額の評価方法は大きく3通り　254
マーケットアプローチでは「比較企業」の選択がカギ　255

DCF法は「事業」と「それ以外」、2つに分けて評価　256
DCF法による評価の注意点「フリーキャッシュフローの予測」　259
DCF法をもとに企業価値・株主価値の向上策を探る　261
【演習問題】DCF法で企業価値と株主価値を計算する　262
【後日談】買収金額を評価するときの3つのポイント　271

8 企業に対する調査「デューデリジェンス」……274

【ストーリー】監査法人による調査結果の報告がよく理解できない　274
デューデリジェンスの元々の意味は「最善の努力」　275
M&Aで行なわれるデューデリジェンスは主に5つ　275
アカウンティング面のデューデリジェンス　277
【ケース】製造業企業の会計デューデリジェンスで浮かんだ課題　280
【後日談】貸倒引当金、退職金の準備…叩けばホコリが出てくる　282

第3章
業績管理と意思決定のための数字の活用【管理会計】　285

1 変動費、固定費と損益分岐点……287

【ストーリー】なぜ、固定費削減に集中するのか？　287
変動費と固定費——売上や生産量に応じて変化するか、しないか　288
短期的意思決定は利益をベースに考える　289
売上から変動費を引いて計算する限界利益　291
コスト構造の管理は事業環境に応じて変化する　292
「利益がちょうどゼロになる」損益分岐点を使って分析する　295
【ケース】変動費の比重が低く、固定費の比重が高い事業の盲点と解決策　298
【ケース】A社の損益分岐点売上高を計算する　299
【後日談】キモは固定費の削減　302

2 アウトソーシングとシェアードサービス、どちらを選択? ... 304

【ストーリー】間接業務の効率化をどうすすめるべきか　304
社内業務を社外へ委託するアウトソーシング　305
アウトソーシングの注意点「競争優位との関係」「信頼性と管理」　306
社内に分散している業務を集中・標準化させるシェアードサービス　307
シェアードサービスの注意点「標準化の徹底」　308
アウトソーシングを優先するほうが望ましい　308
【ケース】アウトソーシングやシェアードサービスの成果　309
【後日談】間接業務に従事していた人の雇用はどうなる?　311

3 ABCは正確なコスト計算のための間接費の割り振り ... 313

【ストーリー】間接費の中身と集計方法がわからない　313
ABCの意味と目的　314
ABCを活用して効果がある企業、あまりない企業　316
メリットが多いABCだが、手間がかかる　317
顧客視点から原価の改善を行なうABM　320
ABCやABMからわかることと「顧客の要望」　320
【演習問題】通常の原価計算とABCでコストを計算する　321
【ケース】製品Xと製品Yの原価の比較と対応策　325
【後日談】間接費の割り振り方法の違いで、各製品の儲けの見え方が変わる!　327

4 予算はトップダウン? 積み上げ? ... 329

【ストーリー】苦労が多い予算作成、他社はどうやってる?　329
予算の意味、意義、種類、設定方法　330
最高の業績につながる予算とは　333
超予算モデル──予算管理の問題点を乗り越える　334
【ケース】ディスコ──環境変化の激しい事業の業績管理　337
【後日談】予算の仕組みを見直す必要があると思い始めた　339

5 ROE、ROIC…どの財務目標がよいのか? … 342

【ストーリー】財務目標はどの指標が適切なのか?　目標水準はどの程度がよいのか?　342
財務目標の選択と浸透　343
ROICについて　350
【ケース】リクルート、花王の財務目標　351
【ケース】ビジョンの財務目標とPVAツリー　354
【後日談】資本コストを意識させるにはROICがよさそうだ　356

6 重要業績指標KPIはどう決める? …………………… 358

【ストーリー】KPIはどのように決めればよいのか?　358
KPIの意味　359
BSCの意味とKPIとの関係　360
EVAの意味とKPIとの関係　364
【ケース】オムロンのKPI　369
【後日談】全社の財務目標を意識し、何をすべきかを
　　　　 考えると部門のKPIが見えてくる　372

参考文献　375

第1章

財務3表から
企業の状況を読む
【財務会計】

本章で学ぶこと

貸借対照表、損益計算書、キャッシュフロー計算書、この3つをどう活用するのか

　アカウンティングは、企業の立場で数字を使っていく。その中でも財務会計は、"外部への報告"のために数字を使っていくものである。この分野で学ぶべきことは貸借対照表、損益計算書、キャッシュフロー計算書などの財務諸表がどういう構造になっているのか、またその分析をどうやればよいのかという点である。
　本章では、財務会計について、ビジネスリーダーにとって必要不可欠な点に絞り込んで学んでいく。
　それでは始めていこう。

1 貸借対照表から何がわかるのか

ストーリー
買収、のれん、無形、有形…なぜわかりにくい？

　昨日、食品メーカーZ社で、財務担当役員から幹部向けに前期の業績説明があった。

　新任の営業部長である宮川は、既存事業が計画通りに成長したことと海外での買収効果で、増収増益を達成できたという説明を聞きながら、営業部門の貢献が業績に表れているようでうれしく思った。

　ただ、よく理解できない説明もあった。これまでであれば、「自分にはあまり関係もないし、仕事にも直接は影響しないから、まあいいかな」とほうっておいたのだが、今回は部長に昇格したこと、また先日読んだ「数字を読めないビジネスリーダーは先がない」という雑誌の記事が頭に残っていたことで、理解しておきたくなった。

　前半の損益計算書の説明は、予算策定や実績のフォローで日頃から見ることも多く、自分の仕事に直接関係する売上や利益の説明が中心だったのでよく理解できた。

　ただ、貸借対照表の説明は、あまりピンとこなかった。これは今回だけのことではない。振り返ってみると、以前から貸借対照表についてはわからないことが多かった。今回も財務担当役員から、売掛金と棚卸資産が増えた、のれんが増えた、借入が増えた、など説明があったが、それがどこに表れているのか、何を意味しているのか、また、そもそもよいことなのか、悪いことなのか、それすらよくわからない。

　そこで、今回は同期で経理部長になっている風間をランチに呼び出し、いくつか質問してみることにした。

貸借対照表とは決算日の数字を使った記念写真

　貸借対照表はBS（Balance Sheet）とも呼ばれている。これは、企業の決算日における数字を使った記念写真のようなものである。実際に、決算日、その1日の企業の状況を、いくつかの項目に分けて、数字を使って表している。
　具体的には、

　　右側には決算日の時点で企業がどのように資金を集めているか
　　左側にはその資金で何を保有しているのか

といったことが、それぞれ記載されている。このうち右側の資金を集めている部分は、

　　株主から預かったものを表す純資産
　　株主以外から預かったものを表す負債

という2つに分かれている。なお、負債の代表例は、銀行からの借入金である。一方で、左側の企業が保有しているものを表す部分にはいろいろな資産が記載されている。具体的には、

　　現金預金や、土地、機械といった
　　企業が事業を行なうために保有している
　　カネや権利、あるいはモノ

などである。

図表1-1　貸借対照表のイメージ

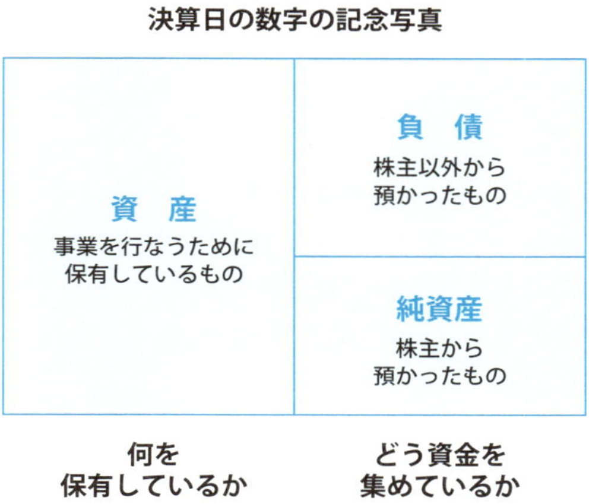

決算日の数字の記念写真

資　産 事業を行なうために 保有しているもの	**負　債** 株主以外から 預かったもの
	純資産 株主から 預かったもの

何を　　　　　　　どう資金を
保有しているか　　集めているか

　このバランスシートを見ることでわかる点が大きく2つある。1つは企業の安全性、もう1つが事業の構造だ。まず、安全性から見ていこう。

「この取引先は大丈夫?」安全性がわかる

　一般に、日本や米国をはじめとする比較的多くの国、多くの企業では、貸借対照表の左側の資産の項目は、キャッシュになりやすい順に並んでいる。

　最初に**キャッシュやキャッシュになりやすいものが含まれる流動資産**が記載され、そのあとに、**キャッシュになりにくい土地や機械などが含まれる有形固定資産、無形の価値の買収金額などを表す無形固定資産**といった**固定資産**が記載されている。このうち、安全という面では、キャッシュやキャッシュになりやすいものが含まれている流動資産が大きく、キャッシュになりにくい固定資産が小さいパターンが望ましい。つまり、

　　貸借対照表の左側は上の項目の金額が大きく
　　下にある項目の金額が小さいと安全性が高くなる。

一方で、貸借対照表の右側は、キャッシュですぐ払わなければいけない順に並んでいる。まず、最初は原則として**1年以内に支払わなければいけない流動負債**、次が1年以上経ったあとで、**ゆっくり支払う固定負債**、最後が支払う必要がない、**株主から預かっている純資産**である。この右側については、安全という意味では、すぐ支払わなければいけない流動負債が小さく、支払う必要がない純資産が大きいパターンが望ましい。つまり、

**貸借対照表の右側は上の項目の金額が小さく
下にある項目の金額が大きいと安全性が高くなる。**

図表1-2　安全な貸借対照表のパターン

　なお、国際的な会計に関する基準であるIFRS（国際財務報告基準）では、固定資産を非流動資産、また固定負債を非流動負債と呼び、さらに資産は非流動資産、流動資産の順に、負債は非流動負債、流動負債の順に記載されていることが多い。ただこの場合でも順番を置き直せば十分に理解はできるし、安全性を判断する場合も、記載の順番の違いに注意すれば問題はない。
　また、企業によっては左側の上の項目は小さいが、右側は下が大きいというように左と右で安全度のレベルに違いがあるケースも存在する。その場合は、両方を総合的に見て安全度を評価することが必要になる。

また、安全性の基盤を確認するという意味では、**資産の合計、つまり貸借対照表の左側全体に対する右下の純資産の比率（純資産比率＝純資産÷総資産）** を確認することも意味がある。業種による違いはあるが、メーカー、小売業、サービス業といった一般事業会社の場合は、純資産は全体の30%〜40%程度のことが多い。具体的には、トヨタ自動車は39.6%となっている（2019年3月期）。一般に、

**純資産が50%を超えているような企業はかなり安全度が高く
純資産が10%程度しかない場合は、かなり危険な状況にある**

ということができる。
　なお、台湾のホンハイ（鴻海精密工業）のグループに入ったシャープが、ホンハイグループから出資を受ける約1年前の純資産比率は2.3%（2015年3月期）となっていた。この企業と取引をしても大丈夫か、破たんするようなことはないか、という視点で財務データを見る場合は、純資産の比率のチェックも重要になる。

「どんなビジネスをしているのか？」事業の構造がわかる

　次に事業の構造について見ていこう。
　事業に関係するのは、主に貸借対照表の左側である。この左側に記載されている資産の構成比率を見ることで、事業の構造や特徴が見えてくる。
　一般に、貸借対照表の左側にある資産は、①**キャッシュ**（具体的には、現金及び預金、有価証券といった項目がキャッシュと考えられている）やキャッシュになりやすい**流動資産**、②土地や建物・機械などの設備が含まれる**有形固定資産**、③それ以外の**無形固定資産**などの3つが、それぞれ約3分の1ずつの大きさになっていることが多い。逆にいうと、3つの部分の比率の違いから、事業や企業の特徴が見えてくるのだ。

図表1−3　貸借対照表から見る事業構造

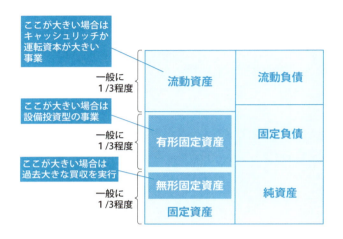

　たとえば、キャッシュやキャッシュになりやすい**流動資産が全体の50%を超えている場合**は、かなり流動資産が多い企業である。この場合、具体的には2つの可能性がある。

　1つは**キャッシュをたくさんもっている企業**である。これは過去、好業績を重ねてきており、その割に投資などをあまりしてきていない企業などが当てはまる。

　2014年3月期以降、米国市場などでの好調を背景に10%を超える営業利益率を継続して確保する好業績を重ねてきたスバルは、現金及び預金と有価証券の合計で約1兆円のキャッシュを保有し、資産の約32%がキャッシュとなっている（2019年3月期）。同社は投資もしてきているが、好業績の中でそれを上回るキャッシュが積み上がっている。自動運転、EVなど今後大きな変化が見込まれる自動車業界の中で、いろいろな展開に対応できるようにしっかりとした財務的なベースを確保している。

　もう1つは、**販売代金の未回収分である売掛金や、これから販売する商品や製品といった在庫などの、大きな運転資本が必要な企業**である。これは、物流センターなどに大量の在庫を保有し、販売した後も一定期間後に代金

回収をする問屋的な事業を行なっているケースが当てはまる。

　なお、**運転資本**は日々事業を運営する中で必要になる資金のことであり、具体的には事業の中で保有する販売代金の未回収分である売掛金や、販売用の商品などの在庫（棚卸資産）などが含まれる。また、運転資本には、流動負債に含まれている仕入代金の未払分である買掛金も含まれる。売掛金に在庫を加えて買掛金を差し引くことで、事業運営に必要な資金である**正味運転資本（売掛金＋在庫－買掛金）**が計算できるが、この金額の大きさを見ることで、事業運営の中で資金がかなり必要な事業かどうかも見えてくる。

　次に②の設備などが含まれる**有形固定資産が全体の50％を超えている場合**は、**設備投資型の企業**といえる。そうした企業の例としては、鉄道事業を中核とする企業グループやビルの賃貸などが中心となっている不動産会社などがあげられる。具体的には、東急電鉄では、有形固定資産が資産の74.3％（2019年3月期）を占めており、三菱地所では70.8％（2019年3月期）となっている。

　最後に、③の**無形固定資産などが大きくなっている場合**は、**企業買収などを積極的に行なってきている企業**である可能性が高い。具体的には無形固定資産の1つであるのれん（英語ではGoodwill）は、企業買収をした際に、買収される企業のいろいろな無形の価値、たとえば営業力や技術力などを評価して追加で支払った金額がある場合、それが集計されたものである。のれんは買収したときにだけ集計されるので、この項目が大きいということは、過去、無形の価値を評価して行なうような大きな買収をしてきた企業であることを意味している。また、ブランドを買収した場合には、商標権という項目が大きくなる。

　このところ、国内市場が成熟化する中で、今後の成長のために海外企業の買収を行なう日本企業が多くなっているが、そのような動きをすると、のれんが大きくなる傾向が強い。

「潜在的な課題は何か？」
企業の課題が見えてくる

　また、貸借対照表の資産の構成は、その企業の潜在的な課題にも関係してくる。

　まず、キャッシュが大きい場合を考えてみよう。先に紹介したキャッシュが大きいスバルのような企業の課題は、そのキャッシュをどう使ったらよいのか、ということになる。単純に考えると、キャッシュの使い道は3つある。

①負債に使う、つまり借入金の返済などに使う
②資産に使う、つまり事業投資などに使っていく
③純資産に使う、つまり配当などの株主還元に使っていく

　優先順位としては、❶→❷→❸となる。つまり、借入返済→事業投資→株主還元の順で使っていくのが王道だ。

図表1-4　キャッシュの使用順序

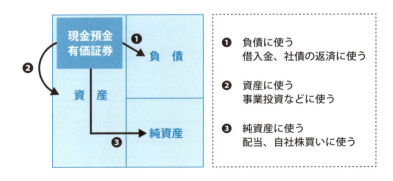

　つまり、借入が多い場合は、まずそれをある程度まで減らすことに使

い、借入が問題ないレベルであれば、次は事業投資に使い、それでもキャッシュが余っていたら、株主還元を増やしていく、といった方針である。

もちろん、この3つの使い道の優先順位は、十分な事業投資を行なうまでは株主還元は行なわないといった極端なものではなく、バランスを考えていく必要はある。

この方針から考えると、スバルの場合は、すでに実質無借金の状況にあるので、使い道は「事業投資か」「株主還元か」ということになる。同社は2018年7月に発表した新中期経営計画「STEP」の中で、2018年度から2020年度までの3年の中で、4,000億円の研究開発費の投入と4,500億円の設備投資を行なうことを発表している。

もし、このような事業に関係する投資を行なう方針を明確にしなければ、株主からもっと配当を増やしてくれといった株主還元を求められる可能性も考えられる。スバルのような**キャッシュリッチの企業は、キャッシュをどのように使っていくかの方針を明確にする必要がある。**

次に、**売掛金や在庫が多い場合**は、潜在的に不良債権や不良在庫が発生する可能性があるので、その管理をしっかりと行なうことが重要になる。また、最近キャッシュフローとしての儲けが重視される中で、売掛金や在庫が多い事業は、外部から部品や原材料、また商品を買ってから売れるまで時間がかかり、さらに売ってからキャッシュが回収されるまでに時間がかかる事業であることを意味している。

その意味では、キャッシュフローを早めに生み出すために、**少しでも早めに回収することで売掛金を減らし、少しでも在庫の保有期間や保有量を減らして在庫金額を減らすことが課題**になる。

有形固定資産が多い設備投資型の事業の場合は、設備を保有しているだけで多額の固定費が発生するので、それを埋め合わせられるようにしっかりと**稼働率や使用状況を管理することが課題**になる。さらに、設備投資型の事業の場合は、数年に1回大きな設備投資をすることになる可能性が高

いので、その際に、**新しい設備投資の採算**がとれるのかを、現在価値でいくら儲かるかを意味するNPV（190ページ）や、年平均で何％儲かるかを意味するIRR（191ページ）といったツールを活用して、**しっかりと検討する**ことも重要である。

最後に、**のれんをはじめとする無形固定資産が大きい場合**は、無形の価値を含んだ大きな買収を行なってきたことを意味している。このような場合は、その**買収の成果を生み出すことが課題**になる。

また、**有形固定資産やのれんなどの無形固定資産が大きい場合**は、それらに**関連する事業の業績が悪いと**、有形固定資産やのれんの価値が減少しているということで、**減損損失を計上しなければならない**ことになっている。その意味で、有形固定資産やのれんを使って行なっている**事業の業績が悪化している場合は、業績回復のための手を打っていく**ことが必要になる。

なお、減損損失とは、有形固定資産やのれんなどの無形固定資産の価値が貸借対照表に記載されている金額（簿価）よりもかなり低下してしまい、回復する見込みがない場合に、その価値の減少分を損失として集計するものである。

その損失の集計には、将来その資産を使うことで生み出されると考えていたキャッシュを現在価値に置き直して計算するDCF法（Discounted Cash Flow法、256ページ）などを使うことになっている。

このように、資産の中で金額が大きい部分は、それだけ企業がその部分に資金を投入しているということであり、金額が大きい部分は一般的な意味での企業の課題にもつながってくる。企業の課題を把握するために、大きな視点で貸借対照表を見ていくことが重要である。

ケース
5つの企業の貸借対照表の比較

業界の違う5社の企業の貸借対照表の状況を比較してみよう。事業の特徴がどのように表れているであろうか。

5社の貸借対照表を比較

	良品計画	ファナック	阪急阪神HD	ZOZO	アステラス製薬
	2019年2月期	2019年3月期	2019年3月期	2019年3月期	2019年3月期
資産					
流動資産	65.5%	55.8%	12.3%	73.4%	45.2%
金融資産	21.3%	38.3%	1.2%	27.3%	16.4%
売上債権	3.4%	6.5%	3.8%	34.7%	18.1%
棚卸資産	34.0%	9.6%	5.3%	7.5%	8.0%
有形固定資産	17.8%	35.4%	72.3%	8.0%	9.1%
無形固定資産	6.3%	0.6%	1.4%	3.9%	34.5%
投資その他の資産	10.5%	8.2%	13.9%	14.7%	11.1%
資産合計	100.0%	100.0%	100.0%	100.0%	100.0%
負債					
流動負債	20.6%	8.3%	16.4%	66.1%	26.2%
仕入債務	8.0%	2.3%	2.0%	22.8%	9.8%
借入金・社債	4.7%	0.0%	6.4%	27.8%	0.0%
固定負債	4.3%	2.8%	46.5%	5.2%	7.5%
借入金・社債	0.2%	0.0%	29.1%	0.0%	0.0%
純資産	75.1%	88.9%	37.1%	28.7%	66.3%
負債純資産合計	100.0%	100.0%	100.0%	100.0%	100.0%

注）IFRSを採用しているアステラス製薬については、必要に応じて適宜項目の置き換えを行なっている
出所）各社の有価証券報告書及び決算短信をもとに作成

良品計画

　資産を見ると、流動資産が約66％とかなり大きくなっている。これは、キャッシュをはじめとする金融資産（21.3％）が多いこと、棚卸資産（34.0％）を比較的多く保有していることが影響している。棚卸資産の内訳を見ると外部から購入してきたことを意味する商品（自社で製造している場合は製品になる）がほとんどであり、自社ブランドのものが多いものの、外注がベースになっていることがわかる。

　売上債権（3.4％）は小さく、小売業として現金販売がベースになっていることが表れている。その一方で有形固定資産（17.8％）は比較的小さめであり、自ら建物を建てて出店するのではなく、ショッピングモールなどにテナントとして出店する形態が中心であることが表れている。この点は、店舗の保証金である差入保証金が投資その他の資産（10.5％）に含まれ比較的大きくなっていることにも表れている。

　なお、無形固定資産（6.3％）は小さめであり、大きな買収などの動きはなさそうだ。

　一方で、負債は流動と固定を合計しても24.9％とかなり少なくなっている。また、借入金や社債も、流動と固定の合計で4.9％と借金はかなり少なくなっており、金融資産が21.3％あることを考えると実質無借金の状況にある。その結果、純資産は75.1％と財務的には圧倒的に安全な状況にあるといえる。

ファナック

　資産を見ると、流動資産が約56％となっている。これは、キャッシュをはじめとする金融資産（38.3％）

が多いことが要因だ。金額的にも約6,200億円とかなりの金額となっている。

　次に、売上債権（6.5％）と棚卸資産（9.6％）は、企業向けにロボットなどのモノを製造販売するB to Bの事業を行なっているため、回収にも一定の期間がかかり、在庫も保有することから、それなりの構成比率になっている。また、有形固定資産（35.4％）もモノづくりを行なう工場などの関係で、一定の比率になっている。

　なお、無形固定資産（0.6％）はほとんどなく、買収などの動きはなさそうだ。投資その他の資産（8.2％）もあるが、その中心はグループ企業への出資を中心とした投資有価証券である。

　一方で、負債は流動と固定を合計しても11.1％とかなり少なくなっている。また借入金や社債はなく、完全に無借金の状況にある。その結果、純資産は88.9％と財務的に非常に安全な状況となっている。

阪急阪神ホールディングス

　資産を見ると、流動資産が12.3％とかなり小さくなっている。これは、鉄道や不動産といった有形固定資産がかなり多くなる事業を行なっている関係で、流動資産が相対的に小さくなっていること、前受金や現金販売がベースで、在庫をもたない不動産賃貸や鉄道などが中心であるため、売上債権（3.8％）や棚卸資産（5.3％）が小さくなっていることが影響している。ただ、在庫をもたない中でも棚卸資産がそれなりにあるのは、不動産事業の関係で分譲用のマンションなど販売用の不動産があるためである。

　一方で有形固定資産（72.3％）は前述のような設備

投資型の事業を行なっているため、圧倒的に大きな比重を占めている。なお、無形固定資産（1.4％）は小さめであり、大きな買収などの動きはなさそうだ。

投資その他の資産（13.9％）も一定の構成比率になっているが、その中心はグループ企業への出資を中心とした投資有価証券である。

一方で、負債は流動と固定の合計で62.9％と、比較的多くなっている。また借入金や社債も、流動と固定の合計で35.5％とそれなりの水準になっている。不動産などを多く保有する設備投資型の企業の場合は、どうしても資金が必要になるため借入金や社債が多くなる傾向があるが、当社もその傾向が表れている。

ただ、不動産などはいざとなったら売却や担保に出すこともでき、また急激に価値が減少するようなこともないため、不動産を多くもっている企業は、ある程度借入をしても問題ないともいえる。負債が比較的多いため純資産は37.1％となっているが、一般事業会社の平均的な水準は確保している。

ZOZO

ファッション通販サイトZOZOTOWNで有名なZOZO。まず資産を見ると、流動資産が70％を超えている。これは、キャッシュをはじめとする金融資産（27.3％）が多いことと、売上債権（34.7％）を比較的多く保有していることが影響している。

このうち売上債権が多いのは、カードなどで支払う顧客が多いものの、注文後2カ月以内の支払になる「ツケ払い」も認めているためである。

一方で、棚卸資産（7.5％）は少ないが、これは商品を保有する買取販売も若干あるものの、ほとんどが商

品を保有しない受託販売となっているためである。

　次に、有形固定資産（8.0％）は、リアルな店舗を保有せずネットで販売するECビジネスを行なっているため、建物などの設備は本社と物流センター、データセンターのみということで小さくなっている。

　無形固定資産（3.9％）は比較的小さいが、システムやソフトウエア関係の企業などの小粒な買収の結果だ。投資その他の資産も比較的小さいが、グループ企業に対する投資が比較的中心となっている。

　一方で、負債を見ると、流動と固定の合計で71.3％とそれなりの水準となっている。また借入金や社債も27.8％と一定の水準になっている。一方で仕入債務（22.8％）は比較的大きくなっている。その中心はメインのビジネスである受託販売の販売代金の受取分を意味する受託販売預り金である。また、純資産は28.7％とやや低めになっている。

　なお、ZOZOは2019年3月期に200億円を超える自社株買いを行なっており、これが借入金や社債の発生、純資産の減少につながっている。ちなみに2018年3月期では完全に無借金で純資産の比率も57.7％となっていた。

アステラス製薬

　まず、資産を見ると、流動資産が45.2％と比較的大きくなっている。これは、キャッシュをはじめとする金融資産（16.4％）と売上債権（18.1％）が比較的多いことが影響している。

　このうち、売上債権が多いのは、日本では、社会保険の関係で回収に時間がかかる病院や処方箋薬局に対して、問屋経由で回収期間を長めに設定する傾向が強

い製薬企業の特徴が表れた結果だ。

　一方で、棚卸資産（8.0％）はあまり多くはない。これは、社会的な責任もあり日数としてはある程度の在庫を保有しているものの、製薬業界の原価率が通常20％〜30％程度と低いため、金額としてはあまり大きくならないためである。

　また、有形固定資産（9.1％）は小さめであり、原薬をはじめ製造の一部を外注していることなどが表れている。

　一方で、無形固定資産（34.5％）はかなり大きく、新薬を外部からの買収も活用して確保していこうという動きの痕跡が残っている。この無形固定資産が大きくなる傾向は、新薬の開発が難しくなる中で製薬業界の企業に共通した動きになっている。

　一方で、負債を見ると、流動と固定を合計しても33.7％とかなり少ない。また借入金や社債はなく、完全に無借金の状況である。その結果純資産は66.3％と財務的には圧倒的に安全な状況にある。

後日談

BSから安全度や事業構造が見える

　宮川は、風間とランチをしながらいくつか質問する中で、貸借対照表から企業の安全度や事業構造が見えてくることがわかってきた。

　財務担当役員の説明にあった売掛金の増加は年度末の好調な販売が関係していること、棚卸資産の増加は新製品の発売前であったことが影響していること、またのれんや借入の増加は、前期に行なった東南アジアでの企業買収が関係していることが理解できた。

これまでは、貸借対照表はしっかりと見たことがなく、関係もないしわかりにくい、という印象をもっていた。

　ただ、今回、風間のアドバイスをもとにあらためて見ていく中で、貸借対照表からいろいろなことがわかってきた。宮川は、今後は機会があるごとに、関係のある企業の貸借対照表を大きな視点で見ながら、安全性や事業構造などを見ていこうと考え始めた。

まとめ

☑ 貸借対照表は、決算日の数字の記念写真である。決算日の時点で、企業が銀行など（負債）から、また株主など（純資産）から、どのように資金を集め、どのようなもの（資産）を保有しているかを表している。

☑ 貸借対照表の構成から企業の安全性が見える。左上の流動資産と右下の純資産が大きいと安全であり、純資産が全体の30％〜40％程度、あるいはそれ以上あると一定の安全度があるといえる。

☑ 貸借対照表の左側の資産の構成から事業構造が見えてくる。好業績をあげてきた企業はキャッシュが大きい、問屋業などでは売掛金や棚卸資産が多い、設備投資型企業は有形固定資産が大きい、買収を行なってきた企業は無形固定資産（のれん）が大きいといった傾向がある。

☑ 貸借対照表の左側にある資産の中で金額が大きい項目は、その企業の潜在的な課題に関連している。キャッシュを保有している企業はその使い道、売掛金や棚卸資産が大きい場合はその管理や圧縮、有形固定資産が大きい場合は稼働率の管理や投資採算の検討、のれんが大きい場合は買収後のフォローがそれぞれ重要になる。

☑ キャッシュの使い道には、①借入金・社債の返済、②事業への投資、③株主還元（配当、自社株買い）の3つがあり、この順番で優先的に使っていくことが望ましい。

2 損益計算書から何がわかるのか

ストーリー
高級ブランド品の原価と儲けはどれくらい？

　大山は、自動車部品メーカーの総務部長だ。先日久しぶりにウィークデイの有給休暇をとり、妻と一緒に都心の百貨店に買い物に行った。予定していた買い物をすませた後、まだ時間があったので、1階にある欧州の高級ブランドの店舗に立ち寄った。
　週末ではなかったこともあり、あまり顧客はいなかったが、品のいい従業員がていねいに応対してくれた。ただ、ラグジャリーな雰囲気の漂う店舗の中で高級バッグやアクセサリーなどの説明を受けながら、その品質やデザインのよさは理解したものの、イメージしていた以上の価格に少し驚くと同時に、

　ふと、その高級ブランドを展開する企業のコスト構造に興味をもった。

　一流デパートの1階にある最高といってもよい場所に立派な店舗を構え、教育の行き届いた感じのよい従業員を何人も雇っているが、それほど多くの顧客が来て、混み合っているわけではない。
　そのような状況で利益を出すためには、かなりの利益率を確保しなければならないのは予想できる。自分が勤める自動車部品メーカーの原価率は80％程度であるが、高級ブランド品の原価率はいったいどの程度なのだろうか。
　なかなかイメージがわかないが、明日大学時代の友人で銀行の支店長をしている赤松と久しぶりに飲みに行く予定になっている。いろいろな業界にくわしい彼にちょっと聞いてみようかと思い始めた。

損益計算書は売上高からスタートし、純利益というゴールに至る

損益計算書はPL（Profit & Loss Statement）と呼ばれることもある。これは、

企業の一定期間における利益をベースにした活動報告書である。

顧客に商品や製品、サービスを提供した金額である**売上高をスタート**として、コストをいくつかに分け、日本の場合は5段階の利益を集計している。

1段階目は、**商品や製品、サービスそのものの原価である売上原価を差し引いた売上総利益**。これは、原価の裏返しであり、最初の利益として、商品・製品やサービスそのものの原価にどの程度の利益が加わっているかを表している。一部の人は「**粗利**（あらり）」と呼ぶこともある。

2段階目は、**営業やマーケティング、また管理関係のコストである販売管理費を差し引いた営業利益**。これは販売管理関係の経費まで含めた本業の利益であり、最近、事業の収益力を表す利益として非常に注目されている。

3段階目は、**受取利息や受取配当金、支払利息や為替差損益といった財務関係を中心とする本業以外の収益や費用が集計されている営業外収益や営業外費用をプラス、マイナスして計算される経常利益**。これは、毎年継続する財務関係の損益まで含めた通常の活動の中での利益である。会計や財務の関係者は「**経常**（けいつね）」と呼ぶこともある。

次は、事業の売却や整理、また自然災害などによる臨時、あるいは異常な利益や損失が集計されている**特別利益や特別損失をプラス、マイナスして計算される税金等調整前当期純利益**である。

最後が、**企業の儲けに対する税金である法人税等を差し引いた当期純利益**である。これは最終段階の儲けとして株主への配当のベースとなるもので

あり、株主にとって重要な利益である。

図表1-5　PLの構造（日本の場合）

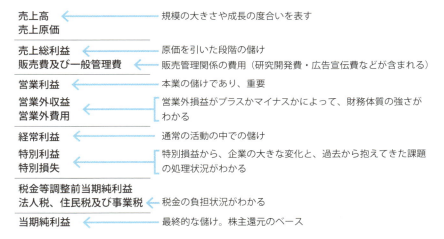

なお、企業グループ全体の連結損益計算書の場合は、通常当期純利益の下に、「**非支配株主に帰属する当期純利益**」と「**親会社株主に帰属する当期純利益**」が記載されている。

連結する場合は、原則として50％を超える株式を保有している子会社の売上高や利益が、100％すべて親会社の数字に加えられ集計されてしまう。

そのため、子会社の当期純利益のうち、その子会社の株式を一部保有している外部の株主の取り分を区分して集計するための項目である。つまり、

連結の当期純利益を、子会社に対して一部の株をもつだけで支配はしていない「非支配株主」の取り分と、企業グループの中核会社として支配している「親会社株主」の取り分とに区分して集計

しているのである。

また、日本以外の会計基準で作成されたPLを見る場合には注意点があ

る。具体的には、

米国や世界共通の会計基準であるIFRSでは、日本で集計されている経常利益がない

という点である。この場合は、経常利益の比較はできないので、日本以外の会計基準で作成したPLでも集計している、あるいは計算できる、営業利益（Operating Income、Operating Profit）、当期純利益（Net Income、Net Earnings）、あるいは売上総利益（Gross Profit）を中心に見ていくことが必要になる。

利益構造、コスト構造が見えてくる

　損益計算書のコストや利益を、売上高に対するパーセントで見ていくことで、その企業、その業界の利益構造やコスト構造が見えてくる。まず、売上高に対する

売上高総利益率は、原価比率の裏返しだ。

　一般に日本企業の場合、

比較的多くの業界の売上高総利益率は20％〜30％程度のことが多い。

　たとえば、自動車の完成車メーカーの一般的な総利益率は、マツダの22.2％（2019年3月期）をはじめとして20％程度である。また、小売業の場合も、食料品を中心に生活雑貨や衣料品も販売するスーパーマーケットを、大阪と東京を中心に約270店展開しているライフコーポレーションの総利益率が28.8％（2019年2月期）となっているなど、20％〜30％程度のことが多い。
　ただ、中には**総利益率が70％〜90％に達する業界**もある。具体的には、

新薬の開発をベースにする**製薬企業、化粧品企業、ソフトウエアの開発企業**などである。

　たとえば、製薬業界は、総利益率は60％〜80％となっていることが多いが、一般に売上高の10％〜20％を研究開発費に投入している。実際にアステラス製薬（2019年3月期）は、売上高総利益率77.6％ではあるが、売上高に対して16.0％の研究開発費を使っている。

　また、化粧品業界は、総利益率が70％〜80％となっていることが多いが、広告宣伝をはじめとして販売促進にコストをかけている。

　一方で、ソフトウエアの業界も、あまりカスタマイズをせずにそのまま販売できるようなソフトを提供している場合には、総利益率が80％〜90％に達するような例も多い。

　このように、業界によって、売上高総利益率には違いがある。

　次に、売上高営業利益率も業種によって違いがある。ただ、一般的に、売上高総利益率が低めの事業の場合は販売管理費の比率が低く、一方で売上高総利益率が高い製薬業界や化粧品業界の場合は、研究開発費や広告宣伝費、あるいは販売促進費を多く使うために販売管理費が多くなる傾向がある。

　その結果、一般に、営業利益率は売上高総利益率ほどには業種による違いがない。ただ、

売上高営業利益率はまさに本業の収益力を表す

ものであり重要である。

　なお、B to Bの事業を行なっている企業は、一般に特定の顧客企業に大量に販売することになるため、販売管理費の効率が高くなる。その結果、B to Cの事業を行なう企業に比較して、売上高に対する販売管理費の比率が低くなる傾向が強い。

　なお、最近の日本では、一般に**売上高営業利益率が10％程度あると収益力が高い会社と評価**されている。もちろん、業界によって営業利益率には

違いがあるので、同業の優良企業がどの程度の営業利益率を確保しているかをもとに評価をすることが必要だ。ただ、10％程度というのは1つの基準としてイメージしておいてもよさそうである。

図表1-6　PLの注目ポイント

1　売上高総利益率

一般に20％から30％の範囲にある場合が多い
（製薬業界や化粧品業界などでは、70％から80％程度）
低めの総利益率　→　販管費のコスト圧縮、在庫管理が重要
高めの総利益率　→　販管費は効果があれば活用、在庫も意味があれば保有

2　売上高営業利益率

一般に5％〜10％の範囲にある場合が多い
一般に10％程度あると、よいレベルと考えられる

3　販売管理費の内訳から、戦略の一部を確認する

売上高研究開発費比率：大手メーカーの平均は4％〜5％程度
　製薬：10％〜20％程度　　IT及び電機：5％〜15％程度
　自動車：4％〜6％程度　　素材・食品：1％〜4％程度
販売費の大きさと内訳を確認する

　また、一部の企業が、将来的には10％程度の営業利益率を確保したいが、まずは短期中期的な目標として5％程度の営業利益率を確保したい、という目標を設定する場合がある。

　5％程度の営業利益率は、日本最大の家電のディスカウンターであるヤマダ電機が、2010年頃の順調な状況の中で上げてきた水準（2010年3月期からの3事業年度のヤマダ電機の営業利益率は、4.3％、5.7％、4.8％）であり、世界最大の小売業であるウォルマートが3年ほど前まで継続して上げてきている営業利益率（2014年1月期からの3事業年度のウォルマートの営業利益率は、5.7％、5.6％、5.0％）である。なお、ヤマダ電機はここ数年でリフォーム事業を開始したことなどもあり、若干営業利益率は低下している（2019年3月期は1.7％）。この2社は小売業で、基本的には安値

で大量販売という業態の企業である。ということは、

安値大量販売、あるいは
どこでも売られているようなものを安く売るような事業の場合でも
順調な状況下では、営業利益率5％程度を確保することは可能である。
逆に、付加価値を加えていく事業の場合は5％程度の営業利益率では低い

と考えることも必要ではないだろうか。
　なお、ウォルマートの営業利益率はその後4.7％（2017年1月期）、4.1％（2018年1月期）、4.3％（2019年1月期）と低下している。これはアマゾンなどのeコマースの影響といわれており、小売業はeコマースへの対応が急務だ。

　次の経常利益率は営業利益率に連動し、また営業利益率とそれほど違わない場合が多い。これは、経常利益の段階で含まれてくる、主に財務に関係する営業外収益や営業外費用が、通常はあまり大きな金額とはならない場合が多いからである。ただ、**営業利益率に比較して経常利益率がかなり低くなっている場合は**、一般に借入金や社債に関係する支払利息などの営業外費用が大きい可能性が高いので、**借入などが多く財務が弱い会社である可能性が高い**。一方で、**営業利益率に比較して経常利益率が高くなっている場合は**、預金の金利や株式の配当などが多く、借りた資金の金利などが少ない可能性が高く、預金などが多く、借入が少ない**財務が強い企業である可能性が高い**。このように、

営業利益率と経常利益率の違いから
財務の強さ弱さをある程度知ることができる。

　次の税金等調整前当期純利益は、臨時あるいは異常な出来事に関係する特別利益や特別損失をプラス、マイナスすることで計算される。一般的に、特別利益や特別損失はそれほど大きな金額とはならない場合が多いの

で、経常利益率と税金等調整前当期純利益率は連動し、それほど違わない場合が多い。ただ、違いがある場合には、どのような特別利益や特別損失が大きいのかを確認することが重要だ。中でも、

事業に関係する特別損失が大きい場合は一部の事業が苦戦していたことを表しているのが一般的

なので、その内容や理由、また今後への影響などについて確認することが重要になる。

最後は法人税等を差し引いた当期純利益率である。これも、株主の取り分である最終利益の率であり、最近注目されているROEのレベルにも深く関係する比率として重要である。

ところで、現在の日本の企業の利益に対する税金の率は約30％である。企業や業界ごとに活用できる税金の優遇策が違ったり、海外で事業展開している企業は国ごとに税率が違うため、税金等調整前当期純利益に対する法人税等の比率は企業ごとに違っている。ただ、一般的には、20％～40％程度となっていることが多い。

企業の課題や特徴が見つかる

損益計算書のいちばん上に出てくる**売上高の大きさ、またその伸びは重要なポイント**である。売上高の大きさは、強みの1つになる可能性があり、また業界内のシェアにも関係する。

また、企業が成長しているかどうかは、売上高の伸びをもとに見ていく場合が多い。同業他社とも比較しながら、特に成長率が他社を下回っている場合には、その理由を確認し、適切な対応をしていくことが重要になる。

利益率やコスト構造は、同じビジネスモデルを採用している同業界の企業であれば、通常は類似していることが多い。したがって、**同業界の同じようなビジネスモデルを採用している優良企業と比較していく**と、その企業

のどこに課題があるのか、またどこに特徴があるのかのヒントを得ることができる。

　総利益率が低い場合は、価格の設定が低すぎるか、原価が高すぎるかのどちらかに問題がある可能性がある。また、総利益率の違いは、販売管理費用の管理の厳しさや、在庫の管理の厳しさのレベルにも関係してくる。

　たとえば、自動車業界のように**総利益率が低めの業界**は、最終的に一定の利益を確保するために、原価や販売管理費についての**コストの抑制**が大きなテーマになる。また、在庫についても、総利益率が低い企業、つまり原価率が高い企業の場合は、少しの在庫を保有しただけでも大変な金額になる。そのため、**在庫を削減することの重要性がより高くなる。**

　一方で、製薬業界や化粧品業界といった**総利益率が高い業界**は、販売管理費をそれなりに使っても利益は出るので、**研究開発費や広告宣伝費、販売促進費も効果が期待できるのであればある程度使うことも選択肢**になる。また、顧客のニーズにタイムリーにきめ細かく対応するために、いろいろな種類の在庫をやや多めに保有することも検討の余地が出てくる。ただ、一般に、

総利益率が高い業界では
売上原価や販売管理費といったコストの管理や在庫管理が甘くなる

可能性があるといわれている。このような業界では、一定の営業利益率を確保するために、適度なコスト管理や在庫管理を行なっていくことが重要である。

　次に、**総利益率はある程度確保しているにもかかわらず営業利益率が低い場合**は、販売管理費が多く、その使い方に問題がある可能性がある。

　販売管理費の中には、研究開発費や販売促進費、また広告宣伝費のように、一定の金額でより多くの成果を生み出そうとする効果を重視するコストと、物流費などのように、一定のことをより少ない金額で行なおうとする効率を重視するコストがある。

それぞれに区分した上で、十分に効果が出ているか、効率よく使われているかを確認し、必要に応じて対策を打つことが必要になる。なお、販売管理費の内訳がわかる場合は、その違いから企業の特徴や方針が見えてくることもある。中でも、研究開発費と広告宣伝費は、海外の企業も含めその金額を公表している場合が多い。

研究開発費はメーカーにとって
また、広告宣伝費はＢ to Ｃの企業にとって
いずれも将来へ向けた攻めのコストとして重要な費用である。

　それらの**金額の大きさや売上高に対する比率を、競合企業と比較してみる****ことも意味がある**。ちなみに、研究開発費の売上高に対する比率は、大手メーカーの平均は４％〜５％程度であり、最も高い製薬業界では１０％〜２０％程度、総合電機やIT業界の企業が５％〜１５％程度、自動車業界は４％〜６％程度、素材や食品業界は１％〜４％程度となっている。
　また広告宣伝費の売上高に対する比率は、Ｂ to Ｃの企業の場合、４％〜５％程度の場合が多いようである。

　経常利益率が営業利益率よりもかなり低い場合は、借入金が多くその支払利息が大きいなど、**財務的に弱い可能性**がある。このような場合は、ある程度まで財務の強化を図ることが必要になる。

　経常利益に比較して税金等調整前当期純利益率がかなり低い場合は、**特別****損失が大きく出ている可能性**が高い。特別損失の原因が自然災害などであればやむを得ないが、事業の見直しなどによる損失や、事業が不振であるために、それに関係する有形固定資産や買収の痕跡であるのれんの減損損失などが原因である場合には、どの事業に関係するものか確認したい。また、**事業に関係する特別損失が「継続」している場合は、大きな課題がある**と考えるべきである。

ケース
5つの企業の損益計算書の比較

それでは、事業内容の違う5つの企業の損益計算書の構造を見てみよう。

5社の損益計算書を比較

	アークス	本田技研工業	オービックビジネスコンサルタント	サイゼリヤ	コーセー
	2019年2月期	2019年3月期	2019年3月期	2018年8月期	2019年3月期
売上高	100.0%	100.0%	100.0%	100.0%	100.0%
売上原価	74.8%	79.2%	16.0%	36.5%	26.6%
売上総利益	25.2%	20.8%	84.0%	63.5%	73.4%
販売管理費	22.3%	16.2%	39.6%	57.9%	57.7%
広告宣伝費＆販売促進費	2.3%	?	2.8%	?	25.5%
研究開発費	0.0%	5.1%	9.9%	?	1.6%
人件費	9.8%	?	11.2%	29.9%	17.1%
店舗関係費	4.3%	―	―	16.7%	―
営業利益	2.9%	4.6%	44.4%	5.6%	15.7%
営業外収益	0.4%	1.7%	3.3%	0.2%	0.5%
営業外費用	0.0%	0.2%	0.1%	0.0%	0.0%
経常利益	3.2%	6.2%	47.6%	5.8%	16.2%
特別利益	0.0%	0.0%	4.8%	0.0%	0.5%
特別損失	0.4%	0.0%	3.3%	0.9%	0.2%
税金等調整前当期純利益	2.8%	6.2%	49.1%	4.9%	16.5%
法人税等	0.8%	1.9%	15.0%	1.6%	4.8%
当期純利益	2.0%	4.3%	34.1%	3.3%	11.7%
非支配株主に帰属する当期純利益	0.0%	0.4%	0.0%	0.0%	0.6%
親会社株主に帰属する当期純利益	2.0%	3.8%	34.1%	3.3%	11.1%

注）本田技研工業の人件費は、原価分も含めたものである。サイゼリヤの人件費には、福利厚生費も含めている
出所）各社の有価証券報告書及び決算短信をもとに作成

アークス

　アークスは、北海道と東北地区でスーパーマーケット事業を展開している企業である。
　まず、原価率は74.8％と、スーパーマーケットとして一般的なレベルとなっている。
　次の販売管理費は22.3％となっており、営業利益率はやや低いものの2.9％を確保している。
　販売管理費の内訳を見てみると、店舗を保有する小売業であるため、人件費（9.8％）と店舗関係費（4.3％）が比較的多くなっている。ただ、アークスは北海道・東北地区で店舗展開をしていることもあり、首都圏のスーパーに比較するとこれらの費用の比率はやや低めのようだ。また、広告宣伝費は2.3％とそれなりに投入しているが、その半分強はポイント引当金繰入額であり、ポイントによって値引きとリピート購入を組み合わせる施策を採用している。
　営業外損益は、実質無借金経営であるため＋0.4％と若干プラスとなっているが、特別損益は店舗の減損損失が発生したため－0.4％と若干のマイナスとなっている。そのあと、税金が30％程度差し引かれて、当期純利益率は2.0％となっている。
　このように、アークスのPLには、薄利多売のスーパーマーケット事業の特徴が表れている。

本田技研工業

　本田技研工業は日本を代表する自動車や二輪車のメーカーである。
　まず、原価率は79.2％と、自動車などの日本のメーカーとして一般的なレベルとなっている。

次の販売管理費は16.2％となっており、営業利益率は自動車などのメーカーとしてはやや低い水準であるが4.6％を確保している。

　販売管理費の内訳を見てみると、研究開発費に自動車メーカーの中では比較的高い5.1％を投入しており、研究開発を重視する傾向が表れている。

　営業外損益は、中国にある株式の50％を保有する合弁関連会社の利益の持株比率分が、持分法投資利益として加わる一方で、自動車のローンリースなどの金融事業を子会社で行なっている割に支払利息があまり多くはないため、＋1.5％とかなりのプラスとなっている。また、特別損益は発生していないため、税金等調整前当期純利益の段階では6.2％の利益率を確保している。

　そのあと、税金が30％程度差し引かれて、当期純利益率は4.3％となっている。また、東南アジアの製造販売子会社などの一部が100％を保有していない子会社となっているため、非支配株主に帰属する当期純利益が0.4％発生し、親会社株主に帰属する当期純利益は3.8％となっている。

　このように、本田技研工業のPLには、業績は必ずしも好調とはいえないものの、自動車を中心とした製造業の一般的な傾向が表れている。

オービックビジネスコンサルタント

　オービックビジネスコンサルタントは、「勘定奉行」のCMでも有名な、会計、人事、給与などのソフトウエアの開発や販売、保守、運用支援などを行なっている企業である。同社のグループ企業の中には、より規模の大きなオービックというシステムの構築などを行

なっている別会社がある。

ただ、今回はパッケージソフト事業を中心としたPLの構造を見ていくために、オービックビジネスコンサルタントを取り上げていく。

まず、原価率は16.0％とかなり低くなっている。これは、販売量が増えるほど原価率が低下していく勘定奉行などのパッケージソフトがベースとなっているためである。

次の販売管理費は39.6％と比較的多いが、営業利益率は44.4％とかなり高い水準を確保している。

販売管理費の内訳を見ると、インパクトのあるCMをはじめとして広告宣伝費（2.8％）にも一定のコストをかけているものの、クラウドへの対応とマイクロソフトとの連携対応などに関係する研究開発費（9.9％）が多くなっている。一方で、人件費（11.2％）も比較的多くなっている。原価の中にも過去の財務諸表をもとにすると約3分の1の人件費が含まれていることを考えると、ヒトには販売、開発の両面で一定のコストをかけているようだ。

営業外損益は、投資有価証券を含めると1,200億円を超える金融資産の利息や配当などで3.2％のプラスとなっている。

特別損益は相殺してみるとあまり大きくはないため、税金等調整前当期純利益の段階では49.1％の利益率を確保している。そのあと、利益に対して約30％の税金が差し引かれて当期純利益率は34.1％を確保できている。

このように、当社の損益計算書には、非常に原価が低く利益率が高いパッケージソフト事業の特徴が表れている。

サイゼリヤ

サイゼリヤは、低価格のイタリアンレストランを展開する企業である。

まず原価率は36.5％と、外食産業で一般的な30％に近い水準となっている。ただ、若干高めなのは、低い価格設定が関係していると考えられる。

次の販売管理費は57.9％となっており、営業利益率は5.6％を確保している。

販売管理費の内訳を見ると、店舗を保有する外食事業であるため、人件費（29.9％）と店舗関係費（16.7％）が多くなっている。**外食産業は、原価が約30％、人件費が約30％、店舗その他の経費が約30％で、営業利益が10％生み出せると一般的にいい構造だといわれている**が、その構造に比較的似ている。ただ、過去にさかのぼると、当社の営業利益率は2011年8月期（11.6％）までの数年間、10％を超えていた。それが、その後ヒト桁台（2018年8月期は5.6％）となっている。

その大きな理由の1つが人件費の高騰にあるといわれている。**外食産業では、人手不足、人件費の高騰が課題となっているが、サイゼリヤもその影響を受けている**ようだ。

営業外損益は、無借金で金融資産も多く保有しているため、＋0.2％と若干のプラスとなっている。

一方で、特別損益は人事管理システムや店舗の減損損失が発生したため－0.9％と若干のマイナスとなっている。そのあと、税金が30％程度差し引かれて、当期純利益率は3.3％となっている。

このように、サイゼリヤのPLには、薄利多売の外食産業の特徴が表れている。

コーセー

コーセーは日本を代表する化粧品メーカーである。

まず原価率は26.6％と、付加価値の高い化粧品事業を行なっているため、かなり低くなっている。

次の販売管理費は57.7％と販売が重要になる業種の特徴から比較的多いが、営業利益率は15.7％を確保している。

販売管理費の内訳を見ると、広告宣伝費及び販売促進費に25.5％を投入しており、やはりマーケティングや営業が重要な事業であることが表れている。一方で、研究開発費は1.6％とあまり多くはない。また、人件費（17.1％）も比較的多く、販売管理に関連してヒトのコストもそれなりに投入している。

次の営業外損益は、借入もほとんどなく実質無借金となっている一方で、金融資産が投資有価証券を含めると1,000億円以上あるため、その投資収益などで＋0.5％となっている。

特別損益は、関係会社株式売却益や事業整理益などがあったことから＋0.4％となり、税金等調整前当期純利益の段階では16.5％の利益率を確保している。そのあと、税金が30％程度差し引かれて、当期純利益率は11.7％となっている。なお、研究開発と海外のグループ会社の中に合弁子会社があるため、非支配株主に帰属する当期純利益が若干発生している。

このように、コーセーのPLには、高い総利益率をベースに、販売マーケティングなどにコストをかける化粧品業界の特徴が表れている。

後日談
原価よりも販売管理費のほうが高いコスト構造

　大山は、赤松との飲み会の席で、興味をもった高級ブランドのコスト構造について聞いてみた。

　赤松は、以前融資先であったブランド品の販売会社の調査をしたときに参考にした、欧州のLVMH（モエ・ヘネシー・ルイ・ヴィトン）を例に説明をしてくれた。同社は数多くの高級ブランドを傘下に収め、ブランド品とワインやシャンパンなどのお酒の事業を展開している。その場でスマートフォンを使って2018年12月期の損益計算書を見てみると、品質のよい、しっかりとしたものは提供しているとは思うが、原価は33.4％だった。一方で、店舗、営業スタッフ、販促費、管理コストなどの販売管理費などに原価を上回る45.5％（内マーケティング及び販売費用が37.9％）をかけ、営業利益は21.1％とかなりの高収益をあげている。

　ブランドビジネスは欧州企業が先行しているようであるが、日本企業の中にも歴史があり、よいものをつくっている企業は多い。大山は赤松の話を聞きながら、今後は欧州のブランドビジネスに学ぶことも一部の企業の課題かもしれないと思い始めた。

まとめ

☑ 損益計算書は、一定期間の利益をベースにした活動報告書であり、売上高を出発として、原価を引いた売上総利益、販売管理費を引いた本業の儲けを表す営業利益、財務関係の損益まで含めた経常利益、株主の取り分につながる当期純利益が集計されている。

- ✅ 損益計算書を、売上高を100%として、%で各項目の構成比率を集計してみると、企業の利益構造、コスト構造が見えてくる。また、業種によって、総利益率、営業利益率には違いがある。

- ✅ 営業利益率は、多くの企業が製造販売しているコモディティーを扱っている業態、あるいは、安値大量販売の業態の場合は5%程度、付加価値のある商品・製品、サービスを扱っている企業の場合は10%程度が、一般的に確保したい水準である。

- ✅ 経常利益率からは財務の強さ、税金等調整前当期純利益率からは、特別な事象の影響、当期純利益率からは税金負担の状況などが見えてくる。

- ✅ 損益計算書の利益構造、コスト構造を、ビジネスモデルが類似している同業の優良企業と比較することで、企業の課題が見えてくる。

- ✅ 総利益率の違いは、販売管理費や在庫の管理のスタンスとも関係がある。総利益率が低い場合は、より厳しい管理が必要になる。さらに、攻めのコストである研究開発費や広告宣伝費の金額や売上高に対する比率は、業種によって異なっているが、将来を占う意味でも重要である。

- ✅ 望ましい損益計算書は、売上高が業界平均と同じか、それ以上に成長しており、営業利益率が業界の中で高く、最終の当期純利益率まで高いレベルを維持しているパターンである。

3 キャッシュフロー計算書から何がわかるのか

ストーリー
なぜキャッシュフローが重視されるのか

　今日、化学品メーカーX社の本社で、新社長の黒岩から新しい中期経営計画の発表があった。半年前に同社の関西工場長に昇進した佐藤は、幹部のひとりとしてその発表会に出席していた。社長の黒岩がスピーチの中で、構造改革、成長戦略などに加えて、

キャッシュフロー重視を何度も強調していたことが印象に残った。

　既存事業の業績を回復させるための製品の選別やコストダウン、また資産の圧縮といった構造改革、さらに今後の柱になるような新製品の開発や新規事業の立ち上げといった成長戦略の重要性はよくわかった。
　ただ、キャッシュフロー重視の意味がいまひとつ腹に落ちない。キャッシュフローそのものの意味は、「おカネの流れ」ということは理解している。ただ、それを重視するということは、具体的に何を意味しているのか、正直いうと、よくわからない。
　また、それは構造改革や成長戦略とどのような関係があるのだろうか。さらに、工場としては何をすればいいのであろうか。部門の責任者でもなかった頃は、何となくわかっていれば十分だと流していたが、工場長ともなるとそうはいかない。
　そこで、自宅へ帰ってから、ネットを使ってキャッシュフローについて調べ始めた。

キャッシュフロー計算書とは何か

キャッシュフロー計算書とは、

キャッシュの動きをベースにした企業の一定期間の活動報告書

である。

**企業が事業を継続できるかどうかは
すべてキャッシュがあるかどうかで決まる**

といっても過言ではない。利益では黒字が続いていても、キャッシュがなければ破たんしてしまう。また逆に、利益では赤字が続いていても、キャッシュがあれば事業を継続することができる。このように、キャッシュが適切に生み出せているか、回っているかは、企業が事業を継続していくために重要なポイントである。

こうした重要なキャッシュの動きに関する情報を外部に知らせる報告書として作成されるようになった財務データが、キャッシュフロー計算書である。

また、キャッシュフロー計算書が作成されるようになってから、追加で注目されるようになった点がある。それは、株主をはじめとする投資家が企業の儲けを見るときに、利益だけではなく、実際にキャッシュとしての裏づけのあるキャッシュフローに注目するようになってきたことである。

つまり、企業が儲かっているかどうかを見る場合にも、キャッシュフロー計算書を見るようになってきているのである。なお、

キャッシュとは、現金や預金、あるいはすぐにキャッシュに変えることのできるような安全な金融商品を含めたもの

のことであり、キャッシュフローとはそのようなキャッシュの流れ、つまり動きのことである。

キャッシュフロー計算書は、企業の一定期間のキャッシュフローを3つに分けて集計している。具体的には、**営業活動、投資活動、財務活動の3つ**だ。

図表1-7 キャッシュフロー計算書

営業活動からのキャッシュフロー ←	本業の儲けに関連するキャッシュフロー 通常はプラス
投資活動からのキャッシュフロー ←	事業投資や財務投資に関連するキャッシュフロー 通常はマイナス
財務活動からのキャッシュフロー ←	資金提供者（株主や債権者）とのやり取りに関連するキャッシュフロー
合　　計	
現金及び現金同等物の換算差額	
現金及び現金同等物の期首残高	
現金及び現金同等物の期末残高	

1番目の営業活動からのキャッシュフローは企業が事業を行なうことで生み出したキャッシュフローである。

通常は、事業からキャッシュフローとしての儲けを生み出している企業が多いので、プラスとなっている。なお、営業活動からのキャッシュフローは、損益計算書に記載されている利益（正確には税金等調整前当期純利益）をスタートにして、利益とキャッシュフローの違い（ズレ）を調整する形で集計されている。

どのようなズレを調整するかというと、具体的には、①費用であってもその時期にキャッシュが支払われない減価償却費（設備投資をした金額をその設備が使える期間にわたって費用として割り振っていくもの。費用として計上されているが、キャッシュは投資段階で支払われており、実際の支払がない費用）などを利益に加えるような調整、②売掛金や在庫（棚卸

資産)が増えたり減ったりした場合に、利益とキャッシュフローの間で集計のタイミングがズレることに関係する調整、この2点が主なものだ。

図表1-8　営業活動からのキャッシュフローのイメージ

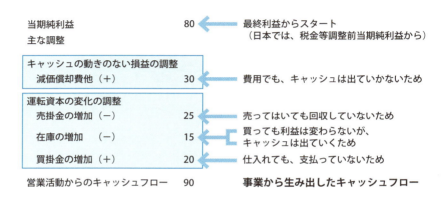

このうち②は、いわゆる運転資本に関係している。運転資本は日々事業を運営する中で必要になる資金のことであり、具体的には事業の中で売掛金や在庫(棚卸資産)などが絶えず残り、変化するために発生するものである。この運転資本が増えたり減ったりすることで、一定期間の利益とキャッシュフローの間に違いが出てきてしまうので、調整が必要になるのだ。

たとえば、**売掛金が増えた場合**は、販売して利益をあげた割に販売代金の未回収分がたまってしまい、キャッシュが入ってきていないので、売掛金の増加分を利益からマイナスする。

逆に**売掛金が減った場合**は、販売して利益をあげた以上に売掛金を回収することでキャッシュが入ってきているので、売掛金の減少分だけ利益にプラスしていく。

また、在庫についても、**在庫が増えた場合**は、在庫をもつためにより多くのキャッシュが必要になるため在庫の増加分だけ利益からマイナスする。逆に**在庫が減った場合**は、少ない在庫しかもたなくて済むために、キャッシュの必要額が減少し、在庫の減少分だけ利益にプラスしていく。

つまり、売掛金や在庫が増え、事業を行なうために必要な資金を意味する運転資本が増えると利益からマイナスし、逆に運転資本が減ると利益にプラスしていく。したがって、**営業活動からのキャッシュフローを増やすためには、利益を上げることはもちろんのこと、売掛金や在庫を増やさないことにも気を配る必要が出てくる。**

**次の投資活動からのキャッシュフローは
企業の投資活動に関係するキャッシュの動きを集計したものである。**

具体的には、設備投資や買収といった事業に関係する投資や、余っているキャッシュで有価証券などを購入するといった財務関係の投資が含まれる。投資をするとキャッシュが出ていくのでマイナス、設備や事業、あるいは有価証券などを売却するとキャッシュが入ってくるのでプラスになる。通常は、設備投資や買収などの投資のために支払う金額が多くなるため、**投資活動からのキャッシュフローはマイナスになることが多い。**

最後の財務活動からのキャッシュフローは、企業と、企業に資金を提供している株主や銀行といった資金提供者との間でのやり取りに関係するキャッシュの動きを集計したものである。

具体的には、株主との間では増資による資金の調達や、配当の支払、自社株買い、銀行との間では借入による資金の調達や借入金の返済、一般の投資家からの借入である社債についてはその発行や償還（返済）などのキャッシュの動きが含まれる。そのうち、増資や借入の増加、あるいは社債の発行をするとキャッシュが入ってくるためプラスになる。一方で、配当や自社株買い、借入金の返済や社債の償還を行なうとキャッシュが出ていくためマイナスになる。

なお、財務活動からのキャッシュフローは、**成長ステージには投資のための資金を集めるためにプラスとなり、安定ステージには余裕資金を借入金の返済や株主への還元に使うためマイナスとなるのが一般的である。**

企業の動きがわかる

　キャッシュフロー計算書から、企業の動きを見ることができる。具体的には、営業活動と投資活動、また財務活動からのキャッシュフローのプラスマイナスの関係だ。

　たとえば、**安定ステージにある場合**は、一般に事業で順調に稼いでいる結果として、営業活動からのキャッシュフローは比較的大きなプラスになっており、投資活動からのキャッシュフローも、あまり大きな投資が必要ないので、そこそこのマイナスとなっていることが多い。その結果、キャッシュが余ってくるので、財務活動からのキャッシュフローは、配当や借入金の返済などでマイナスとなることが多い。つまり、キャッシュフローは**営業活動で大きなプラス、投資活動でマイナス、財務活動でマイナス**、というパターンになる可能性が高い。

　次に、**成長ステージにある場合**は、一般に営業活動は事業からの儲けによってプラスになることが多いが、成長や拡大のために大きな投資をする関係で、投資活動は大きなマイナスになることが多い。その結果、営業活動のプラスで投資活動の大きなマイナスをカバーすることができず、その足りない分を借入や増資で穴埋めするために、財務活動はプラスになることが多い。つまり、キャッシュフローは**営業活動でプラス、投資活動では大きなマイナス、財務活動でプラス**、というパターンになりやすい。

　最後に**事業の再構築をしている場合**は、営業活動からのキャッシュフローはプラスになるかもしれない。ただ、事業の再構築のために、一部の事業や設備を売却したり、また投資を一時的に抑えたりして、投資活動からのキャッシュフローはゼロ、あるいはプラスになる可能性が出てくる。一方で、事業の再構築を行なうような企業は借入金や社債などが多くなっていることが多いため、営業活動や投資活動で生み出したキャッシュフローを借入金や社債の返済などに使うことで、財務活動からのキャッシュフローはマイナスとなることが多い。つまり、**営業活動はプラス、投資活動はゼロないしプラス、財務活動は大きなマイナス**というパターンである。

図表1-9　企業の状況と3つのキャッシュフローの関係

このように、3つのキャッシュフローの関係を見ることで、企業の動きがある程度わかる。

フリーキャッシュフローと
営業活動からのキャッシュフローに注目

最近、**フリーキャッシュフロー**という言葉がよく使われる。これは、もともとは**自由に使えるキャッシュフロー**という意味である。

ただ、よりくわしくは、企業に資金提供をしている株主や銀行といった資金の出し手に、自由に分配できるキャッシュフロー、という意味で使われている。しかし、実際には、事業で稼ぎ、投資をしても残ったキャッシュフローが、資金提供をしている株主や銀行などに自由に分配できるキャッシュフローのベースになるので、

フリーキャッシュフローとは
投資まで含めた上で事業から生み出したキャッシュフロー

という意味になる。この**フリーキャッシュフローは一般にプラスであることが望ましい**といわれている。ただ、このフリーキャッシュフローのプラスは、事業の儲けの範囲内で投資をしている状態を意味するので、自己増殖しているような状態、あるいは安全運転で事業を運営している状態という

ことができる。ということは、**成長や拡大のために大きな投資をしている場合は、フリーキャッシュフローはマイナスになることがあり、このようなマイナスは必ずしも悪いことではない**ことになる。

なお、キャッシュフロー計算書の中では、

フリーキャッシュフローは通常、営業活動からのキャッシュフローと投資活動からのキャッシュフローの合計として計算される

ことが多い。

また、一般的には、**安定ステージにある場合**は、営業活動のプラスで投資活動のマイナスをカバーできるので<u>フリーキャッシュフローはプラス</u>になる。

成長ステージにある場合は、営業活動のプラスに比べ、活発な投資によって投資活動のマイナスが大きくなるため、<u>フリーキャッシュフローはマイナス</u>になる。

また、**事業の再構築をしている場合**は、営業活動のプラスに加え、投資活動も事業や設備の売却などでプラスになることが多いため、<u>フリーキャッシュフローはプラスになることが多い</u>。このように、フリーキャッシュフローの数字にも企業の動きが表れてくる。

図表1-10　企業の状況とフリーキャッシュフロー

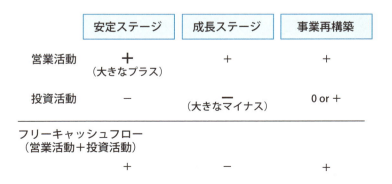

また、

**営業活動からのキャッシュフローは
キャッシュ利益とも呼ばれており、重要である。**

これはキャッシュフローベースでどの程度儲けているのかを意味している。
また、売上高に対する営業活動からのキャッシュフローの比率のことを、キャッシュフローマージンと呼んでいる。これは、キャッシュフローとしての利益率であり、損益計算書をベースにした売上高利益率に相当する重要な指標として活用することもある。
　また、営業活動からのキャッシュフローがマイナスの場合も注意が必要だ。なぜなら、営業活動には、投資のために支払ったキャッシュフローはまったく含まれておらず、ある意味で、投資の成果の分だけが集計されている。ということは、

**営業活動からのキャッシュフローがマイナスということは
投資の前段階ですでに儲けが出ておらず、投資する余力がない**

ことを意味している。つまり、減価償却費など投資に関係する費用を差し引いて計算されている。

**営業利益の赤字や当期純利益の赤字よりも
営業活動からのキャッシュフローのマイナスはより厳しい**

状況を表しているということができる。
　例外的に、成長ステージの企業が研究開発費や広告宣伝費などを多額に使ったり、売掛金や在庫（棚卸資産）といった運転資本が増加することで、営業活動からのキャッシュフローがマイナスになってしまうような場合は、そのマイナスを保有しているキャッシュや借入、増資によってカバーできるのであれば、問題はない。ただ、それ以外の場合の営業活動からの

キャッシュフローのマイナスはかなり危機に瀕した状況にあると考えたほうがいい。

ケース
大塚家具とキヤノンの
キャッシュフロー計算書の動き

大塚家具

　一時、経営危機にあると指摘されていた大塚家具。2019年2月15日に取締役会で中国資本のハイラインズなどからの38億円の増資を決定し、再建に向かって動き出した（奥貴史「大塚家具、消えた強気と消えない不安」日経ビジネス電子版2019年2月15日）。キャッシュフロー計算書から見るとどのような状況にあるのであろうか。2018年12月期までの4年間の状況を見てみよう。

　現社長の大塚久美子氏が社長に就任したのが2009年3月。父親の前社長大塚勝久氏と経営権を争うことになり話題となった株主総会は2015年3月末のことであった。

　その株主総会が開催された2015年12月期は、利益率は低いものの営業利益、当期純利益ともに黒字を確保している。また同時期は、キャッシュフロー計算書も営業活動はプラス、投資活動はマイナス、財務活動はマイナスと安定企業のパターンになっている。

大塚家具の業績とキャッシュフロー計算書の推移

(単位:百万円)

	2015年12月期	2016年12月期	2017年12月期	2018年12月期
売上高	58,004	46,308	41,080	37,388
営業利益	438	−4,598	−5,137	−5,169
当期純利益	359	−4,567	−7,260	−3,241
営業活動からのキャッシュフロー	269	−5,771	−4,785	−2,608
投資活動からのキャッシュフロー	−75	−812	3,094	3,104
有形固定資産の取得による支出	−57	−1,387	−369	−87
子会社・関係会社株式の取得による支出	−20	0	−1	0
投資有価証券の売却による収入	0	674	2,849	1,792
財務活動からのキャッシュフロー	−742	−535	−357	198
借入金・社債の増減	0	0	0	1,170
配当金の支払	−742	−1,488	−1,408	−758
自社株買い	0	−1,429	0	0
自己株式の処分	0	0	1,051	0
長期預り金の受入による収入	0	2,382	0	0

出所)有価証券報告書及び決算短信をもとに作成

安定	事業苦戦 リストラ	事業苦戦 リストラ	事業苦戦 リストラ 資金確保

その翌年の2016年12月期は、営業利益、当期純利益ともに大幅な赤字に転落し、キャッシュフロー計算書も、営業活動はマイナス、投資活動はマイナス、財務活動はマイナスという、事業からキャッシュフローが生み出せない厳しい状況のパターンに陥っている。さらに、この年は不動産の証券化によって入手した長期預り金が2,382百万円のプラスとして財務活動に含まれているが、配当と自社株買いで2,917百万円とい

う多額の株主還元をしたこともあり、財務活動は合計でマイナスとなってしまい、3つの活動の合計でも大幅にキャッシュを減らすことになってしまった。

　次の2017年12月期も、大幅な利益の赤字、営業活動のマイナスという厳しい状況は変わっていない。ただ、投資有価証券の処分によって投資活動ではプラスになり、財務活動についても配当はしたものの、宴会場・貸会議室の運営を主力事業としているTKPとの資本業務提携による増資（自己株式の処分）によってマイナスを小さくしている。しかし、前年度に引き続き、3つの活動の合計でキャッシュフローはマイナスになっている。

　2018年12月期も、大幅な利益の赤字、営業活動のマイナスという状況は変わっていない。また、前年と同じく投資有価証券の売却によって投資活動のプラスを確保し、また、減配はしたもののそれを上回る短期借入金を導入したことで財務活動もプラスとしている。その結果、3つの活動の合計でのキャッシュフローは何とかプラスを確保している。ただ、短期借入金がなければマイナスの状況であり、やはりこの時点でも厳しい状況には変わりはない。

　特に、3期連続の営業活動からのキャッシュフローのマイナスは、事業投資を除いても事業からキャッシュフローを生み出せていないことを意味しており、事業が危機的状況にあることを示唆している。
　さらに2017年12月期までは、無借金であったため、銀行からのプレッシャーもなく、手元の資金と、不動

産証券化やTKPからの増資による資金でしのいできていた印象だが、2018年12月期は短期借入金を導入しており、徐々に財務的に厳しさが増している印象だ。今回の増資で一定程度財務の強化はできると思うが、営業活動からのキャッシュフローをプラスに転換することが大きな課題といえそうだ。

キヤノン

ここ数年の中で積極的な買収を行なっているキヤノンのキャッシュフロー計算書を見てみよう。

キヤノンの業績とキャッシュフロー計算書の推移

(単位：百万円)

	2015年12月期	2016年12月期	2017年12月期	2018年12月期
売上高	3,800,271	3,401,487	4,080,015	3,951,937
営業利益	355,210	228,866	321,605	342,952
親会社株主に帰属する当期純利益	220,209	150,650	241,923	252,755
営業活動からのキャッシュフロー	474,724	500,283	590,557	365,293
投資活動からのキャッシュフロー	−453,619	−837,125	−165,010	−195,615
固定資産購入額	−252,948	−206,971	−189,484	−191,399
事業取得額（取得現金控除後）	−251,534	−649,570	−6,557	−13,346
財務活動からのキャッシュフロー	−210,202	355,692	−340,464	−354,830
長期債務の増減額	−633	609,696	−125,008	−135,655
短期借入金の増減額	0	−80,580	5,628	2,501
配当金の支払額	−174,711	−163,810	−162,887	−178,159
自己株式の取得及び処分	790	−14	−50,034	−21

スウェーデンのネットワークビデオソリューション企業であるアクシスの買収（2015年4月）

東芝メディカルシステムズ買収（2016年12月）

出所）有価証券報告書及び決算短信をもとに作成

まず、2015年12月期のキャッシュフローは営業活動でプラス、投資活動でマイナス、財務活動でマイナスという安定パターンとなっている。ただ、投資活動のマイナス金額は営業活動のプラス金額とほぼ同額となっており、その投資活動の中には、約2,500億円の事業取得額のマイナスが含まれている。このほとんどは、2015年4月に実行した、スウェーデンのネットワークビデオソリューション事業を行なっている企業アクシスの買収に関係するものである。これを見ると、安定パターンとはいえ、投資を積極的に行なう成長パターンの要素も含まれている。

　次の2016年12月期は、営業活動はプラス、投資活動はマイナス、財務活動はプラスの典型的な成長パターンとなっている。また、投資活動のマイナス金額は、営業活動のプラス金額の1.6倍以上とかなり大きくなっており、その中心が約6,500億円の事業取得額のマイナスである。これは、2016年12月に実行された、東芝メディカルシステムズの買収に関係したものだ。買収額も大きく、フリーキャッシュフローもマイナスとなったため、財務活動では長期債務によって約6,000億円の借入も行なっている。

　次の2017年12月期は、営業活動はプラス、投資活動はマイナス、財務活動はマイナス、さらにフリーキャッシュフローもプラスとなる典型的な安定パターンとなっている。

　最後の2018年12月期も、運転資本の増加によって営業活動は減少したもののプラス、投資活動はマイナス、

財務活動はマイナス、さらにフリーキャッシュフローもプラスとなる典型的な安定パターンを継続している。

　このように、キヤノンのこの4年間のキャッシュフロー計算書の動きを見ると、成長に近い安定、成長、安定、安定と変化してきており、また積極的な買収をはじめとする大きな投資を行なった年もあったことがわかる。これは、既存事業が安定成熟期に入ってくる中で、新しい事業の柱をつくろうという動きの一環だと考えられる。
　これらの事例のように、キャッシュフロー計算書の3つのキャッシュフローの組み合わせから、企業の動きを確認することができる。

後日談
情報共有でもキャッシュフローはよくなる

　工場長の佐藤は、疑問に思ったキャッシュフロー重視の意味をインターネットで調べる中で、それが、利益を確保するだけではなく、売掛金の早期回収や在庫の削減、また設備投資の投資効率の向上などに取り組むことで、キャッシュフローという明確な裏づけのある儲けを確保していくことだとわかってきた。
　中でも工場では、利益を確保するために、原価低減や営業部門との情報共有を進めること、また運転資本を減らすために、綿密な生産計画や販売と生産の情報共有で在庫を減らしたりすることがポイントになりそうだ。
　また、このキャッシュフローの状況は、キャッシュフロー計算書を見ることである程度把握することができると理解できた。

佐藤は、今後はキャッシュフロー計算書にも目を通していこうと考え始めた。

まとめ

☑ キャッシュフロー計算書は、企業の一定期間の活動を、キャッシュフローをベースに集計したものである。

☑ キャッシュフロー計算書は、キャッシュフローを事業からの儲けを表す営業活動、投資に関係する動きを表す投資活動、資金提供者とのやり取りを表す財務活動の3つに分けて集計している。

☑ 営業活動、投資活動、財務活動からのキャッシュフローの関係から、安定ステージにあるか、成長しようとしているか、事業の再構築を行なっているかなどが見えてくる。

☑ 営業活動、投資活動、財務活動のキャッシュフローの組み合わせは、安定ステージにある場合は「大きなプラス、マイナス、マイナス」、成長ステージにある場合は「プラス、大きなマイナス、プラス」、事業の再構築の場合は「プラス、ゼロないしプラス、大きなマイナス」となることが多い。

☑ フリーキャッシュフローは、投資まで含めて事業から生み出したキャッシュフローのことであり、営業活動と投資活動の合計で計算する。一般的にはプラスが望ましいが、成長期には投資活動のマイナスが大きくなるためマイナスになることがある。

☑ 営業活動からのキャッシュフローは、キャッシュフローベースでの儲

けであり、これがマイナスの場合は、かなり危機的な状況にあると考えられるので注意が必要である。

☑ 望ましいキャッシュフロー計算書は、営業活動からのキャッシュフローがプラスで順調に増えており、投資活動からのキャッシュフローと財務活動からのキャッシュフローは、企業の状況に合わせてバランスがとれているパターンである。

4 IFRSと日本の会計基準の違い

ストーリー
IFRSの導入で何が変わるのか

　大手食品メーカーS社の事業本部長である三谷は、財務担当役員である黒田が今日の経営会議の中で行なっていた説明を思い出していた。

　黒田は、2年後からS社グループの財務諸表の作成をIFRS（国際財務報告基準）で行なうこと、またそれに合わせて決算期を変更し、新たに設定する事業利益という指標によって業績管理をしていくことなどを説明していた。

　三谷は、1年ほど前に経理部長の川上からIFRSの導入を検討しているという話を聞いていたので、いよいよかと思うと同時に、同じタイミングで行なわれる決算期変更や事業利益の導入が気になっていた。

　これまで3月末であったS社の決算期末は、今後12月末になる。12月末になると、期末の棚卸などは大みそかの夜中から正月にかけてやることになるのだろうか。また、取引先の多くが12月31日も夜遅くまで営業し、正月も元旦や2日から営業を始めるスーパーや小売店であることを考えると、その時期の決算というのはかなりの負荷がかかりそうだ。そうでなくても忙しくしている現場の担当者は対応できるだろうか。

　また、事業利益の導入についても、黒田の説明では営業利益に近いもののようであるが、よくわからない。さらに、それを導入する意味もいまひとつピンとこない。さらに、IFRSを導入すると、買収によるのれんの償却がなくなるという話も聞いたが、どのような意味があるのだろうか。

　いろいろ疑問が出てきたので、IFRSについて教えてもらおうと、経理部長の川上をランチに誘うことにした。

IFRS導入の理由と経緯
「なぜ会計基準の統一が必要なのか」

　投資家が、グローバルにいろいろな国の企業に投資をするようになる中で、国ごとに会計基準が異なっていると、企業業績の比較が難しくなってしまう。

　たとえば、トヨタとGMとメルセデスの業績を比較しようとしても、それぞれの財務諸表を作成する会計基準が違っていると、その違いの調整をしないと適切な比較が難しくなってしまう。

　そこで、いろいろな国の企業の財務諸表の比較が行ないやすくなるように、国ごとに異なる会計基準を統一して世界共通の会計基準を作成することを目的として、IASB（The International Accounting Standards Board：国際会計基準審議会）という団体が設立された。そのIASBが作成してきた会計基準が**IFRS（International Financial Reporting Standards：国際財務報告基準）**であり、ある意味での、

会計基準のグローバルスタンダードである。

　IFRSは、各国の会計基準としても採用されてきている。具体的には2005年からEUにおいて上場企業に対して強制的に採用されることになり、EUの約7,000社の企業が採用することになった。その後、それ以外の先進国や新興国などを含め、かなり多くの国の会計基準として採用されてきている。

　ただ、米国と日本では、会計基準はかなり類似しているものの、IFRSを自国の会計基準としては採用していない。しかし、両国とも自国の会計基準とIFRSとの違いを徐々になくす方向でIASBとも協力しながら調整をしてきており、中長期的には各国の会計基準はIFRSに統合されていく流れになっている。

IFRSの特徴は原則主義と貸借対照表重視

　IFRSは、従来の日本の会計基準と比較するといくつかの特徴がある。その中で代表的なものが、

Principle Based（原則主義）とBS（貸借対照表）重視の2つだ。

① Principle Based（原則主義）

　これはPrinciple、つまり**原則的な考え方を会計基準の中で決めておき、細かい処理や集計の方法については各企業の方針や判断に任せる、という考え方**である。このような方針の背景には、IFRSが世界共通の会計基準としていろいろな国の多くの企業に採用してもらうためにはあまり詳細まで決めないほうがいい、という考え方がある。

　その結果として、IFRSを採用した各企業は、具体的にどのように考えてどう処理をしたのかを**注記（Footnotes）**として記載することが必要になる。そのため、IFRSを採用すると注記の記載が多くなる傾向がある。

② BS（貸借対照表）重視

　これは、

　**貸借対照表の項目を
　できるだけ決算日時点の時価（公正価値）をもとに集計**

していく。そして、

　**損益計算書の利益は
　基本的には毎年の貸借対照表の純資産の増減の差額分をもとに計算**

していこう、という考え方である。

このような考え方につながる時価主義的な会計基準が、IFRSの中にはいくつも含まれている。具体的には、金融商品（有価証券など）の時価（Fair Value：公正価値）評価、運用目的の棚卸資産の時価評価、企業年金の準備不足額の計算における時価の考え方の導入、外貨建債権・債務の決算日レートでの換算などである。

これらの会計基準は、日本の会計基準でもほぼ同じような内容で採用されている。つまり、貸借対照表重視はIFRSを筆頭に世界的な流れとなっているのだ。

さらに、貸借対照表がある程度時価をベースに作成されることになると、株主の持ち分を表す純資産が時価に近い金額で集計されることになる。結果として、株主が自分の権利の価値を、ほぼ時価に近い金額で貸借対照表から把握できるようになり、株主から見た投資効率を表すROE（87ページ）なども、より実態を反映することになる。

このように、IFRSは株主あるいは投資家に対して、より適切で有用な情報を提供するという考え方がベースになっている、ということもできる。

IFRSと日本の会計基準の代表的な違いを押さえる

これまで見てきたように、IFRSは日本の会計基準とかなり似ているが、一部違いもある。

また、IFRSは、前述のようにPrinciple Based（原則主義）を採用しているため、各企業がそれぞれの方針で財務諸表を作成する傾向があり、その作成方法などが企業ごとに違っていることもある。ここでは、IFRSを採用している企業の財務諸表と日本の会計基準を採用している企業の財務諸表の代表的な違いについてまとめていく。

①貸借対照表の違い

1つ目は、貸借対照表の名称である。

日本の会計基準を採用している場合には貸借対照表

IFRSでは、財政状態計算書（Statement of Financial Position）

が一般的な名称になっている。

　もちろん、IFRSを採用していても貸借対照表という名称をつけている企業もあるが、財政状態計算書という名称のほうがやや多い。ただ、事業年度末の状況を資産、負債、純資産（資本）の大きく3つに区分して表すという構成については、基本的に違いはない。

　2つ目は、資産と負債の区分である。IFRSでは、資産と負債の両方を流動と非流動に区分することになっている。これは、日本の会計基準における流動と固定の区分と基本的に同じであるが、

日本の会計基準における固定資産、固定負債を非流動資産、非流動負債と呼ぶ

ところに違いがある。

　3つ目は、貸借対照表の項目の記載順序だ。

日本の会計基準では、資産と負債の項目は、通常流動を最初に、そのあとに固定という順番で記載されている。これを流動性配列法と呼ぶ。

　しかし、**IFRSの場合**は、記載順序が企業に任されているため、この流動性配列法以外に、

固定性配列法を採用している企業もある。

　この方法では、**資産と負債は、まず非流動の項目から記載され、そのあとに流動の項目が記載されていく。** さらに流動資産の中でも、最もキャッシュ化しやすいキャッシュそのものである現金及び現金同等物（Cash and Cash Equivalents）は、基本的に最後に記載される。このように、流動と非流動の記載順序が違っている場合もあるので注意が必要である。なおこ

の点は、順番を変更して見ていけば、比較なども簡単にできるので、実際には大きな問題はない。

②損益計算書の違い

　1つ目は、損益計算書に**記載されている利益の数**である。IFRSを採用している企業では、最もシンプルな場合、税引前利益（Income before Income Tax）と純利益（Net Income）の2つしか集計されていない。

　逆に最も利益の数が多いケースでも、上記の2つに総利益（Gross Profit）と営業利益（Operating Income）を加えた4つの利益が集計されているだけである。

　つまり、日本では通常の活動の結果を表す利益として、必ず集計され、また重視されてきている

経常利益はIFRSでは集計されない

のだ。したがって、日本の会計基準を採用している企業とIFRSを採用している企業の業績を比較する場合には、どちらの場合も集計されている純利益、また**IFRSを採用している企業でも集計されている場合が多い営業利益などを中心に比較する**ことが必要になる。

　なお、IFRSを採用している企業が総利益や営業利益を集計していない場合でも、費用の項目をもとに、日本の会計基準で集計されている利益に近いものを計算することは可能である。

　2つ目は、営業利益を集計する段階で含められる損益の範囲である。IFRSを採用している企業では、**持分法投資利益（Income from Equity Investment）、為替差損益（Currency Loss/Gain）、固定資産除売却損益（Gain/Loss from disposal/sales of PPE）、減損損失（Impairment Loss）**など、

日本の会計基準では営業外損益ないしは特別損益として集計される項目が、IFRSでは営業利益に含めて集計されているのが通常である。

ある意味で、本業の範囲を広くとらえているといえる。一方で、**日本の会計基準を採用している企業では、いわゆる販売費及び一般管理費や研究開発費といった、まさに本業に関係する費用だけが営業利益に含めて集計されている。**したがって、営業利益を比較する際には、集計されている費用などの内訳を確認することが重要になる。

③キャッシュフロー計算書の違い

キャッシュフロー計算書については基本的に大きな違いはない。

④会計基準の違い

会計基準については、細かい点まで含めるといろいろな違いがあるが、ここではその中でも違いが大きい、**のれん（Goodwill）の会計処理**について見ていく。

のれんは、企業買収の際に評価されたさまざまな無形の価値を集計した資産のことである。このれんを、一定の期間で徐々に費用にしていく償却を行なうか、行なわないかが、大きな違いの1つとなっている。具体的には、

日本の会計基準では、のれんは将来儲けを生み出すための投資と考えて、買収後20年以内で償却することになっている。

一方で、

IFRSや米国会計基準では、資産を適切な価値でBS上に集計するために、のれんはその価値が減らない限り償却しないことになっている。

先に述べたが、**IFRSは貸借対照表を重視**していると考えられる。つまり、買収をした後、無形の価値を表すのれんは、買収後の**業績が順調な場合**は価値が減少していないので償却は行なわず、**そのままの金額で貸借対照表に集計しておく。**

一方で**業績不振の場合**は、減損によって実際の価値まで**金額を低下させ**ることで、貸借対照表に実際ののれんの価値を反映しようとしているのだ。

その結果、日本の会計基準とIFRS及び米国会計基準とで、業績に違いが出てくることになる。

日本の会計基準ならば、買収によってのれんが集計されると、それ以降のれんの**償却費が発生するために、利益が減少**する。一方で、のれんが償却されることで**資産が減少し、投資効率がよく見える**ようになる。また、のれんが徐々に償却され小さくなっていくため、買収後に買収された企業の業績が低下し、のれんの価値が低下したと判断された場合に集計される**減損損失も、発生したとしてもあまり大きくはならない**。

一方で、**IFRSや米国の会計基準ならば**、買収後にのれんが**償却されないため利益は低下しない**。しかし、のれんが資産として残り続けるため、資産は買収によって増加したままとなり、**投資効率が悪く見える**状態が継続する。また、のれんがそれまでに減少せず（償却されず）に残っているため、買収された企業が業績不振に陥った際に集計される**減損損失も、いったん集計されると巨額な金額になりやすい**。

このように、巨額の買収を実行し、大きなのれんが発生した場合には、かなりの業績の違いにつながる可能性があるので注意が必要である。

なお、のれんを償却しないという方法は、一部の日本企業が採用している米国会計基準でもIFRSと同様の扱いになっている。

図表1-11　日本の会計基準とIFRSでの、のれんの扱いの違いとその影響

	日本の会計基準	IFRS
償却の有無	20年以内で償却する	償却しない
減損損失	適用あり	適用あり
利益への影響	のれんが償却されるため利益は低めになる	のれんが償却されないため利益は低下しない
資産への影響	のれんが償却されていくため、のれん（資産）は徐々に小さくなる	のれんが償却されないため、のれん（資産）は変化しない
減損損失への影響	のれんが徐々に小さくなるので、減損損失が発生する可能性が下がり、発生した場合も少額になる	のれんが変化しないため、減損損失の発生可能性は高くなり、発生した場合は大きな金額となる

日本でのIFRSの導入状況とそれによる変化

　日本では、2019年4月時点でIFRSの採用を強制するようなルールは設定されていない。ただ、2010年3月期から、

連結財務諸表の作成にIFRSを採用することも認められるようになった

ため、2010年3月期から導入を始めた日本電波工業を筆頭に、2019年6月時点で187社がIFRSを適用している。また、今後適用することを決定している企業26社を加えると、すでに213社がIFRSを適用する方向となっている（日本取引所グループ）。
　このように、日本でも徐々にIFRSの採用が進んでおり、中長期的にはかなりの数の企業がIFRSを採用するようになる可能性が高いといえそうだ。
　なお、IFRSの導入とほぼ同じタイミングで、グループ内での決算期の統一や海外の競合企業などとの業績比較のことを考えて、海外で一般的な12月決算に合わせる方向で、

3月決算の企業が12月決算に変更する

例もある。たとえば、花王は2016年12月期からIFRSを導入しているが、その4年前の2012年12月期に3月決算から12月決算に変更している。また、ユニ・チャームも2016年12月期からIFRSを導入しているが、その2年前の2014年12月期に3月決算から12月決算に変更している。
　また、IFRSでは、前述のように、営業利益の中に日本の会計基準では営業利益に含まれない損益が含まれる。そのため、日本の会計基準で計算される、

営業利益との比較をしやすくし

また、実質的な本業の業績を集計するために、
独自の利益を計算し公表しているケースもある。

たとえば、J.フロントリテイリングは事業利益、アステラス製薬はコア営業利益といった名称で、独自の利益を計算し公表している。

ケース
IFRS導入の影響と独自の利益の集計
――J.フロントリテイリングとアステラス製薬

J.フロントリテイリングは、2017年2月期からIFRSを導入している。そのため、連結損益計算書において、日本基準では営業利益に含められないその他の営業損益、具体的には固定資産売却益、雑収入、固定資産処分損、雑支出などが営業利益に含められることになった。

その結果2017年2月期の営業利益は、**日本基準では445億円であったが、IFRSでは417億円と28億円低下**した。また連結貸借対照表についても、土地等の金額が時価で評価されることなどによって、土地や借地権などの資産や利益剰余金をはじめとする資本などが減少し、資産合計が**1兆501億円から1兆50億円へと約450億円減少**した。

さらに、J.フロントリテイリングは、IFRSを導入する段階で、日本基準の営業利益との比較をしやすくし、また実質的な本業の業績を公表するために、以下のような「事業利益」を公表している。

> 事業利益　＝
> IFRS営業利益－IFRSその他の営業収益等
> ＋IFRSその他の営業費用等
>
> 注）その他の営業収益やその他の営業費用には、固定資産売却益、雑収入、固定資産処分損、雑支出などが含められている

　この事業利益をIFRSで集計された営業利益と比較してみると、下記のように若干の違いが発生している。

J.フロントリテイリングのIFRS営業利益と事業利益の比較

	2017年2月期	2018年2月期	2019年2月期
IFRS営業利益	417億円	495億円	409億円
事業利益	449億円	468億円	455億円

出所）有価証券報告書及び決算資料をもとに作成

　ただ、2017年の事業利益449億円を同年の日本基準での営業利益445億円と比較してみるとほぼ同額になっており、事業利益は日本基準の営業利益とかなり近いものになっている。

　一方で、アステラス製薬は、2014年3月期からIFRSを導入している。その段階で、会社の経常的な収益性を表す指標として、コア営業利益の公表を開始した。コアベースの指標は、IFRSで計算した利益（フルベース）から、非経常的な項目と考える減損損失、有形固定資産売却損益、リストラクチャリング費用、災害による損失、訴訟などによる多額の賠償あるいは和解金などの調整項目が除外されており、日本基準での営業利益に近いものである。

その結果、2018年3月期と2019年3月期のIFRSベースでの営業利益をコアベースと比較してみると、下記のようになっている。

アステラス製薬の営業利益をコア、フルで比較

	2018年3月期		2019年3月期	
営業利益	コアベース	フルベース	コアベース	フルベース
	2,687億円	2,133億円	2,785億円	2,439億円

出所）有価証券報告書、決算短信及び決算資料をもとに作成

このように、IFRSと日本の会計基準の間にはいくつかの違いがある。また、そのような違いを埋め合わせ、企業の業績をわかりやすく伝えるために、多くの企業がさまざまな取り組みを行なっている。

後日談
IFRSと「独自の利益」の導入
──比較しやすさを求めて

　三谷は、経理部長の川上から話を聞く中で、IFRSをもとにした財務諸表の作成は日本ですでに約200社が始めており、S社も業界大手の1社として、会計基準をグローバル化することで、海外企業との比較をしやすくし、投資家を世界中から呼び込みたいという意向が背景にあることがわかってきた。

　また、12月31日への決算日の変更は、IFRSでは子会社を含めたグループ内での決算日の統一が求められており、S社の海外子会社のほとんどが12月決算であるため、それに日本の本社を合わせることが理由のようだ。

現場の負担が気になっていた年末の棚卸は、一部を他のタイミングにずらして行なうことや、棚卸のアウトソーシングを請け負う会社に依頼することで、かなり負担も軽減できるようだ。

　さらに、新しく採用する事業利益は、IFRSでは営業利益に集計される項目が日本基準と違っているため、過去の営業利益と比較しやすくし、本来の本業からの儲けを公表するために採用するものということであった。また、川上は、IFRSを導入することで、のれんの償却がなくなるため、数年前にアジアで買収した子会社ののれんの償却がなくなり、利益がかなり増加するともいっていた。

　三谷は川上の話を聞く中で、IFRS導入の背景や内容がかなり理解できた。そこで、担当する事業本部でもIFRS導入による影響や対応を検討するために、近いうちに事業本部内の関係者でミーティングをしようと考え始めた。

まとめ

☑ IFRSは、投資家が国を越えていろいろな企業の財務諸表を比較しやすくするために作成された、会計基準のグローバルスタンダードである。世界の多くの国で会計基準として採用されつつある。

☑ 日本と米国はIFRSを完全には採用していない。ただ、日米の会計基準とIFRSの違いはかなり小さくなってきている。

☑ IFRSを日本の従来の会計基準と比較すると、①基本的な基準を決めておき、詳細は各企業に任せるというPrinciple Based、また②時価評価をかなり導入することで貸借対照表の数字を適切に集計しようという貸借対照表重視、という2つの特徴がある。

☑ 日本の会計基準と比較すると、IFRSでは、貸借対照表を財政状態計算書と呼ぶ、固定を非流動と呼ぶ、非流動を流動よりも前に記載する固定性配列法を採用することがある、といった違いがある。また損益計算書についても、本業をやや広く考えて営業利益に含まれる項目が増える、経常利益を集計しなくなる、といった違いがある。

☑ 日本の会計基準とIFRSとでは、のれんの扱いに違いがある。日本ではのれんが償却されるが、IFRSでは償却されない。そのため、のれんがある企業がIFRSを採用した場合は、利益や資産が大きくなるが、減損が発生しやすくなる傾向になる。

☑ 日本でも2019年3月末時点で約200社がIFRSを導入しており、導入企業の数も徐々に増える傾向にある。またそれに合わせて、グループ全体として決算期の統一をするために決算期を12月などに変更したり、営業利益に準じた本来の本業の利益を公表するために、事業利益、コア営業利益といった特別な名称の利益を計算する例もある。

5 ROE、ROAから何がわかるか

ストーリー
ROEが低いと社長退任まで要求される？

　大手食品メーカーの研究開発本部長をしている山川は、出勤前に自宅で朝食をとりながら新聞を読んでいた。いつもどおり一面を見たあとで、経済面を開くと、「X社、低いROEで株主総会長引く」という大きな見出しの記事が目に飛び込んできた。

　X社は山川が勤務する会社の競合企業の1社であり、顧客ニーズをとらえた新製品の開発力で以前から定評があり、山川も研究開発の担当として注目してきた企業である。ただ、数年前に買収した海外事業が不振のため、業績が芳しくないと最近話題になっていた。やはりそれが原因なのかと思いながら記事を読んでいくと、株主総会では、業績不振の原因や対策についての質問とともに、社長の退任を求めるような意見も出ていたようだ。

　山川は「厳しい時代になった」と感じるとともに
　記事の中で触れられていた「ROE」のことが気になった。

　ROEは最近新聞や雑誌でよく目にする単語であり、社内の会議でも何度か聞いたことがある。ただ、研究開発部門一筋でキャリアを積んできた山川は、財務数値にほとんど縁がなく、意味がよくわからない。そこで、出勤後に、最近経営企画部門から研究開発部門の管理担当のリーダーとして異動してきた桐谷に聞いてみようと考え始めた。

ROEとは株主が出した資金に対する儲けの率

ROEはReturn On Equityの頭文字であり、株主が出した資金（Equity）に対する（On）儲け（Return）の率を計算したものである。

株主から見た企業に対する投資効率を評価した指標であり、日本語では自己資本利益率と呼ばれている。具体的には、株主にとっての儲けである当期純利益を、株主が企業に対して投入している資金を意味する自己資本（純資産とほぼ同じ）で割って以下のように計算する。

$$\text{ROE} = \frac{（親会社株主に帰属する）当期純利益}{自己資本}$$

注）自己資本は純資産－非支配持分－新株予約権で求める

このROEが、ここ数年、日本の上場公開企業の間でかなり注目されている。実際に、三井住友信託銀行の調査によると、2017年秋の時点で、調査対象となった

上場公開企業の37％がROEを財務目標として掲げている。
また、具体的なROEの目標水準は、おおむね8％～15％程度

となっている。

たとえば、安定して好業績を継続している建機のコマツの目標が10％以上（2019年3月期）、好業績を継続する日本を代表する製薬メーカーの1社である塩野義製薬の2020年度目標が15％以上（2019年3月期）など、企業によって違いはあるが、おおむね8％～15％となっている。

このようにROEが注目されているのは、経済産業省が主導した「持続的成長への競争力とインセンティブ～企業と投資家の望ましい関係構築～」

プロジェクトの中で2014年8月に発表された**伊藤レポート**と、株主総会における議決権行使の助言会社であるISS（Institutional Shareholder Services）の影響が大きい。

伊藤レポートの中で、日本企業は8％のROEを最低水準として収益力を高めることが提言されている。

また、ISSは2015年から過去5年間の平均のROEが5％未満で改善傾向にない場合は、経営トップ（通常は会長及び社長）の選任案件について反対を推奨するという基準を設定している。その結果、

最低でも5％以上、基本的には8％以上のROEを確保しようという企業が増えている。

なお、日本企業の上場公開企業の平均ROEはこのところ約10％の水準となっており、大手企業の平均がおおむね15％〜20％といわれる米国、10％〜15％といわれる欧州と比較すると、やや低めとなっている。

平均の水準は前述の伊藤レポート、ISSの基準を上回っているが、海外企業と比較すると、もう少し高めることが望ましい状況にある。

なお、ROEの各企業の基準は、あえていうと株主資本コスト（159ページ）になる。

なぜなら、株主資本コストは株主が期待、要求している儲けの率のことであり、株主から見た投資効率を意味するROEはその水準を上回る必要があるからである。

ROEを3つの比率に分解したデュポンシステム

ROEが高い、あるいは低い理由、またそれを向上させるポイントを把握するために、ROEの分母と分子にそれぞれ売上高と総資産を掛け合わせて、以下のように3つの比率に分解する分析方法がよく使われる。この分解式のことを、もともと米国のデュポン社が使い始めたものということで、デュポンシステムと呼んでいる。

デュポンシステムによるROEの分解式

$$\text{ROE} = \frac{\text{当期純利益}}{\text{売上高}} \times \frac{\text{売上高}}{\text{総資産}} \times \frac{\text{総資産}}{\text{自己資本}}$$

$$= \text{売上高当期純利益率} \times \text{総資産回転率} \times \text{財務レバレッジ}$$

注）当期純利益は親会社株主に帰属する当期純利益

このうち、最初の2つは、売上高に対する最終利益率を意味する売上高当期純利益率、資産をどの程度効率よく使って売上高に結びつけているかを意味する総資産回転率である。

一方で、最後の財務レバレッジは、借入金や社債といった借りた資金をどの程度活用しているかを表す比率である。具体的には、借りた資金が多いと、分母の自己資本は小さくても、借りた資金によって分子の資産をたくさんもてるため、財務レバレッジは高くなる。財務レバレッジの「レバレッジ」はテコを意味する。小さい自己資本をもとに、負債をテコとしてうまく活用しているという状態だ。

逆に、無借金に近い場合は、自己資本でほとんどの資産をもっていることになるため、分母の自己資本に比較して分子の資産がそれほど大きくならないので、財務レバレッジは低くなっていく。

この分解式をベースにすると、ROEを高めるためには、事業の収益力などを高めて売上高当期純利益率を高めること、資産を効率よく使って売上高を高めて総資産回転率を高めること、適度に借りた資金を活用して財務レバレッジを適切な水準に保つことが必要になる。

なお、デュポンシステムの分解式をもとに、日本企業のROEの平均が欧米の企業の平均よりも低い理由を見てみると、一般に売上高当期純利益率の低さが最も大きなポイントになっていることが多い。

また、ROEを向上させている企業の状況をデュポンシステムの分解式で見てみると、やはり売上高当期純利益率の向上がポイントになっているケースが多い。

このような点から考えると、ROEを高めるためには、売上高当期純利益率の向上を中心に具体策を考えていくことが重要といえそうだ。

ROAは保有している資産に対する投資効率を評価する指標

ROAはReturn On Assetの頭文字であり、事業などのために保有している資産（Asset）に対する（On）儲け（Return）の率を計算したものである。企業が保有している資産に対する投資効率を評価する指標であり、ある意味で、利益を効率よく生み出しているかという面での事業の質を表しており、日本語では総資産利益率と呼ばれている。

具体的には、経常利益などの利益を、企業が保有している資産の合計金額で割って以下のように計算する。

$$ROA = \frac{利益}{総資産（資産の合計）}$$

注）利益は経常利益、支払利息を差し引く前の経常利益など

なお、分子の利益については、日本では経常利益を使うことが多い。ただ、借りた資金の大きさなどに関係なく事業の投資効率に絞り込んで評価をしたい場合には、借入金の大きさによって変化する支払利息を差し引く前の経常利益を使うこともある。

また、ROAをROEのデュポンシステムと同じように、2つの比率に分解して分析することもよく行なわれている。具体的には、売上高をそれぞれ分母と分子に掛け合わせて、下記のような2つの比率の掛け算に分解していく。

$$ROA = \frac{利益}{売上高} \times \frac{売上高}{総資産}$$

$$= 売上高利益率 \times 総資産回転率$$

この分解式の結果から、2つのことが見えてくる。
　1つは**事業の特徴**だ。
　たとえば、ヤマダ電機をはじめとする値引き大量販売のディスカウンターのような事業を行なっている場合は、値引きをして販売するので、前半の売上高利益率は低めになる。一方で、ディスカウンターは店舗などにはあまり資金をかけず資産を抑えながら、値引き大量販売によって売上高が大きくなるので、後半の総資産回転率は高くなっていく。つまり、

安値大量販売を行なっている事業のROAは
低い売上高利益率と高い総資産回転率の組み合わせになっていく。

　一方で、ブランドなどの付加価値で勝負する事業を行なっている場合は、高めの価格設定によって売上高利益率は高めになりやすい。一方で、店舗などを立派につくったりすると資産が大きくなるのに対して、単価は高くても大量には売れないため、売上高はそれほど大きくはならない可能性が高い。その結果、総資産回転率はやや低めになっていく。つまり、

付加価値で勝負する事業のROAは
高い売上高利益率と低い総資産回転率の組み合わせになっていく。

　このように、2つの比率の関係を見ることで、薄利多売型、あるいは高付加価値品の少量販売型といった事業の特徴が見えてくる。

　2つ目は、分解した比率を優良な競合企業と比較することで、**その企業が抱える課題の手がかりがつかめる**ことだ。
　たとえば、競合企業に比較して前半の売上高利益率が低い場合は、価格が安すぎる、値引きが多すぎる、原価や販売管理費などのコストが高すぎる、といった課題が考えられる。
　一方で後半の総資産回転率が低い場合は、売掛金の回収が遅い、在庫が多い、設備が立派すぎるなどのために資産が大きすぎる、あるいは立派な

設備などが売上高に結びついていない、といった課題が考えられる。

その中で何が本当の課題なのかはさらに掘り下げていく必要があるが、どこに課題があるかの最初の手がかりがつかめるのだ。

ROAの意味とROEとの関係
―― 2つは連動する可能性が高い

次に、ROAの分解式を、ROEを分解したデュポンシステムと比較してみよう。

$$ROE = \frac{当期純利益}{売上高} \times \frac{売上高}{総資産} \times \frac{総資産}{自己資本}$$

$$ROA = \frac{利益}{売上高} \times \frac{売上高}{総資産}$$

どちらも利益率 深い関係　　まったく同じ

これを見るとわかるように、ROEのデュポンシステムの最初の売上高当期純利益率は、ROAの前半の売上高利益率と同じではないが、どちらも売上高に対する利益率である。ということは、ROAの分解式の売上高利益率が高ければ、通常は最後の売上高利益率である売上高当期純利益率が高くなるといったように深い関係がある。

また、ROEのデュポンシステムの真ん中にある総資産回転率は、ROAの分解式の後半の総資産回転率とまったく同じものである。

つまり、ROEのデュポンシステムの最初の2つは、かなりROAの分解式と重なっており、ROEとROAは連動する可能性が高いことになる。

ということは、企業全体でROEを高めるという目標を設定しているときに、事業部などでROAを高めるという目標を設定しても、方向性は合っ

ていることになる。

　さらに、ROEは社内の地域や事業部などの評価や目標に使うといろいろな問題が出やすいため、ROAを社内の事業部の評価や目標設定に使うことも多い。

　この理由はこういうことだ。たとえば、事業部ごとにROEを計算しようとすると、ROEの分子である「当期純利益」と分母の「自己資本」を事業部ごとに集計することが必要になる。これがなかなか難しい。

　まず、自己資本は会社全体として株主から預かっているものであり、事業部ごとに預かっているものではない。したがって、事業部ごとの自己資本は厳密にはわからない。この**自己資本を事業部ごとに割り振ろうとすると**、売上高や資産の大きさなどを基準に割り振ることはできるが、何を使って割り振ったとしても、各事業部からすると明確な理由もなく、**勝手に数字を押しつけられた印象しか残らない**。

　また、**分子の当期純利益についても**、それを計算するまでの共通経費などを各事業部に割り振らないと事業部ごとの当期純利益は計算できない。ここでも、その割り振りを100％適切に行なうことはまず不可能であり、**公平、不公平の問題が出てくる可能性がある**。

　その点、ROAは分母と分子の割り振りの問題が比較的出にくく、各事業部の納得感もえられやすい。なぜなら、分母の資産については、各事業部が実際に保有している設備や在庫といった資産をベースに割り振れば、保有している実感があるし、さらに、利益についても、営業利益に近い利益を使えば、一部共通経費などの割り振りがあったとしても、かなりの部分が事業部の成果や努力に関係する部分になるので、納得感が出てくるからだ。

　さらに、ROAを高めるための方策についても、資産の圧縮、営業利益に近い利益の拡大であれば、売掛金の回収の早期化、在庫の圧縮、設備の選別、売上高の拡大、コスト削減など、具体的な話につなげていきやすい。このように、**現場の目標や評価には、ROAを活用する余地がかなりある**といえる。

ROE、ROA活用の際に
注意すべき3つのポイント

　これまで見てきたように、ROE、ROAはそれぞれ意味のある指標である。ただそれを活用する際には、いくつかの注意点がある。ここではそのうち代表的な3つについて確認しておこう。
　まず1つ目は、

ROEとROAはどちらも規模的な成長とは関係ない

ことである。これまで見てきたように、ROEとROAはどちらも何％といったパーセントの数値である。パーセントで計算される数値は、効率よく儲けていることなどを表しているが、規模には直接関係がない。つまり、ROEやROAが高い、また上昇していることが、必ずしも規模的に拡大し、成長していることを意味はしていないのだ。
　ということは、売上高の増加といった規模的な成長については、追加で確認することが必要であり、また、規模的な成長の目標は追加で設定することが必要になるのである。
　2つ目は、

ROE上昇のために、デュポンシステムの分解式の最後にある
財務レバレッジに頼りすぎない

ことである。すでに説明したが、財務レバレッジは借入をしているかどうかと関係があり、一般に、借入を増やすと高くなっていく。つまり、財務レバレッジに注目すると、ROEを高めるためには借入を目いっぱい増やして財務レバレッジを高めるほうがよいことになる。
　ただ、借入を増やすと徐々に財務的な危険性が高まっていき、また、業界や企業ごとに一定の安全度を確保するという面から借入ができる限界も

存在する。

　こう考えると、ROEの向上は、基本的に財務レバレッジの向上にはあまり頼りすぎずに、デュポンシステムの最初の2つである売上高当期純利益率と総資産回転率の向上を中心に考えていくことが正攻法といえそうだ。

　3つ目は、

**ROEの目標値は、
本来は各企業の株主が期待している儲けのレベルを基準に考える**

点だ。一般に株主は、誰でも稼ぐことができる金利（一般には国債の金利）を最低限として、それに各企業のリスク（ブレ、不確実性）に見合う分だけの追加の儲けを期待している。

　また、リスクは、業界によって、また企業によって違っている。

　具体的には、売上高や利益の変化が大きく、リスクが大きいゲーム業界などの企業の場合は、より高い儲けを生み出すことが必要となる。逆に、売上高や利益などが安定していてリスクが小さい食品業界などの企業の場合は、そこそこの儲けでもいいことになる。

　このように、企業ごとにROEの目標値は変わってくる可能性があることにも注意が必要である。

ケース
ROEから見る明治ホールディングスの変化

　明治ホールディングスは、2009年4月に明治製菓と明治乳業が統合し、その後2011年4月に食品事業会社と薬品事業会社を傘下に収める形ででき上がった企業である。この明治ホールディングスの最近5年間の

ROEの変化を見てみよう。

ROE ＝ 売上高当期純利益率 × 総資産回転率 × 財務レバレッジ
〈2014年3月期〉
6.0% ＝ 1.7% × 147% × 243%
〈2019年3月期〉
12.2% ＝ 4.9% × 130% × 190%

注）有価証券報告書及び決算短信をもとに計算

　これを見るとわかるように、5年間の中でROEは約2倍に上昇している。ただ、ROEの構成要素である3つの比率の変化を見ると、売上高当期純利益率が約3倍と大きく向上しているのに対して、総資産回転率は若干の低下、財務レバレッジも低下している。
　このように、明治ホールディングスのROEの上昇は、一般にいわれているように売上高当期純利益率の向上がキーになっている。セグメントごとの状況を見てみると、医薬品事業は安定して業績を拡大する中で、規模の大きい食品事業の利益率が改善したことが大きい。
　同社は、この期間の中で、「成長の加速と収益性の向上」という方針の中期経営計画を設定している。その中で、食品事業については、ヨーグルトやチーズなどの拡大や、原材料価格の上昇に対応する価格改定、カールの東日本での販売中止に代表される製品の絞り込み、チョコレートなどのロングセラーブランドへの集中などの方針を打ち出しているが、この方針が成果を生み出した印象だ。
　ただ、この5年間の年平均売上高成長率はCAGR（Compound Average Growth Rate：年平均成長率：一

定期間の成長率を複利計算的に計算したもの）で1.8％となっており、中期経営計画の売上高目標まで若干届いていない。

なお同社は、2026年へ向けた中長期の経営指標として、営業利益の成長（年平均1桁台半ばの成長率）、海外売上高の拡大（20％以上）、ROEの維持（10％以上）の3つを設定しているが、これは、現在の収益性、投資効率を維持しながら、海外を中心として成長を実現することを目標にしていることを意味している。

後日談
利益率改善の手段には、価格設定や業界再編なども

山川は、桐谷から説明を聞くことで、ROEの意味やそれが最近注目されてきている理由などがわかってきた。また、ROEが低い競合企業のX社の株主総会が荒れた背景も理解できた。

ただ、桐谷のコメントの中で、日本企業の利益率が欧米企業に比較して低い、という点については、これまであまり意識してこなかったこともあり、強く印象に残った。

さらに桐谷は、以前参加した講演会で有名経営コンサルタントが、日本企業の利益率改善のための具体策として、強気の価格設定、SKU（Stock Keeping Unit、在庫管理の最小単位）の絞り込みと長期間の継続販売、過度な自前主義の排除、業界再編（2強に入るか、ニッチをめざすか）などを提言していたとも話してくれた。山川は、たしかに納得できるところもあると思いながら、研究開発部門としてできることは何かを考え始めた。

まとめ

- ✓ ROEは、株主から見た投資効率を表す指標であり、日本の上場公開企業の平均は約10%である。

- ✓ ROEを3つの比率、つまり売上高当期純利益率、総資産回転率、財務レバレッジ（総資産／自己資本）の3つのかけ算に分解するデュポンシステムによって、企業の状況を分析することができる。その中では、日本企業は売上高当期純利益率が低い傾向があり、それを高めることが多くの日本企業の課題とされている。

- ✓ ROAは、事業の投資効率を表す指標であり、売上高利益率と総資産回転率の2つに分解することで、事業の特徴を把握したり、課題の手がかりをつかむことができる。また、事業部門の評価や目標としては一般にROEよりもROAのほうが適している。

- ✓ ROEとROAを活用する場合、この2つは規模的な成長には関係がないこと、ROEの上昇のために財務レバレッジに頼りすぎないこと、ROEの目標レベルは、事業のリスク（安定度）によって違うことなどに注意が必要である。

6 収益性と効率性を読み解く

ストーリー
大学同期でも業種が違えば別世界

　大手食品スーパーの東京地区本部長である飯島は、先日、久しぶりに大学時代の同期である小野と夕食をともにした。小野とは大学でクラスが同じで、体育会テニス部でも一緒。大学4年間のかなりの時間を共に過ごした、いわゆる同じ釜の飯を食べた仲だ。

　小野は大学卒業後に大手化粧品メーカーに就職して営業畑を歩み、先日営業本部長に昇進した。そのお祝いで久しぶりに食事に誘ったのだ。大学時代の思い出話や友だちの消息などで盛り上がった後、仕事の話になった。「化粧品の原価率はだいたい25％ぐらい。販売代金の回収は月末締めの1カ月後、在庫は半年分ぐらいあるな。今期はようやく営業利益率で15％をクリアでき、ボーナスもかなり多かった」と小野は満足げだ。

　飯島が勤務する食品スーパーの原価率は約75％であるが、現金販売がベースのため代金回収は早い。ただ、在庫は生鮮食料品の場合は数日、またある程度保存のきくものでも賞味期限があるため、あまり長い期間はもつことができない。また、通常営業利益率は3％〜4％がせいぜい。

　化粧品の15％は想像もできないレベルだ。今さらながら、生きる世界の違いを感じると同時に、あらためて業種による数字の違いに関心をもち始めた。

注）実際に化粧品業界のコーセー（2019年3月期）の原価率は26.6％、売上債権回転期間は49日、在庫回転期間（原価ベース）は250日、営業利益率は15.7％となっている。一方で、首都圏の優良スーパーの1社であるヤオコー（2019年3月期）の原価率は74.1％、売上債権回転期間は4日、棚卸資産回転期間（原価ベース）は9日、営業利益率は4.3％である

収益性──利益を生み出す能力は「率」ではかる

　収益性とは、一般に利益を生み出す能力の高さのことである。
　具体的には、損益計算書をもとに、売上高に対するいろいろな利益率、例えば、売上高総利益率、売上高営業利益率、売上高経常利益率、売上高当期純利益率の4つを使って見ていくことが多い。それぞれの利益率は、損益計算書のところで説明しているが、ここで簡単にレビューしておこう。

　売上高総利益率は、売上高から原価を引いた儲けの率のことである。
　業種によって違いはあるが、日本ではメーカーや小売業の多くが、20％〜30％程度となっている。これが同業界の企業に比較して低い場合は、価格設定が低すぎる、値引きが多い、原価が高い、といった課題が考えられる。

　次に、**売上高営業利益率は、売上総利益から営業、マーケティング、管理などのコストである販売管理費を引いた、営業利益の売上高に対する率**のことである。
　売上高総利益率と同様に、業種によって違いはあるが、一般に安値大量販売の業界の場合は5％程度、一定の付加価値のある商製品を販売している場合は10％程度であればよい水準にあるといわれている。なお、同業他社に比較して低い場合は、売上高総利益率に違いがなければ、販売管理費の中の何らかの費用の比率が高いといった課題が考えられる。ただ一般的には、管理関係のコストは抑え気味にしている場合が多いので、販売促進費用などを使った割に成果が出ていないといった場合が多い。

　売上高経常利益率は、営業利益に、受取利息、受取配当金、支払利息、為替差損益といった財務関係を中心とした収益や費用、つまり営業外収益、営業外費用をプラスマイナスして計算した経常利益の売上高に対する率のことである。
　これは、一定の借入金があり、営業外費用に含まれる支払利息が発生して

いる企業が多いので、通常は営業利益率よりも若干低めになることが多い。ただ、借入金が多い場合は、営業利益率よりもかなり低くなり、逆に無借金で預金や株式などを多く保有している場合には、営業外収益に含まれる受取利息や受取配当金が多くなるため、営業利益率よりも高くなることもある。

このように、営業利益率と経常利益率を比較することで、借入が多いかどうか、預金などをかなり保有しているか、といった財務の強さを確認することができる。

最後の**売上高当期純利益率は、経常利益に、臨時異常な損益である特別利益、特別損失をプラスマイナスし、さらに法人税等を差し引いて計算した当期純利益の売上高に対する率**のことである。特別利益、特別損失が大きくなければ、法人税等は通常は利益の30％程度なので、経常利益率の70％程度が売上高当期純利益率となっていることが多い。なお、特別利益や特別損失が大きな金額となっている場合は、その内容を確認することで企業の大きな動きや課題をつかむことができる。

なお、収益性は、ROEを分解したデュポンシステムの中の最初の比率である、売上高当期純利益率と深い関係がある。つまり、収益性の比率の分析は、最終の利益率である売上高当期純利益率が高い、あるいは低い理由を、いろいろな売上高利益率を使って深く分析していくもの、と考えることができるのだ。

効率性──「小さなBSと大きなPL」の関係が効率がよい

効率性は小さな資産や負債（BSに関係する項目）で、より多くの売上や利益（PLに関係する項目）を生み出す能力の高さのことである。具体的には、「小さなBSと大きなPL」という関係になっていると効率がよく、いい状態にあることになる。また、効率性は、ROEを分解したデュポンシステムの真ん中の比率である、以下のような総資産回転率と深い関係がある。

$$総資産回転率 = \frac{売上高}{総資産}$$

この総資産回転率をもとに考えると、小さな資産で大きな売上高をあげている場合、つまり数値が高い場合、事業の投資効率がいいことになる。このうち、資産はもともとBSの数字、売上高はPLの数字である。つまり、BSとPLの関係でいうと、前述のように、

「小さなBSと大きなPL」が効率のよい組み合わせになる。

　実際に、効率性の比率を見ていくと、すべてBSの数字とPLの数字の関係になっており、前述のように、小さなBSの数字と大きなPLの数字の関係になっていると効率がよく、よい状態にあることになる。
　具体的には、先ほどの総資産回転率、販売代金の回収期間を表す売上債権回転期間、在庫の保有期間を表す在庫回転期間、仕入代金の支払期間を表す仕入債務回転期間の4つが代表的な比率である。それぞれについて簡単に確認していこう。

①総資産回転率

　繰り返しになるが、総資産回転率の計算方法を確認しておこう。

$$総資産回転率 = \frac{売上高}{総資産（資産合計）}$$

　これは、前述のように、**小さな資産（分母）で大きな売上高（分子）を確保しているほうが「効率がいい」**といえるので、総資産回転率の数値が高いほうが望ましい。ただ、業種によって違いがあるので、**同業界の企業で比較する**ことが望ましい。一般に、

製造業では100％前後

つまり資産の金額と売上高はおおむね同じ金額となっていることが多い。

大量販売の小売業などでは150％〜250％

となることもある。これは売上高が大きくなるためである。逆に、資産が大きくなりやすい業種、たとえば、

設備などを保有する鉄道業や賃貸を中心とする不動産業の企業では30%〜50%

ということもある。ただ、同じ業界であっても、製造をほぼ外注し設計や開発などに特化する製造業、店舗をもたずにネット販売に特化する小売業といったビジネスモデルを採用していると、同業界の一般的な企業よりも有形固定資産が大きく減って資産が減少し、総資産回転率が高くなる。

このように、同じ業界であってもビジネスモデルによって違いが出てくる可能性があるので注意が必要だ。なお、このような、

有形固定資産を意図的にもたないビジネスモデルを「持たない経営」と呼ぶこともある。

ビルの賃貸を中心とする不動産会社が建物をREITという形態で証券化して、不動産事業の運営に特化する、あるいは、ホテル業界の企業が建物を売却してホテルの運営に特化するパターンなど意外に多い。

「持たない経営」は、売上高や利益をある程度維持しながら資産を大きく圧縮できるので、効率性を高めるという面では有効な方法の1つだ。ただ、このような仕組みを採用する場合は、もっていない部分、つまり**有形固定資産ではない部分での差異化が競争優位のポイントになる**ので、商品や製品、サービスなどの魅力やそれらの企画や設計の能力、また運営のノウハウや能力を高めることが重要になる。

②売上債権回転期間

売上債権回転期間とは、販売してからどの程度の期間で代金回収をしているかを計算したものである。計算の仕方は以下の通りとなる。

$$\text{売上債権回転期間} = \frac{\text{売上債権}}{1\text{日当たりの売上高}}$$

注）売上債権は売掛金や受取手形など。1日当たりの売上高は売上高を365日で割って計算することが多い

この期間は基本的に短いほうが望ましい。短いということは回収が順調に進んでいて不良債権などが少ない、無理して販売していないので順調に回収ができていることを意味している。また、短いということは、少ない売上債権（BSの項目）と大きな売上高（PLの項目）の組み合わせになっており、効率のよい組み合わせである「小さなBSと大きなPL」の方向と合致している。

また、売上債権回転期間も業種によって違いがある。

現金商売がベースとなる小売業や外食業といったBtoCの業界では一般に短くなっている。
BtoBの業界では約45日（約1.5か月）〜約75日（約2.5か月）程度

のことが多い。約45日〜約75日と1カ月の幅があるが、月末締め翌月払いの場合と、月末締め翌々月払いの場合があることを考えれば理解しやすい。

ただ、同業界の企業に比較して長い場合は、小売業の場合は①カードでの販売が多い、②ショッピングセンターにある店舗が多く、ショッピングセンターへ日々の販売代金を一定期間預けるために売掛金（営業未収入金）が多くなってしまう、③フランチャイズ展開をしており、そのロイヤリティ収入などが売掛金（営業未収入金）になってしまうことなどが考えられる。

また、BtoBの企業の場合は、顧客に対する力関係が弱い、回収期間を伸ばすことで販促を行なっていることなどが考えられる。ただ、同業に比較して長い場合は、その原因を確認し、基本的に短くしていく努力が必要になる。

③在庫回転期間

在庫回転期間は**在庫を何日分くらい保有しているかを計算したもの**である。

$$在庫回転期間 = \frac{在庫}{1日当たりの売上原価}$$

注）在庫には製品、商品、仕掛品、原材料、貯蔵品などを含む。1日当たりの売上原価は売上原価を365日で割って計算することが多い

この**期間は基本的に短いことが望ましい**。短いということは、商品や製品の販売が順調であり、不良在庫がないことを意味している。また、短いということは、売上債権回転期間と同じように、少ない在庫（BSの項目）と大きな売上原価（PLの項目）の組み合わせとなっており、効率的な組み合わせである「小さなBSと大きなPL」の方向性と合致している。

さらに、在庫回転期間は業種によっても違いがある。

日持ちしない生鮮食料品などを扱うスーパーや外食産業では短く
作るのに時間がかかる住宅やマンション
また長期間保管ができる薬品や化粧品などでは、長くなる。

ただ、同業界の企業と比較して長い場合は、やはり売れ行きがよくない、不良在庫がある、在庫の管理がよくない、といった課題がある可能性がある。その原因を確認し、基本的に短くしていく努力が必要になる。

④仕入債務回転期間

仕入債務回転期間は、原材料や商品の購入金額を、購入してからどの程度の期間で支払っているかを計算したものである。

$$仕入債務回転期間 = \frac{仕入債務}{1日当たりの売上原価}$$

注）仕入債務には買掛金や支払手形を含む。1日当たりの売上原価は売上原価を365日で割って計算することが多い

この期間は、短いほうがいいか、長いほうがいいかは判断が難しい。
キャッシュをできるだけ手元に残すという意味では長いほうが望ましい。一方で、早めに支払うことで、値引きをしてもらえる、供給業者に対する交渉力がもてるという意味では、短いほうが望ましい。なお、

仕入債務回転期間も業種によって違いがあり
一般的には、約45日（約1.5か月）～約75日（約2.5か月）程度

のことが多い。売上債権回転期間と同様、約1カ月の幅があるが、月末締め翌月払いの場合と月末締め翌々月払いの場合があると考えれば理解しやすい。

日本企業の仕入債務回転期間は、海外の企業に比較してやや長めの傾向があるとよくいわれる。今後は値引きや交渉力といったメリットを取りながら、短くしていく方向がどちらかというと望ましいといえそうだ。

⑤ CCC

最近、CCCを短くする、という目標を設定する企業が出てきている。

CCCはCash Conversion Cycleの頭文字で、売上債権、在庫、仕入債務といったいわゆる運転資本で、どの程度の日数が必要になっているかを計算したものである。つまり、日々事業を行なう中で、どの程度の資金が必要になっているのかを、売上高の日数ベースで計算したものである。具体的には、以下のように計算する。

CCC ＝ 売上債権回転期間 ＋ 在庫回転期間 － 仕入債務回転期間

注）この場合は、すべての回転期間を、1日当たりの売上高を分母で計算したほうが、同じベースで比較できるので望ましい

この日数は、基本的には短いことが望ましい。「短い」とは一般に売上債権の回収が早く、在庫の保有日数が少ない一方で、仕入債務の支払はそれなりの期間になっていることを意味している。

つまり、事業を日々運営する中で、必要となるキャッシュが少なく、効率よく、早めにキャッシュを生み出せる体制になっていることを意味しているのだ。
　そのため、CCCが少しでも短くなるように、売上債権や在庫の回転期間を短くしたり、仕入債務の回転期間を適度な日数になるように努力している企業が増えている。
　なお、事業の構造上、このCCCが短くなるケースがいくつかある。

　1つ目は**小売業や外食などの現金商売のケース**だ。この場合は、売上債権回転期間がほぼゼロとなるため、CCCはほぼ（在庫回転期間－仕入債務回転期間）で計算される日数になる。さらに在庫が少なめで仕入債務の支払がそれなりの期間であれば、CCCはマイナスになる。

　2つ目は、**旅行代理店やスクールビジネスといった前受金の事業**だ。この場合は、事前に販売代金をもらうため、実質的に売上債権回転期間がマイナスになる。それに（在庫回転期間－仕入債務回転期間）を加えても、CCCはマイナスになることが多い。

　3つ目は、**アマゾンやアップルのように、支払を遅くするパターン**だ。このケースでは、

　仕入債務回転期間が、（売上債権回転期間＋在庫回転期間）の日数を超えることもあり、CCCがマイナスになることもある。このように、CCCがマイナスになる場合、売上高が増加するとキャッシュが手元にたまるようになる。

　通常のCCCがプラスのビジネスでは、売上高が増加するとキャッシュはなくなっていくが、それとは逆のパターンになるのだ。また、マイナスにならないまでも、CCCが短くなると、事業を運営する中での資金負担が大きく減少していく。

このように、資金負担を減らし、キャッシュフローを効率よく生み出すという観点からは、可能な範囲でCCCを短くしていくこと、またそのような仕組みに近づけていくことが望ましいといえる。

効率性の指標から事業の「現場」が見えてくる

ここまでに説明した効率性をはかる指標、中でも売上債権回転期間と在庫回転期間の長さから、売上高や営業利益からは見えない事業の状況の一部が見えてくる。

まず**売上債権回転期間が長くなっている場合**、いくつかの可能性がある。

不良債権の発生と年度末にかけての売上の急拡大。

1つ目の不良債権は当然問題であり、回収努力が必要になる。

2つ目の年度末にかけての売上の急拡大については、注意が必要だ。一般的に、**売上債権がある**ことは、各年度の最後に売れたものがまだ回収期限が来ないために、**年度末の時点では未回収分として残っている**ことを意味する。そのため、**売上債権が多い**ということは、**年度末にかけて販売した分が多かったこと**を意味している可能性が高く、売上が急拡大している可能性が高くなる。これは販売が好調なことを意味しているので一般に歓迎すべき状況だ。

ただ、注意しなくてはならないのは、年度末にかけての売上の急拡大が無理したものである場合だ。

具体的には、年度末にかけてかなり強引に出荷して売上高を確保したような場合である。これは**粉飾の可能性**もあり、本当に売上高として集計していいかどうか慎重に検討することが必要になる。また、仮に合法的な売上高であったとしても、売上高が前倒しになってしまうと、**翌年度の売上高がかなり低下する可能性が高くなる。**

このように、売上債権回転期間の長期化は、いくつかのことを意味して

いる可能性があるので、その背景を確認し、適切な対応策を取っていくことが必要になる。

次に在庫回転期間については、在庫の内容ごとに区分して見ていくことが望ましい。まず、

原材料・部品などの製造する前の在庫が多くなっている場合は
一般的には悪いサインだ。

具体的には、原材料や部品を購入してもつくる必要がない状態、つまり受注などがあまりきていない状況か、原材料や部品の価格の高騰を表している可能性がある。次に、

加工中の仕掛品が多くなっている場合は
一般的にはいいサインだ。

具体的には、受注がきているので活発に製造している可能性が高い。一方で、

完成している製品あるいは商品が多くなっている場合は
一般的には悪いサインだ。

具体的には、製造した割に、あるいは仕入れた割に予定通り販売できていない可能性が高い。また、一般的に製造や仕入れは計画に合わせて行なっていくが、その中で製品や商品が増えているのは、営業の予算未達を表している可能性も高い。

このように、

売上債権回転期間や在庫回転期間は事業の現場の状況を表す数字

である。その数字が長期化していたり、また変化があった場合は、その理由を確認することで現場の状況や課題を把握することができるのだ。

収益性と効率性の関係はトレードオフ

　これまで収益性と効率性のポイントを見てきた。なお、収益性と効率性は、ROEのデュポンシステムだけでなく、前節で見てきたROAの分解式とも深い関係がある。それでは、あらためてROAの分解式を見てみよう。

$$ROA = \frac{利益}{売上高} \times \frac{売上高}{総資産}$$

$$= \underset{(収益性)}{売上高利益率} \times \underset{(効率性)}{総資産回転率}$$

　これからわかるように、前半の売上高利益率はまさに収益性、総資産回転率は効率性を表している。また、前述したように、

**売上高利益率と総資産回転率は
一般にトレードオフの関係になっていることが多い。**

　具体的には、薄利多売のディスカウンターなどでは、薄利による低い売上高利益率と大量販売による高い総資産回転率という組み合わせになりやすい。
　一方で、ブランドで勝負するような事業では、高めの価格設定による高い売上高利益率と立派な店舗をはじめとする資産の増大による低い総資産回転率といった組み合わせになりやすい。
　このように、収益性、効率性には事業の特徴や構造が表れやすいが、いずれも、可能な範囲で高める努力をすることが必要である。

図表1-12　ROE・ROA・収益性・効率性の関係

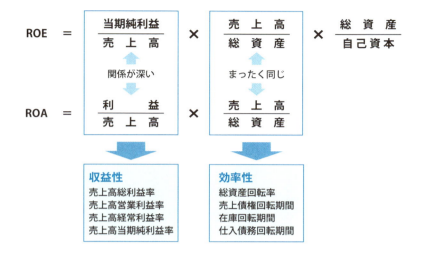

ケース
ROAから見る
ひらまつとサイゼリヤの違い

　高級フレンチ・イタリアンのレストランを展開するひらまつ、低価格のイタリアンレストランを展開するサイゼリヤ。両社のROAを比較してみよう。

ROA　＝　売上高金利差引前経常利益率　×　総資産回転率
ひらまつ（2018年3月期）
6.8%　＝　　　　　13.4%　　　　×　　　51%
サイゼリヤ（2018年8月期）
8.5%　＝　　　　　5.8%　　　　×　　　147%

注）各社の有価証券報告書をもとに作成

まず、分解した2つの比率を比較してみると、ひらまつは高級レストランとして、高めの売上高金利差引前経常利益率と低めの総資産回転率、一方でサイゼリヤは、低価格のレストランとして、まったく逆の低めの利益率と高めの回転率の組み合わせになっている。つまり、利益率で儲けるひらまつと、回転率で儲けるサイゼリヤという傾向がまさに表れている。

　ただ、ROAの結果を見ると、サイゼリヤがひらまつを上回っており、事業の投資効率としてはサイゼリヤが上回っている。これは、ひらまつが新業態であるホテル事業や新規レストランへの先行投資を行なうと同時に、原材料価格の高騰などの影響を受け、資産や経費が増加していることが関係しているようだ。サイゼリヤも人件費の高騰などの影響は受けている。しかし、全体としてはサイゼリヤのビジネスモデルの投資効率が優勢といえそうだ。

　それでは次に、利益率と回転率に関係する収益性と効率性の比率を比較してみよう。

ひらまつとサイゼリヤの比較

	ひらまつ	サイゼリヤ
	2018年3月期	2018年8月期
収益性		
売上高総利益率	59.9%	63.5%
売上高営業利益率	13.1%	5.6%
効率性		
売上債権回転期間	16日	3日
在庫回転期間	114日	46日

注）各社の有価証券報告書をもとに作成

まず、収益性の比率を見ると、総利益率はサイゼリヤが高いものの、営業利益率ではひらまつが逆転している。
　このうち、総利益率の違いは、ひらまつが高級食材を扱い、さらに中核となっているフレンチレストランの場合は手をかけて料理するために原価率が高くなっていることが関係していそうだ。
　一方で、営業利益率になると逆転するのは、ひらまつの価格帯がかなり高いため、それなりの販売管理費をかけても一定の利益を確保できるのに対して、サイゼリヤは低価格であるため、かなり効率化を図っても販売管理費の売上高に対する比率が高めになってしまうからだと考えられる。
　やはり全体として見ると、高価格、高付加価値で高利益率を実現しているひらまつと、低価格と低コストによって一定の利益率を確保しているサイゼリヤという違いが表れている。
　次に、効率性の比率は、売上債権回転期間、在庫回転期間のいずれもひらまつが長くなっている。
　このうち売上債権回転期間は、ひらまつの顧客はクレジットカードを使うケースが多く一定の回収期間がかかるのに対して、サイゼリヤをはじめとする低価格の外食企業は、コスト削減の一環としてカード手数料を抑えるために、基本、現金だけしか受け付けないので、回収期間がかなり短くなったからと考えられる。
　ただ、原則現金商売のサイゼリヤの売上債権回転期間が3日となっているのは、ショッピングモールにある店舗の日々の売上金を、モール運営会社へ一定期間預けることで発生する預け金のようである。
　次に、在庫回転期間は、ひらまつが高級食材やワイ

ンなどをそれなりに保有しているために100日を超えているのに対して、サイゼリヤは、工場で料理をつくって店舗に配送する仕組みの中で、かなり在庫を圧縮している。サイゼリヤはワインも保有しているようであるが、低価格の特定のワインに絞り込んでいるため、比較的在庫は抑えられているようだ。

このように、効率性の面では、いずれの日数もサイゼリヤのほうが短く、効率がよくなっている。このように、全体として見ると、収益性はひらまつ、効率性はサイゼリヤがそれぞれ高くなっており、先ほどのROAの分解式の傾向が表れている。

ケース
スクールビジネスを展開するTACのCCC

個人や企業向けに、資格取得やビジネス実務の教育研修事業を中心に、出版及び人材紹介事業なども展開するTACの2019年3月期のCCCを見てみよう。

TACのCCC

売上債権回転期間	①	69日
在庫回転期間	②	14日
仕入債務回転期間	③	9日
前受金回転期間	④	108日
CCC	①+②-③-④	-34日

注)決算短信をもとに作成。すべて売上高ベースで計算している

表のように、TACのCCCは34日のマイナスになっている。

　売上債権回転期間は、研修後に請求して入金する企業向けの研修や出版事業における書籍のカードなどでの販売もあるため、69日となっている。

　ただ、在庫回転期間は、サービス業である教育研修事業が中心であり、在庫も書籍や研修資料などに限られるため、14日とかなり短くなっている。

　一方で、仕入債務回転期間は、モノを仕入れる事業が書籍など一部の事業に限定されているため9日と非常に短くなっている。ただ、ポイントは前受金だ。中核事業の1つである個人向けの資格取得など個人教育事業は、申し込みの段階で一定の金額を前受金として受け取る仕組みになっている。これが、売上の108日分とかなりの金額となっており、これがCCCのマイナスを実現する大きなポイントになっている。

　CCCがマイナスになると、資金的にかなり余裕が出てくる。その結果、TAC（2019年3月期）は、営業利益率は1.7％とかなり低く、純資産比率も25.6％とやや低めで、借入金が約64億円（資産の約30％）ほどあるにもかかわらず、現金及び預金と有価証券で約53億円を保有しており、実質無借金に近い状態になっている。

　このようにCCCがマイナスになるのは、TACのような前受金ビジネス、あるいは保証金、預り金を受け取るビジネスなどが代表例であるが、このようなビジネスモデルを検討することも1つの選択肢である。

後日談
収益性や効率性は業種によって違う。
CCCの目標達成も重要だ

　飯島は、小野から聞いた化粧品業界の話を思い出しながら、ネットを使っていろいろな業界の収益性や効率性について調べてみた。

　その中で、収益性を表す売上高営業利益率の高さは業種によってかなり違いがあること、また、効率性を表す総資産回転率や、売上債権回転期間、在庫回転期間なども事業によって違いがあることがわかってきた。また、飯島の所属する食品スーパーのように薄利多売型の事業を行なっていると、低い収益性と高い効率性といった関係になりやすく、化粧品業界のように、付加価値の高いものを大事に販売する業界では、高い収益性と低めの効率性といった関係になりやすいことも理解できた。

　業種によってビジネスの構造が違い、それが財務の数字にも表れてくることは新鮮だ。その後、飯島のスーパーマーケットでは、本社の経営企画部から、CCCについての地域本部ごとの目標が提示された。このCCCの目標は、薄利多売のスーパーマーケット事業では、低めの収益性を埋め合わせるために高い効率性が必要だ、ということで設定された目標のようである。飯島はこれらの数字目標を達成するとともに、今後、数字を意識し、それをテコにして事業全体のレベルアップを図っていこうと考えていた。

まとめ

- ☑ 収益性の比率は、損益計算書に関係しており、売上高に対するいろいろな利益率を計算していくものである。業種によって違いがあるので、同業他社と比較することが重要である。また、ROEを分解した

デュポンシステムの中では、最初の売上高当期純利益率と関係が深く、それをいろいろな利益率を使って深く分析していくもの、という位置づけになる。

☑ 効率性の比率は、ROEを分解したデュポンシステムの真ん中にある総資産回転率と関係が深い。効率がよいのは、「小さな資産（BS）と大きな売上高（PL）」という組み合わせであり、一般に、小さなBSの項目と、大きなPLの項目の関係になっていると効率がよいことになる。

☑ 効率性の比率の中心は、①売上債権回転期間、②在庫回転期間、③仕入債務回転期間といった日々の資金の動きを意味する運転資本に関係する比率であり、CCC＝①＋②－③が短くなる方向が望ましいことになる。

☑ 売上債権回転期間と在庫回転期間は、業績の急回復、不良債権の発生、販売不振、受注の増加といった事業の状況を表す面があるので、そのような視点で見ていくことも必要である。

☑ 収益性と効率性は、安値大量販売の事業では収益性（低め）×効率性（高め）、高級品の限定的な販売では収益性（高め）×効率性（低め）という傾向になるなど、トレードオフになっていることが多い。

7 安全性と成長性を読み解く

ストーリー
30年来の取引先から支払日延長の依頼…
何があったのか？

　紙パルプメーカーの営業部長である竹下は、顧客企業である家庭用品メーカーX社の財務諸表を見ていた。つい2日前に、突然X社から、包装材料の販売代金の支払日を2週間延長してほしい、という依頼がきて、非常に気になったのだ。

　X社は30年来の取引先で、竹下も過去何度も営業担当者として付き合いがあり、社長、購買担当常務をはじめ幹部をよく知っている。また、X社はほとんどの製品の包装材料やパッケージを当社から購入しており、当社の顧客の中でも年間取引金額ではかなり上位にランクされる重要な顧客だ。さらに、半年前に発売した新製品が順調に売れているという話も聞いており、このところ新製品向けのパッケージの注文を中心にX社向けの売上はかなり増えている。

　これまで、X社から支払日を延長してほしいなどという依頼は一度もなく、支払いも期日通りに問題なく行なわれてきている。X社に何があったのだろうと心配になり、早速信用調査会社のレポートを取り寄せ、その中にあった財務諸表を見ていたのだ。

　売上高は昨年から10%程度伸びており、営業利益もプラスを継続している。さっと見ただけでは、あまり危険な状況にあるようには見えない。ただ、営業出身の竹下はこれまでほとんど財務諸表の分析をした経験がないので、くわしいところまでわからない。そこで、経理部長の近藤に相談してみようと、電話を手にとった。

安全性──貸借対照表と財務比率で適切に評価

　安全性は、ROEを分解したデュポンシステムの最後にある、借りた資金がどの程度多いのかを意味している財務レバレッジと関係が深い。
　また安全性は、すでに見てきたように、貸借対照表からもある程度確認することができる。具体的には、

貸借対照表の左上と右下
つまり、流動資産（左上）や純資産（右下）が大きい傾向であれば
一般的に安全度が高い

といえる。
　ただ、それに加えていくつかの財務比率を活用すると、安全性がより適切に評価できる。ここでは、その代表的な比率について確認していこう。

①純資産比率

　純資産比率は株主が出した資金を意味する純資産を総資産で割って計算する。具体的には下記のような式で算出していく。

$$純資産比率 = \frac{純資産}{総資産}$$

　これは、返済する必要がない株主の資金（純資産）で、保有している資産（総資産）をどの程度カバーできているかを表す比率である。この比率は、高いほうが安全、低いほうが危険であることを意味している。
　また、23ページで触れたようにメーカー、小売業、サービス業の企業などでは30％～40％程度となっているケースが比較的多い。この水準をベースに安全性があるかどうかを見ることができる。なお、純資産比率の適正レベルは業種によっても違ってくる。
　一般に、鉄道業界や不動産業界といった設備投資型の事業を行なってお

り、土地や建物、設備といった比較的価値が安定していて、いざとなったら売却することも可能な資産が多く、事業が安定している場合には、純資産比率はやや低めでも問題はない。

　逆に、ゲーム業界などのように、企業の強みが人の能力などに依存しており、事業がやや不安定な場合には、純資産比率は高いほうが望ましい。このように、業種による違いも考えながら、同業界の企業の中で比較することが望ましい。

②デット・エクイティ・レシオ（Debt Equity Ratio）

　借入金や社債などの借りている資金を意味するDebt（デット）と、株主から預かった資金であるEquity（エクイティ）との比率を、デット・エクイティ・レシオと呼ぶ。具体的には以下のようにして算出する。

$$デット・エクイティ・レシオ　=　\frac{デット（借入金＋社債）}{エクイティ（純資産）}$$

　業種による違いはあるが、一般的には**1：1の範囲、つまり借りた資金が株主から預かっている資金と同じか、それ以下であれば問題ない**、と考えられている。また、逆に、この比率が1：1となるまで借りるとしたら、あとどのくらい借りることができるのかを計算することで、借入余力を確認することもできる。

③流動比率

　流動比率は、現金預金や有価証券といったおカネと1年以内におカネになるものからなる流動資産と、1年以内に支払う必要がある流動負債との比率である。

$$流動比率　=　\frac{流動資産}{流動負債}$$

　この比率が100％を超えていると、おカネとすぐおカネになるもので、すぐ支払うものがカバーされているので、1年以内の支払はまず問題なく

できることを意味している。**一般に高いほうが安全であり、100％以上あることが望ましい**とされている。

④インタレスト・カバレッジ・レシオ

インタレスト・カバレッジ・レシオは、借りた資金のコストである支払利息の何倍、本業と財務で稼いでいるかを表す比率である。

$$\text{インタレスト・カバレッジ・レシオ} = \frac{(\text{営業利益} + \text{受取利息} + \text{受取配当金})}{\text{支払利息}}$$

この倍率が高い場合は、支払利息に比べてかなり稼いでいるので、余裕をもって金利を払える状態にあり、安全であることを意味している。逆にこの比率が低い場合は、支払利息に比べて儲けが少なく、金利を支払えるかどうかという面で、安全性が低いことを意味している。**最低でも3倍はあったほうが望ましく、また優良企業では10倍**はあることが多い。

⑤格付け

安全性を評価する場合、1つのポイントになるのが格付けだ。格付けは、社債などで借りた資金が予定通り返済できるか、金利が支払えるかを評価したものである。ある意味で、借りた資金の返済能力といった面からの安全度を評価したものである。

最高ランクが、AAA（トリプルエー）で、大きく分けるとAA（ダブルエー）、A（シングルエー）、BBB（トリプルビー）……と下がっていく。このBBBまでが一定の安全度があるといわれるレベルで、BB以下になると安全性の面で課題があるという評価になっていく。

なお、AAAは1つしかないが、AA以下は通常3つに分かれており、たとえばAAは、AA＋（ダブルエープラス）、AA（ダブルエーフラット）、AA－（ダブルエーマイナス）に分かれている。

この格付けは、一般に、

事業を中心にキャッシュフローを生み出す力が

将来的に安定しているか、強そうかといったポイントと
借入金や社債などの借りている金額の大きさというポイント
この2つが関係している

といわれている。つまり、事業を中心にキャッシュフローを生み出す力が将来的に安定していて強そうであり、また借りている金額が小さければ格付けは高くなり、逆の場合は低くなっていく。

また、財務比率の中では、前者のキャッシュフローについてはインタレスト・カバレッジ・レシオ、後者の借りている金額についてはデット・エクイティ・レシオや純資産比率に表れやすい。

もちろん格付けは財務比率以外のポイントも考慮されて評価されるが、企業の安全性を総合的に評価したものとして注目する余地はある。

図表1-13　格付けのランク

AAA	信用力は最も高く、多くの優れた要素がある
AA	信用力は極めて高く、優れた要素がある
A	信用力は高く、部分的に優れた要素がある
BBB	信用力は十分であるが、将来環境が大きく変化する場合、注意すべき要素がある
BB	信用力は当面問題ないが、将来環境が変化する場合、十分注意すべき要素がある
B	信用力に問題があり、絶えず注意すべき要素がある
CCC	信用力に重大な問題があり、金融債務が不履行に陥る懸念が強い
CC	発行体のすべての金融債務が不履行に陥る懸念が強い
D	発行体のすべての金融債務が不履行に陥っているとR&Iが判断する格付

R&I　格付投資情報センターの発行体格付のランクと意味。発行体格付は、発行体が負うすべての金融債務についての総合的な債務履行能力に対するR&Iの意見である
出所）https://www.r-i.co.jp/rating/about/definition.html

⑥成長性のために安全性を犠牲にすることも…

それでは、安全性はどこまで高めたらよいのであろうか。これは、業種によっても違いがある。

たとえば、売上高や利益の変化が小さく、安定している事業を行なっており、土地や建物といった価値がすぐに大きくは変動しない有形固定資産などを多く保有している場合には、財務的な意味での安全性はやや低めでも問題はない。
　一方で、売上高や利益の変動が大きく、不安定な事業を行なっており、価値が大きくは変動しない資産をあまり保有していない場合には、財務的な意味での安全性は高いほうが望ましい。
　また、企業のどの関係者の目線で考えるかによっても違いがある。
　まず、企業の経営者、従業員といった内部の関係者の立場からすると、安心して事業に従事し、攻めの施策も余裕をもって打ち出すためには、安全性が高いほうが望ましい。
　また、顧客やサプライヤーの立場からも、長く安定した関係をもつためには、安全性は高いほうが望ましい。
　さらに、銀行など資金の貸し手の立場から見ても、資金の回収という観点からは安全性は高いことが望ましくなる。
　一方で、株主の立場から考えると、若干話が変わってくる。株主にとっての儲けは配当と株価の上昇であるが、これが大きくなるためには、

収益力が高いこと、成長性があることが重要になる。
そのためには、コスト削減、新製品開発、新市場開拓、新規事業の立ち上げなどが必要になり、それを実現するためには、先行投資などによって一時的に安全性を犠牲にすることも必要になる

場合もある。加えて、株主から見た投資効率の高さを意味するROEを高めるという面でも、

借入を増やして財務レバレッジを高めることが１つの手段であり、これは安全性を低くする

ことにつながっていく。つまり、**株主の立場からすると、安全性は必ずしも**

高くする必要はなく、**一定レベルを確保すればいい**、と考えられるのである。

成長性──売上と資産の増加率に注目

　成長性は、多くの企業にとって重要なポイントだ。成長し規模が大きくなることで、業界内での地位も高まり、顧客やサプライヤーとの関係も強くなる。また成長することで、組織が活性化し、従業員のモチベーションも高まってくる。ここでは、この成長性を評価するための代表的な財務比率について確認していこう。

①売上高成長率

　一般に成長というときのベースは、売上高の増加だ。売上高成長率は、これを評価する比率である。具体的には、前年と比較した成長率、ある時点の売上高と比較した成長率などがある。

$$売上高成長率 = \frac{当年度売上高}{前年度売上高} - 100\%$$

$$売上高成長率 = \frac{当年度売上高}{基準年度売上高} - 100\%$$

　また、3年間、あるいは5年間といった**一定期間での年平均成長率である**CAGR（Compound Average Growth Rate）を用いることもある。

$$(1+g)^n = \frac{当年度売上高}{n年前売上高}$$

この場合のgがCAGRとなる。

　売上高成長率は、**市場全体の成長率や同業他社の成長率との比較が重要**になる。高い成長率を確保していても、それが市場全体の成長率や同業他社の成長率を下回っている場合には、シェアを落としていることを意味して

いるのであまり高くは評価できない。

逆に成長率はそれほど高くなくても、その水準が市場全体の成長率や同業他社の成長率を上回っている場合には、シェアを高めていることになるので一定の評価ができることになる。

②総資産増加率

総資産増加率は、企業が事業を行なうために保有している資産の増加率を計算したものである。この比率によって資産という面から、事業規模がどの程度拡大してきているかを評価することができる。

ただ、資産だけ大きくなっても本来の事業規模を意味する売上高が増加していないと意味がないので、売上高成長率と比較しながら見ていくことが必要になる。

③成長の陰で生まれる課題を解消することも重要

成長は、組織の活性化やポジション及び報酬の増大による役員や従業員のモチベーションアップなどにつながり、企業のいろいろな課題を吸収していくといわれている。ただ、

成長しているときには吸収されていた課題も成長が鈍化すると顕在化

することになるので、成長している時期でも、大きな課題の解消には努めておくことが重要になる。

また、高い成長率が長期間続くと、人材の確保や育成、管理体制などが規模に追いつかず、いろいろな問題が出てくることが多いともいわれている。その意味では、緩やかな成長を間に挟みながらの成長、また適度な成長率の継続というのも選択肢になる。

ケース
ミクシィ、P&G、花王の安全性を比較する

　本章では安全性に関係する4つの財務比率、つまりデット・エクイティ・レシオ、純資産比率、流動比率、インタレスト・カバレッジ・レシオを取り上げてきた。

　これらの比率は、安全性が高いことを示す方向にあればあるほどよいのであろうか。また事業によって適切な水準に違いがないのだろうか。ここでは、ゲーム事業を中心に展開するミクシィ（mixi）と、化粧用品（ヘアケア、スキンケアなど）、健康関連用品（サプリメントなど）、生活用品（シャンプーや洗剤など）、ベビー関連製品（おむつなど）などの製造販売を行なう米国のP&Gと日本の花王の安全性の比率を比較しながら考えてみよう。

　まず、3社の安全性の比率の数値を見てみよう。

ミクシィ、P&G、花王の安全性を比較

	ミクシィ	P&G	花王
	2019年3月期	2018年6月期	2018年12月期
デット・エクイティ・レシオ	0%	59%	14%
純資産比率	94%	45%	57%
流動比率	1,292%	83%	169%
インタレスト・カバレッジ・レシオ	—	2,758%	4,926%

出所）各社の有価証券報告書・決算短信・アニュアルレポートをもとに作成

　これを見るとわかるように、デット・エクイティ・レシオは低いほうが、残りの比率は高いほうが安全で

あることを前提にすると、4つの比率ともミクシィのほうがP&Gと花王よりも安全性が高いことを示している。

一方で、3社の事業の内容を見ると、ミクシィは、「モンスターストライク」を中心とするスマホゲームが中心となっており、かなりブレの大きなリスクのある事業を行なっている。

それに対して、P&Gと花王は、いずれも日々の生活の中で継続して購入される製品を製造販売しており、あまりブレのないリスクが低い事業を行なっている。つまり、事業のリスクが高いミクシィのほうが安全性の比率からすると評価が高く、事業のリスクが低いP&Gと花王のほうが安全性の比率からすると評価が低いという傾向になっている。

事業リスクと財務リスクのバランス

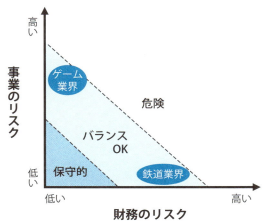

このように、事業のリスクに応じて、それとバランスが取れるようなレベルで安全性の比率の水準を確保する方向性は、理に適っている。つまり、事業のリスクが高い場合は、それを支えるために安全性を高め、逆に事業のリスクが低い場合は、安全性は適度な水準を維持する、という方向性だ。このように、通常多くの企業が、事業のリスクと安全性の水準とのバランスを取っている。

　次に、事業分野が重なっているP&Gと花王の安全性の比率を比較してみよう。これから見るとわかるように、花王の安全性の比率の数字は、いずれもP&Gよりも安全であることを示している。ただP&Gの安全性の比率は、流動比率を除いて一般的には安全だと評価される水準に入っており、一定のレベルは確保している。

　しかし、花王とP&Gが基本的に同じような事業を行なっており、事業のリスクもほぼ変わらない中で、花王の安全性の比率が、一定水準を確保しているP&Gの比率よりもさらに高い水準にあるということは、花王は事業のリスクに対してやや過度な安全性を確保している、とも考えられる。その意味では、花王は今後買収など事業のリスクをさらにとる余地があるということもできそうだ。

　このように、事業のリスクに応じて、安全性の比率の目標水準を変えていくことも1つの考え方である。

　なお、P&Gの流動比率は100％を下回り一般的に安全といわれる水準よりも低くなっている。これは、一部の米国の優良企業に共通している傾向である。つまり、業績も順調で、他の安全性の比率が一定水準を確保している場合には、キャッシュをもちすぎることはもったいないと考えて、最低限のキャッシュをもつこ

とにし、結果として流動比率が低下するケースがあるのだ。このように考えると、P&Gのような優良企業の低い流動比率については、効率よく資産を保有していると考えることもできそうだ。

後日談
取引先は、売上は伸びているが安全性がよくない

　竹下は、経理部長の近藤から、X社が財務的に大丈夫かどうかを見るのであれば、損益計算書だけではなく貸借対照表も見たらどうか、またいくつかの安全性を評価する財務比率を計算したらどうか、というアドバイスをもらった。

　そこで、アドバイスに沿ってX社の貸借対照表を見てみると、現金及び預金が少なく、減少しており、またかなり借入金が多く、デット・エクイティ・レシオは約300％、純資産比率は20％弱となっていた。流動比率も60％程度とかなり低空飛行である。

　また、損益計算書から計算できるインタレスト・カバレッジ・レシオも250％と、支払利息に比較して営業利益などの儲けはかなり少なくなってしまっている。

　このように、貸借対照表と安全性の財務比率から見てみると、かなり厳しい状況にありそうだ。また、X社を担当する営業担当からのオフレコの話から、売上高が10％伸びている中でこのような事態に陥っているのは、X社の社長がとりわけ売上高の成長を重視し、そのために値引きや販促費の投入を行ない、販売代金の回収に十分手が回っていないことが背景となっている、という情報も入手した。

　竹下は、X社への対応について考え始めると同時に、過度な売上成長重視の危険性をあらためて強く感じた。

まとめ

☑ 安全性の比率は、デュポンシステムの最後の財務レバレッジと関係が深い。また、純資産比率、デット・エクイティ・レシオ、流動比率など、貸借対照表から計算される比率が比較的多いが、儲けと支払金利との関係からフローの安全性を見るインタレスト・カバレッジ・レシオもある。

☑ 格付けは社債などの借りた資金の弁済能力を評価したものであり、安全性を評価する際の１つのポイントになる。具体的には、事業を中心にキャッシュフローを生み出す力の安定度と強さ、借りている金額の大きさの２つが評価のポイントだといわれている。

☑ 安全性は、事業の安定度が低い、不動産などの価値が安定している資産が少ないといった場合はより重要になる。また、株主は安全性を突き詰めるよりも、それは適度に維持し、成長を重視する方向を好む傾向がある。

☑ 成長性の比率は、売上高成長率を中心に評価していくことが望ましい。また、高い成長率が継続すると、人材の確保や育成、管理体制が追いつかない可能性があることにも注意が必要である。

8 株価をベースに評価するEBITDAマルチプル、PER、PBR

ストーリー
経営企画部へ抜擢も、M&Aの話についていけず…

　つい先日の人事異動で、営業部門から経営企画部門の次長へと次の経営企画部長含みで抜擢された山下。栄転といえる異動だ。これまで営業一筋で抜群な実績をあげてきたが、営業以外のことには必ずしも精通していない。

　昨日も、海外売上高比率を高める目的で検討中の海外企業のM&A案件について、アドバイザーである金融機関の担当者がミーティングの中で話していたいくつかの専門用語がピンとこなかった。

　具体的には、買収金額の説明の中で使っていたイービッダ（EBITDA）、PER、PBRの3つだ。中でも、イービッダはミーティングの中でも何度も使われていた。ミーティングでのやりとりを聞きながら、3つとも買収金額の評価に関連するものだということは何となくイメージできた。ただ、具体的にそれらが何を意味するのか、またどのように計算するのか、さらにその計算結果の使い方や使う場合の注意点は何なのか、といったことはよくわからない。

　しかし、ミーティングに出席していた他のメンバーはよく理解しているようであり、専門的な質問をしたり、活発な議論を行なっていた。

　山下は経営企画部門の次長として少し焦りを感じながら、1日も早く議論に参加できるように、3つの言葉をはじめM&Aのポイントを教えてもらおうと、大学時代からの親友で外資系の投資銀行の幹部となっている小松に、仕事の合間を見つけて電話をかけた。

EBITDAマルチプル
―― 営業キャッシュフローと企業価値の倍率

　企業買収の際の株価評価や上場公開企業の株価が割安か割高かを評価する際に、よく使われる比率がある。ここではその代表的なものについて確認していこう。

　EBITDA（イービッダ） はEarnings Before Interest Taxes Depreciation Amortizationの頭文字である。
　このうちEarningsは利益、Beforeは前、Interestは金利、Taxesは税金のことであり、この4文字でEBIT（イービット）になる。これは金利と税金を差し引く前の利益のことであり、営業利益に近い利益を意味している。
　次のDepreciationは減価償却費、Amortizationは無形資産の償却費のことである。この2つはそれぞれ、設備投資をした金額をその設備が使える期間（耐用年数）にわたって費用として割り振っていくもの、また、無形固定資産として投資した金額をその効果が継続する期間にわたって費用として割り振っていくものである。つまり、どちらもその年度に費用として集計されているが、キャッシュはすでに以前の投資の段階で支払われており、その年度で見るとキャッシュの支払がない費用となっているものである。
　この2つがBeforeのあとにあるということは、キャッシュの支払がない費用であるDepreciationとAmortizationを差し引く前にするということであり、キャッシュフローに置き直すことを意味している。その結果、

**EBITDAはキャッシュフローベースで考えた営業利益
つまり営業キャッシュフローのようなものということになる。**

　EBITDAマルチプルは、このEBITDAと時価総額を含む企業価値との倍率が、業種などが類似した企業同士では同じ程度になるはずだ、ということをベースに理論株価を推定していく方法である。

具体的には、以下のような計算式で倍率を計算していく。

$$\text{EBITDAマルチプル} = \frac{(\text{有利子負債の金額}＋\text{時価総額})}{\text{EBITDA}}$$

注）有利子負債の金額のことをDEBT、時価総額のことをEQUITYと呼ぶことがある

また、**有利子負債の金額と時価総額の合計金額のことを企業価値（EV：Enterprise Value）**とも呼んでいる。

なお、有利子負債（Debt）は各企業の貸借対照表の負債の中にある借入金や社債を合計することで計算ができ、また時価総額（Equity）は有価証券報告書に記載されている流通株式数に株価をかけ合わせて計算するか、上場公開企業の株価の検索ができるサイトなどで確認できる。

EBITDAも、税金等調整前当期純利益（EBT：Earnings Before Taxes）をスタートにして、支払利息（Interest Expense）とDepreciation Expense（減価償却費）、Amortization Expense（償却費）を加えることで計算できる。

ここで、EBITDAマルチプルによって理論株価を推定していく考え方を確認しておこう。まず、企業が事業から生み出したキャッシュフローを意味するEBITDAは、結果的に資金を貸している銀行や社債の保有者に支払利息や元本の返済として、また株主に配当などとして分配されていくものである。

ということは、EBITDAが大きくなればなるほど、EBITDAをベースに儲けを受け取ることができる資金の貸し手の権利の価値（有利子負債の金額）と株主の権利の価値（時価総額）の合計も大きくなると考えられる。その結果として、**EBITDAと企業価値（有利子負債＋時価総額）の倍率は類似している企業同士であれば、ほぼ同じレベルになる**と考えられる。このような考え方をベースに理論株価を推定していく方法がEBITDAマルチプルなのである。

同業他社との比較によって理論株価を推定できる

EBITDAマルチプル法では、具体的には以下のようにして理論株価の計算を行なっていく。

まず、理論株価を計算したい企業をA社としょう。

次に、A社と同業界の事業の状況などが類似している上場公開企業を何社か選択する。たとえば、調査の結果、X社、Y社、Z社の3社がA社の同業で事業の状況が類似している上場公開企業として選ばれたとする。その中で、まずX社についてEBITDAを計算してみる。

具体的には、前述のように、まず損益計算書にある税金等調整前当期純利益（EBT：Earnings Before Taxes）に支払利息（Interest）を加え、EBITを計算していく。さらに損益計算書、あるいはキャッシュフロー計算書からその年度の減価償却費（Depreciation）と無形固定資産の償却費（Amortization）の金額を入手し、その2つをEBITに加えてEBITDAを計算する。その結果、X社のEBITDAが500億円になったとしょう。

次に、X社の有利子負債、つまり借入金や社債の金額をすべて集計してみる。これが1,000億円になったとする。さらに、X社の時価総額が2,000億円であったとすると、その場合はX社のEBITDAマルチプルは下のように6倍になる。

$$\frac{(1,000億円＋2,000億円)}{500億円} = 6倍$$

同じようにY社、Z社のEBITDAマルチプルを計算してみたところ、Y社が5倍、Z社が7倍になったとする。その場合、X社、Y社、Z社の3社の平均のEBITDAマルチプルは、下のように6倍になる。

$$\frac{(6倍＋5倍＋7倍)}{3社} = 6倍$$

この結果をもとに、X社、Y社、Z社と類似しているA社のEBITDAマルチプルも、6倍程度になると推定していく。

次にA社の数字を確認していく。まずA社のEBITDAを確認してみたところ、300億円であったとする。次にA社の借入金や社債といった有利子負債の金額をすべて合計した結果600億円になったとしょう。これを前提に、EBITDAマルチプルが類似会社の平均である6倍と同じになるとする

と、次のような計算式が成り立つことになる。

$$\frac{(600億円＋A社の理論的な時価総額)}{300億円} = 6倍$$

これから計算すると、A社の理論的な時価総額は1,200億円となる。さらにA社の発行株数が1億株であるとすると、A社の1株の理論株価は1,200円と計算される。

なお、EBITDAマルチプルの倍率は、安定期に入った企業では一般的には5倍〜10倍程度であることが多い。

つまり、**EBITDAマルチプルがその水準を超えている場合**は、現在のキャッシュフローとしての儲けであるEBITDAに比較して、時価総額を中心とした資金提供者の権利の価値である**企業価値がかなり高くなっている**ことを意味している。このような場合、EBITDAマルチプルの高さが、企業が成長ステージにあり、EBITDAの今後の成長を見込んだ結果であれば理解できる。逆に成長ステージにない場合には、

業績に比較して時価総額をベースにした企業価値が高くなりすぎている可能性もある。

なお、EBITDAマルチプルは類似会社としてどのような企業を選択するかによって大きく変化する可能性がある。したがって、業種、事業の内容などの面から適切な類似会社を選択することが重要である。中でも、EBITDAは、過去の投資に関係する費用であるDepreciationとAmortizationを差し引く前のキャッシュフローとしての事業からの儲けであるため、**過去及び直近の投資に関するコストをまったく考慮せずに、投資の成果だけを集計したものになっていることには注意が必要だ。**つまり、

大きな買収をした企業や巨額の設備投資や買収を直近で行なった企業の場合は、買収や投資の資金投入についてはまったく考慮されずに、その成果だけがEBITDAに含められて、同業でも実力以上にEBITDAが大きくなる可

能性がある。

このような場合は、類似会社でもEBITDAマルチプルには違いが出てくる可能性があるので注意が必要である。

ケース
5社のEBITDAマルチプルの違いから見えてくるもの

下の図のように、業種も成長ステージも違う5社のEBITDAマルチプルを計算してみると、かなり違いがある。

5社のEBITDAマルチプルの比較

		キリンホールディングス	日本製鉄	リクルートホールディングス	ZOZO	LINE
		2018年12月末	2019年3月末	2019年3月末	2019年3月末	2018年12月末
税引前利益	①	246,852	248,769	239,814	22,501	3,354
支払利息	②	5,696	22,445	374	71	519
減価償却費	③	67,946	408,616	71,122	1,534	11,135
無形資産償却費	④	③に含む	③に含む	③に含む	477	③に含む
EBITDA	⑤=①+②+③+④	320,494	679,830	311,310	24,583	15,008
決算日発行株数（百万株）	⑥	914	950	1,696	312	241
決算日株価（円）	⑦	2,299	1,954	3,161	2,086	3,775
決算日時価総額	⑧=⑥×⑦	2,101,286	1,856,300	5,361,056	650,832	909,775
借入金・社債金額	⑨	414,994	2,369,231	162,081	22,000	142,132
EV（企業価値）	⑩=⑧+⑨	2,516,280	4,225,531	5,523,137	672,832	1,051,907
EBITDAマルチプル	⑩÷⑤	7.9	6.2	17.7	27.4	70.1

注）各社の有価証券報告書・決算短信・ヤフーファイナンスの株価情報をもとに作成。日本製鉄・リクルートホールディングスは、金融費用を支払利息としている。LINEは、財務費用を支払利息としている。日本製鉄の借入金・社債金額には、リース債務も含まれている

比較的低めなのは、日本の鉄鋼業界のリーダーである日本製鉄の6.2倍と、飲料業界のリーダーの1社であり、飲料及び医薬事業を展開するキリンホールディングスの7.9倍だ。2社とも規模の大きな安定した企業であり、それがやや低めの数字に表れている。
　次にやや高めなのが、リクルートホールディングスの17.7倍。Indeedの買収以降、求人情報、メディア＆ソリューション、人材派遣の分野で、海外も含めて業績を拡大しており、それが株式市場などで評価されている結果と考えられる。
　一方で、かなり高くなっているのが衣料ネット通販のZOZOTOWNを運営するZOZOの27.4倍と、スマホ向けのメッセンジャーアプリを展開するLINEの70.1倍だ。2社とも、それぞれZOZOは出店ブランドからの委託販売手数料、LINEは広告とゲームという収益基盤をもとに、売上、利益を拡大させてきており、それが株式市場などで今後の成長への期待も含めてかなり評価されている結果といえそうだ。なお、ZOZOは2019年3月期は減益となっているが、高い倍率は継続している。

PER ── 1株当たりの株価と純利益の比率

　PERはPrice Earnings Ratioの頭文字である。日本語では**株価収益率**と呼ばれており、**1株当たりの株価と1株当たりの当期純利益の比率**のことである。これも、EBITDAマルチプルと同じように、同業界の類似した企業同士であれば、PERも同水準になるはずだ、という仮定をもとに、類似した企業のPERから、評価したい企業の理論株価を推定計算していくものである。
　PERは具体的には以下のように計算する。

$$\text{PER} = \frac{1株当たりの株価(Price)}{1株当たりの当期純利益(Earnings)}$$

注）1株当たりの当期純利益は、損益計算書にある（親会社株主に帰属する）当期純利益を有価証券報告書などで確認できる流通株数で割ることで計算できる。また、1株当たり当期純利益は、有価証券報告書や決算短信にも記載されており、上場公開企業の株価の検索サイトにも EPS（Earnings Per Share）として掲載されていることが多いため、簡単に確認できる

　PERの場合は、具体的には、株価を評価したい企業の同業界の事業内容が似ている企業をいくつか選択し、各社のPERを計算し、そのPERの平均を計算する。

　次に、株価を評価したい企業の1株当たり当期純利益を計算する。その上で、同業界の事業が似ている企業であれば、同じ程度のPERとなってもおかしくないと考えて、その1株当たり利益に先ほど計算した同業他社の平均PERを掛け合わせて、理論株価の評価をしたい企業の1株の株価を推定計算していくのである。また、株価は基本的に企業の将来をベースに評価される傾向があるので、PERの場合の1株当たり当期純利益についても、1年後の予測利益をもとに計算することが多い。

　なお、2019年3月8日時点で、ヤフーファイナンスのデータをもとに東証1部上場企業のPERランキング（予測利益ベース）を見てみると、ちょうど真ん中となっている企業のPERは13.95倍となっている。一般的には

10倍程度の場合はやや低め、20倍ないし25倍を超えるとやや高め

という評価になりそうだ。また、

PERが高い場合は、直近あるいは予想の利益に比較して株価が高く評価されており、将来的な利益の向上を先取りして株価が高くなっているか、あるいは直近の業績に比較すると株価が高くなりすぎているか

そのいずれかを意味していると考えられる。一方で、

PERが低い場合は、直近あるいは予想の利益に比較して株価が低く評価されており、将来的な利益の向上があまり期待できないか、あるいは直近の業績に比較して株価が低くなりすぎているか

そのいずれかを意味していると考えられる。

なお、PERもEBITDAマルチプルと同じように、類似会社としてどのような企業を選択するかによって大きく変化する可能性がある。株価の評価で利用する場合には、業種、事業の内容などの面から適切な類似会社を選択することが重要である。

PBR ── 1株当たりの株価と純資産額の比率

PBRはPrice Book-Value Ratioの頭文字である。日本語では**株価純資産倍率**と呼ばれており、**1株当たりの株価と1株当たりの純資産額の比率**のことである。これもEBITDAマルチプルやPERと同じように、同業界の類似した企業同士であればPBRも同水準になるはずだ、という仮定をもとに、類似した企業のPBRをもとに評価したい企業の理論株価を推定計算していくものである。

PBRは具体的には以下のように計算する。

$$PBR = \frac{1株当たりの株価（Price）}{1株当たりの純資産（Book\text{-}Value）}$$

注）1株当たりの純資産は、貸借対照表にある純資産の合計金額を有価証券報告書などで確認できる流通株数で割ることで計算できる。また、1株当たり純資産は、有価証券報告書や決算短信にも記載されている

PBRの場合は、具体的には、理論株価の計算をしたい企業の同業界の事業内容が似ている企業をいくつか選択し、各社のPBRを計算し、そのPBRの平均を計算する。次に、株価の評価をしたい企業の1株当たり純資産を計算する。

その上で、同業界の事業が似ている企業であれば、同じ程度のPBRと

なってもおかしくないと考えて、その1株当たり純資産に先ほど計算した同業他社の平均PBRを掛け合わせて、株価評価をしたい企業の1株の理論株価を推定計算していくのである。

　なお、2019年3月8日時点で、ヤフーファイナンスのデータをもとに東証1部上場企業のPBRランキングを見てみると、ちょうど真ん中の企業のPBRは1.02倍となっている。

　これは、貸借対照表をベースにした株主の権利の価値に比較して、その1.02倍の時価総額がついていることを意味している。ここで、貸借対照表が企業の資産や負債の価値を適切に表しているとすると、1株当たりの純資産は、現時点で仮に企業を解散した場合に株主が受け取ることができる価値になる。ここでPBRが1.02倍ということは、解散した場合に比較して事業を継続することで2%の付加価値を生み出すことができる、と評価されていることを意味している。つまり、日本の東証一部上場の平均的な企業は、解散価値に対して、2%程度の付加価値しか生み出さない事業を行なっていると評価されていることになる。

　PBRが1.0倍以下となっている場合は、現時点で仮に企業を解散した場合の価値よりも時価総額が低いことを意味しており、事業を継続することでかえって株主の権利の価値が低下してしまうという評価を受けているともいえる。つまり、

**理論的にはこのような企業は現時点で
解散してしまったほうがいい状態にあると考える**

こともできる。そのため、一部の投資家が、PBR1.0倍を下回っている企業の株式を、貸借対照表から見た価値よりも株価が割安だと判断して、事業を売却して清算することを目的に株式を購入することもある。

　なお、ヤフーファイナンスのデータ（2019年3月8日時点）を見てみると、日本の一部上場企業でPBRが計算されている2,130社のうち、約48%となる1,030社のPBRが1.0を下回っている。これは、東証一部上場企業のうち約半数が理論上事業を継続する意味がないと評価され、また貸借対照

表の状態に比較して株価がかなり割安に評価されていることを意味している。この1,030社に含まれる企業は、早めに収益力を高め、時価総額を高めて、少なくともPBR1.0倍以上とするよう努力することが重要であろう。

なお、PBRについても、EBITDAマルチプルやPERと同じように、類似会社としてどのような企業を選択するかによって大きく変化する可能性がある。株価評価で活用する場合には、業種、事業の内容などの面から適切な類似会社を選択することが重要である。

3つの評価方法の限界「特徴や強みを十分には評価できない」

これまで見てきた、

EBITDAマルチプル、PER、PBRは、
いずれもキャッシュフローや利益、純資産をもとにして
同業他社の株価の相場をベースにした評価方法

である。その意味で、株価の相場から見ておおむね適正な価格を把握する、という意味ではよい方法ということができるが、

企業自身の特徴や強みを十分に評価した方法ではない。

したがって、**企業自身の本当の価値を知る**ためには、その企業自身の将来の稼ぐ力の予測をベースに評価していくDCF法（Discounted Cash Flow法）が望ましいという見方もある。この方法は、255ページで解説するが、将来の事業を中心としたキャッシュフローの予測をベースに、それを現在時点の価値に置き直して評価する方法である。

ただ、この方法も将来予想が難しいという問題もある。したがって、いくつかの方法で計算した結果をもとに、想定される株価の範囲を決めて買収金額の交渉をしたり、株価の理論値を提示するようなことも多い。この

ように、理論株価は、いくつかの方法を使いながら総合的に評価することが望ましいといえそうだ。

また、この3つの方法では、類似会社としてどの企業を選択するかが大きなポイントになる。株価が高そうな企業を優先的に選択すると、株価は高くなり、低そうな企業を選択すると、株価は低めに出る。その意味で、**買収などの評価などでは、立場によっていいとこ取りをされていないかどうか、よく注意することが必要**である。

ケース
PERやPBRの高い、あるいは低い企業

まず、2019年3月8日時点のPERランキング上位と下位の主だった企業を見ていこう。

PER上位100社、下位100社のうち主だった企業
(数字が集計されている1,988社中)

順位	企業	PER
10位	ペプチドリーム	252.61倍
45位	キーコーヒー	101.51倍
55位	カッパ・クリエイト	89.49倍
58位	サイボウズ	85.85倍
96位	サンリオ	56.11倍
1912位	丸紅	5.78倍
1966位	昭和電工	4.47倍

上位には、バイオベンチャーのペプチドリーム(10位)や、業務効率化のためのグループウエアなどを提

供するサイボウズ（58位）など、ベンチャー的な企業が比較的多く入っている。これは、将来の成長への期待が表れた結果と考えられる。

一方で、キーコーヒー（45位）や「かっぱ寿司」を運営するカッパ・クリエイト（55位）、サンリオ（96位）といった外食や食品をはじめとするB to Cの事業を行ない、上位に入っている企業が散見される。これは、事業の安定性の高さからくる評価とともに、株主優待を好む個人投資家などがある程度株式を購入していることの結果とも考えられそうだ。

一方で、下位には、丸紅（1912位）、昭和電工（1966位）などが入っている。これらの企業はいずれも利益は確保しているものの、海外の貿易摩擦、原油価格の上昇など、各企業を取り巻く経営環境がやや不安定かつ不透明であるために、将来における利益の継続や拡大に十分な確証がもてないという評価の結果とも考えられる。

次にPBRランキング上位と下位の主だった企業を見ていこう。

上位には、衣料ネット通販のZOZOTOWNを運営するZOZO（2位）、工場や工事用の間接資材のネット通販を行なっているMonotaRO（11位）をはじめとするITC関連の企業がかなり多く入っている。これは、あまり資産をもたずに事業が行なえる資産効率のよさと成長性が評価された結果とも考えられる。

ただ、高品質のモノをベースに事業を展開している企業の中にも、中国をはじめとして好業績を継続する赤ちゃん用品のピジョン（51位）、インバウンド、中国・アジアの好調などで業績を拡大している資生堂

PBR 上位100社、下位100社のうち主だった企業
(数字が集計されている2,130社中)

2位	ZOZO	33.27倍
11位	MonotaRO	22.06倍
51位	ピジョン	8.07倍
73位	資生堂	6.84倍
2104位	七十七銀行	0.26倍
2130位	高知銀行	0.11倍

（73位）などが100位内に入っている。

一方で、下位100位には最下位の高知銀行（2130位）や七十七銀行（2104位）をはじめとする地方銀行などの金融機関が目立つ。これは、国内の人口減少傾向や低金利の中で、事業の将来的な収益性、成長性に対してなかなか先が見えないという状況が反映されているともいえそうだ。

後日談
買収金額が割高なのがわかった

山下は小松といろいろと話をする中で、イービッダ（EBITDA）やEBITDAマルチプル、PER、PBRの意味がかなり理解できてきた。

そこであらためて、昨日のM&A案件のミーティングの資料を見直してみた。その結果、金融機関のアドバイザーが、買収ターゲット企業側からの提示金額も踏まえて計算したEBITDAマルチプルは約20倍と、山下のイメージしている同業他社の水準に比較するとかなり高めになっ

ていることがわかった。

　また、その提示金額をベースにしたPERも35倍、PBRも4倍といずれも山下の想定する同業他社の平均的な水準に比較して高くなっている。このような状況から考えると、アドバイザーが示した金額はかなり高いといえそうだ。

　山下は、ターゲット企業にその金額の高さに見合うような技術や顧客ベース、また成長のベースがあるかどうか、また、今回の試算の中でどのような企業を類似会社として選んだのか、あらためて慎重に検討しようと考え始めた。

まとめ

☑ EBITDAはキャッシュフローで考えた営業利益のようなものである。またEBITDAマルチプルは、EBITDAと資金提供者の権利の価値（有利子負債の金額＋時価総額＝企業価値）の比率は同業界の類似した企業であれば同じ程度になるはずだ、と考えて理論株価を推定したり、株価の割高、割安を評価したりするものである。一般に、EBITDAマルチプルは、安定した企業では5倍〜10倍程度、成長期にある企業は15倍〜20倍、あるいはそれ以上となることがある。

☑ PERは1株当たりの当期純利益に対して1株当たりの株価がどの程度の比率となっているかを計算するものである。つまり、同業界の類似した企業であればその比率が同じ程度になるはずだ、と考えて理論株価を推定したり、株価の割高、割安を評価したりするものである。一般に、PERは、安定した企業では10倍〜15倍程度、成長期にある企業などでは20倍〜25倍あるいはそれ以上となることもある。

☑ PBRは1株当たりの純資産に対して、1株当たりの株価がどの程度の

比率となっているかを計算するものである。つまり、同業界の類似した企業であればその比率が同じ程度になるはずだ、と考えて理論株価を推定したり、株価の割高、割安を評価したりするものである。一般に、PBRが高いほど、事業を継続することで業績をベースにした付加価値を生み出すことができると評価されていることを意味している。逆に1.0倍以下の場合は、事業を継続するよりも解散したほうが価値があると評価されていることになる。このようなケースでは、業績を高め株価を高めることが必要になる。

☑ EBITDAマルチプル、PER、PBRは、いずれも同業他社の株価の相場をベースに株価を評価する方法である。したがって、同業他社の選択を恣意的にならないように、適切に行なうことが重要になる。

第2章

これだけで大丈夫！ファイナンス入門

本章で学ぶこと

資金をどう調達しどう使うのか 資金提供者の立場で考える

　ファイナンスは、投資家の立場で数字を使っていくものである。具体的には、資金の調達に関係する内容と資金の活用に関係する内容の２つに分かれている。

　そのうち資金の調達は、株主や債権者といった資金提供者が企業に対して期待（要求）している儲けを意味する資本コストや、株主と債権者からの資金調達の望ましい構成比率を意味する最適資本構成などが中心的なテーマになる。

　一方で、資金の活用は、資金を活用することで生み出される儲けを、資金提供者が受け取れるベースで考えたフリーキャッシュフロー、それをもとに投資案件などの評価を行なうためのツールであるNPV法、IRR法などが中心的なテーマになる。

　さらに、これらの２つの分野の延長線上で、投資家、中でも株主から見た企業価値、株主価値、また配当や自社株買いといった株主還元などのテーマもある。

　本章では、ファイナンスについて、ビジネスリーダーにとって重要だと考えられる、資金の調達と活用、企業価値、株主還元などのポイントについて学んでいく。それでは始めていこう。

1 金利とリスク、割引率と現在価値
ファイナンスに不可欠な考え方①

ストーリー
A案、B案、どちらに投資すべきか？

　鉄鋼メーカーW社の事業本部長である岡田は迷っていた。

　先日の部内ミーティングで、2人の部下からそれぞれA案件、B案件という2つのいずれも魅力的な投資案件の相談があり、どちらを優先すべきか悩んでいたのだ。

　岡田が担当している事業本部の5年後の売上高や営業利益の計画達成を考えると、本音では今年両方の案件に投資をしたい。ただ、与えられている投資予算の中では、今年はどちらか一方しか実行することはできない。そこで、昨日、ダメもとで財務担当の副社長のところに投資予算増額の相談に行ったが、他の事業本部でも検討している投資案件が多く、増額は難しいという話だった。そうなると、やはりどちらか1つの案件を選ばなければならない。

　2つの案件は、投資額はほぼ同じである。ただ、A案件は見込まれる儲けの金額はやや少なめであるが、事業が早めに立ち上がり、儲けがすぐに出てきそうだ。一方で、B案件は見込まれる儲けの金額はやや多めではあるが、事業が立ち上がり、儲けが出るまでに時間がかかりそうだ。

　このような場合、何を基準に実行する案件を選択したらよいのであろうか。客観的に比較し、評価できるような方法はないのだろうか。

　岡田は、ひとしきり悩んだ末に、以前同僚であった経営企画部長の北川にアドバイスをもらおうと、メールを送った。

金利とリスク
── 「今年の1億円」「来年の1億円」、どっちが得？

　今年生み出せそうな1億円の儲けと、来年生み出せそうな1億円の儲けでは、どちらが価値があるのだろうか。
　生み出すタイミングが今年でも来年でも、金額が同じであれば同じ価値だ、という考え方もある。ただ、ファイナンスの考え方では、今年生み出せそうな1億円の儲けのほうがより価値がある、と考えている。理由は2つだ。
　まず1つ目は金利のポイントである。今年生み出せそうな1億円の儲けは、来年生み出せそうな1億円の儲けに比べて、1年間だけ儲けを生み出すタイミングが早い。ということは、今年生み出せそうな1億円の儲けは、儲けを生み出した段階ですぐに銀行に預金をしておけば、1年分の金利を稼ぐことができる。つまり、

**今年生み出せそうな1億円の儲けは、
来年生み出せそうな1億円の儲けと比較すると、
それを預金しておくと1年分の金利が稼げる**

という意味でより価値が高いと考えられる。
　2つ目はリスクのポイントである。ここで、まずリスクの意味を確認しておこう。ファイナンスの分野では、

リスクは、日本語でいうと、不確実性、変動すること、ブレること

といった意味になる。一部の人は、リスクというと悪いことが起こる可能性、といったイメージをもつかもしれない。ただ、ファイナンスでは、悪いことが起こることは必ずしもリスクではない。簡単な事例で考えてみよう。

**来年確実に1億円の"損失"が出るという状況は
リスクがある状態なのだろうか？
答えはノー。リスクがない状態だ。**

なぜなら、1億円の損失が出ることが「確実」だからである。一方で

**来年の"儲け"が5億円か、3億円か、わからない状況は
リスクがある状態なのだろうか？
答えはイエス。リスクがある状態だ。**

なぜなら、この場合は、儲けは出そうであるが、儲けの金額が5億円になるか、3億円になるかわからない、つまり「不確実」な状況だからである。このように、リスクという言葉は、不確実性、変動すること、ブレることを意味している。したがって、よく使われる、

**ハイリスクハイリターンとは
不確実性が高い事業では
より高い儲けが必要、あるいは、より高い儲けが生み出せるはず**

であるということを意味していることになる。ということは、ICT（情報通信技術）の最先端に関係するようなリスク（不確実性）が高い事業では、かなり大きな儲けが期待され、一方で食品業界や鉄道業界のようにリスク（不確実性）が低い事業では、それなりの儲けでもかまわないことになる。つまり、事業分野によって求められる儲けのレベルも変わる可能性があるのだ。

このリスクという面から考えると、今年生み出せそうな1億円の儲けに比べて、来年生み出せそうな1億円の儲けのほうが、時期的により先の話になるため、経済環境の変化、競合企業の意外な動きなどで、予想通りにならない可能性が高くなる。

つまり、来年生み出せそうな1億円の儲けのほうが「不確実性」が高く、

リスクが高いと考えられるため、同じ1億円でも価値はやや低い、と考えられることになる。

このように、金利とリスク（不確実性）という面から考えると、同じ金額でも、今年生み出せそうな儲けのほうが、来年生み出せそうな儲けよりも価値があると考えられるのだ。

割引率と現在価値
──未来の儲けを現時点の価値に置き直す

これまで見てきたように、金利とリスクを考えると、同じ1億円でも、今年儲けとして生み出せそうな1億円のほうが、来年生み出せそうな1億円に比べて、より価値が高いということであった。

**金利とリスクをもとに
1年間での価値の違いを調整するために使われる比率のことを
割引率（Discount Rate）と呼んでいる。**

つまり、1年間タイミングが違うことで、儲けの価値が大きくなる、あるいは小さくなる比率のことを割引率と呼んでいるのだ。さらに、

**来年生み出せそうな儲けを
割引率を使って現時点での価値に置き直したものを
現在価値（PV：Present Value）と呼んでいる。**

ファイナンスでは、通常将来の儲けの予測をすべて現在時点での価値、つまり**現在価値**に置き直して評価をする。すべて同じベースの現在価値に置き直していくことで、しっかり比較ができるようになるのである。

たとえば、金利とリスクを考えて設定した割引率が10％の場合を考えてみよう。この場合、来年生み出せそうな100万円の儲けの現在価値はどうなるであろうか。この場合は、以下のように、約90万9,090円になる。

$$\frac{100万円}{(1+0.1)} = 90.9090\cdots万円$$

次に、2年後に生み出せそうな100万円の儲けの現在価値は、以下のように約82万6,446円になる。

$$\frac{100万円}{(1+0.1)^2} = 82.64463\cdots万円$$

このように、割引率をX％とすると、1年後の儲けの現在価値は、

$$\frac{1年後の儲け}{(1+X\%)} = 1年後の儲けの現在価値$$

と計算できる。また、割引率がX％の場合の、n年後の儲けの現在価値は、

$$\frac{n年後の儲け}{(1+X\%)^n} = n年後の儲けの現在価値$$

と計算できることになる。

ただ、実際には、割引率として160ページで説明する**WACC**を使うことが多い。また、いろいろな地域でいろいろな事業を行なっている企業の場合には、地域ごと、事業ごとに金利やリスクが違ってくることもあるので、その場合は違った割引率を採用することが望ましいこともある。

ケース
JR東海と任天堂のリスクを財務数値をもとに比較する

鉄道事業を中心に展開するJR東海と、ゲーム事業を中心に展開する任天堂の2019年3月までの過去5年

間の売上高と営業利益を見てみよう。

JR東海と任天堂の売上高と営業利益の推移（連結ベース）

JR東海	売上高	営業利益	任天堂	売上高	営業利益
2019年3月期	1,878,137	709,775	2019年3月期	1,200,560	249,701
2018年3月期	1,822,039	662,023	2018年3月期	1,055,682	177,557
2017年3月期	1,756,980	619,564	2017年3月期	489,095	29,362
2016年3月期	1,738,409	578,677	2016年3月期	504,459	32,881
2015年3月期	1,672,295	506,598	2015年3月期	549,780	24,770

出所）各社の有価証券報告書及び決算短信をもとに作成

　まず、JR東海を見てみると、売上高と営業利益のどちらも5年間継続して安定して増加している。やはり、東海道新幹線を中心に業績が安定している鉄道事業の特徴が表れている。

　一方で、任天堂を見てみると、売上高は、2015年3月期から2017年3月期にかけて緩やかな減少が続いていたが2018年3月期以降はスイッチのヒットなどで2倍以上に拡大している。次に営業利益は、2015年3月期から2017年3月期にかけて黒字は確保しているもののそれほど高い水準ではなかった。しかし2018年3月期は前述のスイッチのヒットによって、それまでの水準の約6倍になり、2019年3月期はさらにその約1.4倍と大幅に増加している。やはり、ヒット製品に左右されるなど変動が大きいゲーム事業の特徴が表れている。このように、事業面のリスクは売上高や営業利益の変動にもかなり表れるのである。

ケース
割引率を使って10年後現在価値を見てみよう

多くの日本企業の一般的な割引率の水準である5％〜10％の割引率の場合に、現時点から1年後、2年後……10年後までの各年度の「1」の現在価値がどうなるかを見てみよう。

割引率による現在価値の違い

各年度の「1」の現在価値

割引率	初年度	1年後	2年後	3年後	4年後	5年後	6年後	7年後	8年後	9年後	10年後
5.0%	1.000	0.952	0.907	0.864	0.823	0.784	0.746	0.711	0.677	0.645	0.614
6.0%	1.000	0.943	0.890	0.840	0.792	0.747	0.705	0.665	0.627	0.592	0.558
7.0%	1.000	0.935	0.873	0.816	0.763	0.713	0.666	0.623	0.582	0.544	0.508
8.0%	1.000	0.926	0.857	0.794	0.735	0.681	0.630	0.583	0.540	0.500	0.463
9.0%	1.000	0.917	0.842	0.772	0.708	0.650	0.596	0.547	0.502	0.460	0.422
10.0%	1.000	0.909	0.826	0.751	0.683	0.621	0.564	0.513	0.467	0.424	0.386

　表にあるように、割引率5.0％の場合は、1年後の「1」の現在価値は「0.952」となっている。ただ、5年後の「1」の現在価値は「0.784」、10年後の「1」の現在価値は「0.614」とかなり評価が目減りしてしまう。

　さらに、割引率10.0％のケースでは、5年後は「0.621」、10年後は「0.386」となってしまう。このように、1年間であれば割引率で割り引いてもそれほどの違いはないかもしれないが、長期間にわたって何度も割り引くことになると、かなりの違いとなってくる。

さらに、割引率が高い場合はそのインパクトも大きい。このように、かなり将来のリスクのある儲けの価値は現在価値で見ると小さいこと、また早めに生み出せる儲けの価値が大きいことを改めて認識しておくことが重要である。

後日談
割引率を使ってプロジェクトを評価する

　岡田は、北川からのメールでのアドバイスで、金利とリスクの意味、またその2つから考えると、早めに生み出せそうな儲けのほうが、生み出すまでに時間がかかりそうな儲けよりも価値がある、ということが理解できた。

　また、金利とリスクを考えた割引率を使って、将来生み出せそうな儲けを現在価値に置き直して比較することで、投資プロジェクトを評価する方法も学んだ。

　そこでその方法をもとに、A案件とB案件を比較してみると、割引率次第ではあるが、それなりに景気に左右されリスクがある鉄鋼業界の事業としては、早い段階から儲けが出る見込みとなっているA案件のほうがよりよい案件といえそうなことがわかった。

　次回のミーティングでは、より精緻な数字の予測をもとに、2つの案件を検討してみようと2人の部下にその準備を始めるようにメールを送った。

まとめ

☑ ファイナンスでは、今年生み出せそうな儲けのほうが、来年生み出せそうな儲けよりも、金額は同じでもより価値がある、と考えている。それは、早く生み出せる儲けのほうが、それを預金すれば金利が稼げる、という金利のポイントと、早く生み出せる儲けのほうが、確実性が高い、というリスクのポイントの2つが理由である。

☑ リスクは、不確実性、変動すること、ブレること、という意味である。

☑ 金利とリスクを考えて、儲かるタイミングの違いによる価値の違いを調整する比率のことを割引率という。

☑ 将来生み出せそうな儲けを現時点での価値に置き直したものを現在価値という。投資プロジェクトの評価では、基本的に将来の儲けを現在価値に置き直して比較していく。

2 資本コストとWACC、ハードルレート
ファイナンスに不可欠な考え方②

ストーリー

収益力、投資効率とWACCは、どう関係する？

　飲料メーカーZ社の製造本部長である吉田は、午前中に財務担当役員である片桐が幹部向けに行なった次期中期経営計画の説明会の内容を思い出していた。

　片桐は、筋肉質で強い企業になることをテーマとする次期中期経営計画の具体的な内容を説明する中で、収益力と投資効率の向上が重要であることを強調していた。また、その中で、資本コスト、WACCという言葉を何度も使っていた。片桐の説明のうち、収益力向上は、儲ける力を高めること、つまり利益率などを高めていくことだとイメージできた。また、投資効率の向上も、投資を効率よく行ない、少なめの投資で多めの儲けを生み出していくことだとある程度理解できた。ただ、資本コスト、WACCといった言葉は初耳であり、片桐の説明を聞いて、株主などが企業に対して求めている儲けみたいなものだ、というイメージはわいたものの、くわしい内容はよくわからない。

　製造部門一筋でキャリアを積んできた吉田にとっては、財務や会計の話はこれまであまり縁がなかった。しかし、片桐が何度も使っていた資本コスト、WACCという言葉は次期中期経営計画の中で重要なポイントであり、本部長としては知っておく必要がありそうだ。そこで、同期入社の財務部長である西川に説明の時間を取ってくれるように依頼のメールを送った。

資本コスト（Cost of Capital）
──資金提供者が期待（要求）している儲け

資本コストとは企業が調達している資金のコストのことである。別のいい方でいうと、

**企業に資金を提供している銀行や社債の保有者
また、株主が企業に対して期待し要求している儲け**

のことである。

具体的には、**借りている資金のコスト**とは、金利の支払いが必要になるので、その金利がコストになる。ただ、実際には儲かっている会社を前提にすると、金利を支払うとその分だけ儲けが減り、税金が安くなる。そうすると、実質的な負担としては、金利から、それを支払うことによる節税分を差し引いたものが借りた資金のコストになる。

次に、**株主から預かった資金のコスト（株主資本コスト）**は、株主が期待（要求）しているだけの儲けを上げることになる。これはこういうことだ。株主にとっての儲けは具体的には配当と株価の上昇の合計である。

図表2-1　資本コストとは

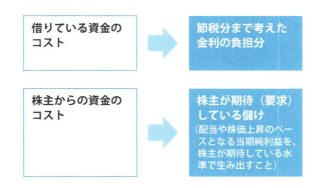

ただ、企業側から考えると、実際に配当を支払い、株価を上昇させるには、そのベースとなる株主の取り分につながる儲け、つまり当期純利益を十分に生み出す必要がある。逆に、十分な当期純利益が生み出せないと、配当がしっかり支払えず、株価も下落してしまい、株主が期待しているだけの儲けが得られないことになる。その結果、一部の株主が株を売却してしまう可能性も出てくる。

つまり、多くの株主に継続して投資をしてもらい、株価を維持し上昇させていくためには、株主が期待し、要求しているだけの十分な当期純利益を生み出していくことが必要になる。この株主が期待しているだけの当期純利益を生み出すことを、株主から資金を集める場合のコストと考えているのである。

なお、株主から資金を集める場合のコストというと、実際に株主に支払うものという意味では、配当が思い浮かぶ。ただ、配当はコストの一部であり、株主が配当と株価の上昇の合計で儲けを考えていることを考えると、その合計としての儲けを増やすためには、そのベースとなる当期純利益を生み出すことが必要になる。つまり、

当期純利益を株主が期待（要求）している水準で生み出すことをコスト

というふうに考えているのである。

WACCとは資本コストを具体的に計算したもの

これまで説明してきた資本コストを具体的に計算する手法の代表的なものが**WACC（Weighted Average Cost of Capital：加重平均資本コスト、ワック）**である。これは、借りた資金のコストと、株主からの資金のコストを、借りた資金と株主からの資金の大きさをもとに平均して計算するものである。そのため、資本コストに加重平均という言葉がついている。

それでは、具体的にどう計算するのか見ていこう。

借りた資金の資本コスト

まず、借りた資金の資本コストは、前述のように支払う金利である。ただ、金利を支払うと儲けが減り、節税ができるので、実際のコストは**金利から節税分を差し引いた差額**になる。具体的には下記のように計算する。

金利 × (1 − 税率)

例えば、金利が2%で、税率が30%の場合は下記のように1.4%になる。

2% × (1 − 30%) = 1.4%

株主からの資金の資本コスト

次に株主からの資金についての資本コストは、前述のように、**株主が期待しているだけの当期純利益**を生み出すことである。そのレベルを推定する方法はいくつかあるが、その代表的なものが**CAPM（Capital Asset Pricing Model：資本資産価格モデル、キャップエム）**である。CAPMでは、以下のような計算式で、株主からの資金の資本コストを推定計算していく。

$Rf + β(Rm − Rf)$

このうち、最初のRfは**リスクフリーレート**と呼ばれるものである。この言葉のうち、リスクは不確実性、フリーは、シュガーフリー、アルコールフリーと同じく、「〜がない」という意味、最後のレートは金利のことである。まとめると、**不確実ではない金利**、つまり確実に稼げる金利という意味になる。

なお、フリーキャッシュフローの中にある「フリー」は、前述したように「自由に（使える）」という意味であった。したがって、ここでのリスクフリーの「フリー」とは意味が違うことには留意してほしい。

一般的には、まず国が破たんすることはなく、国債を保有している場合

は、確実に一定の金利がもらえると考えられる。そのため、通常は**国債の金利がリスクフリーレート**と考えられている。このように、国債の金利を株主の期待する儲けのベースとしているのは、株主が広く投資の対象を考えると、国債への投資も1つの選択肢になる。また、国債に投資をすれば通常誰でも確実に一定の儲けを生み出すことができる。さらに、株主はリスクを取っていろいろな企業の株式に投資をしているが、どの企業の株式に投資をした場合でも、普通は最低でも誰でも稼ぐことができる国債の金利くらいの儲けは期待している。

逆にいうと国債の金利くらいの儲けが出ないと何の意味もないと考えているはずである。そのため、国債の金利を株主が期待している儲けの最低限のベースとしているのである。

次の+記号のあとに出てくる$\beta(Rm-Rf)$は、**リスクプレミアム**といわれているものである。これは、株式投資という、どの程度の儲けが出るかわからない、つまり**リスクのある投資をする場合には、株主がそのリスクに見合うだけの追加の儲け**、つまりプレミアム分を期待してくるはずだ、と考えて加えている分である。

このうち、後半の$(Rm-Rf)$は**マーケットリスクプレミアム**と呼ばれている。これは**株主がリスクをとることに見合うだけ、平均的にどの程度国債の金利を上回る儲けを年ベースで期待しているか、を意味する数字**である。具体的には、日本では過去65年間程度の長期間における国債の金利の年平均と株式投資の儲けの年平均の差額をベースに計算された**6%程度を使っていることが多い**。なお、()の中にあるRmは、株式市場での長期間での年平均投資リターンのことである。具体的には、ベースとなる市場のすべての上場公開企業の株価の上昇や毎年の配当の金額を合算して、年平均の率として計算していく。また、()の中のRfはRmの計算期間と同じ期間で計算した国債の実質金利の年平均のことである。つまり、最初のRfは今の国債の年ベースの金利、()の中のRfは過去の長期間の国債の年ベースの平均金利ということで、違うものであることには注意が必要である。また、$(Rm-Rf)$の具体的な数字は、イボットソン・アソシエイツなどが計算して公表している。

次に、その前にあるβ値は、**各企業のリスクの大きさの違いを反映する数字**である。これは、証券市場全体の株価のブレに対して、特定の企業の株価のブレがどの程度大きい、あるいは小さいかを統計的に計算した数字である。**β値は1が基準**になっており、**1の意味は、その企業の株価のブレが、証券市場全体の株価のブレと同じ程度**であることを意味している。
　一方で、β値が1を上回り、例えば1.5の場合は、その企業の株価のブレが、証券市場全体の株価のブレの1.5倍程度になっており、株価のブレから見たリスクが高いことを意味している。
　逆に、β値が1を下回り、例えば0.7の場合は、その企業の株価のブレが、証券市場全体の株価のブレの0.7倍程度になっており、株価のブレから見たリスクが低いことを意味している。なお、β値は、金融情報を提供しているロイターやブルームバーグ、東京証券取引所などが計算して公表している。
　次に、この各社のリスクを表わすβ値を先ほどの（Rm − Rf）、つまりマーケットリスクプレミアムに掛け合わせることで、株主が各社のリスクに合わせて追加で儲けたい率を調整し、推定計算をしていく。
　なお、ここで、β値を使って、株価のブレの大きさをもとに各企業のリスクの大きさを反映しようとしている意味について確認しておこう。
　これは、最近プロの投資家が中心となって上場公開株式の売買取引が行なわれていることと関係がある。プロの投資家は、絶えずいろいろな企業の情報を収集し分析し、株式の売買を行なっている。
　そして、情報収集や分析の結果、ある企業のリスクが高い、つまりちょっとしたことで業績がよくなったり悪くなったりすると見ると、それに合わせて激しく株式の売買を行なうため、結果として株価のブレが大きくなると考えられる。
　逆に、ある企業のリスクが低い、つまりちょっとしたことがあっても業績がそれほどよくなったり悪くなったりしないと見ると、それに合わせて緩やかに株式の売買を行なうため、株価のブレは小さくなると考えられる。その結果、

**企業のリスクが株価のブレにあらわれると考え
株価のブレを測定すれば企業のリスクが評価できる**

という理論をつくり上げたのである。ということは、株価が適切に企業の状況を表していなければ、この考え方は採用できないことになる。

ただ、東証1部上場企業を中心に多くの上場公開企業の株式は、プロの投資家が中心となって、分析や情報収集をした上で売買が行なわれている。その結果、株価が企業の状態を反映していると考えられるため、この理論が使えるのである。

それでは、具体的にCAPMを使って株主の資本コストを計算してみよう。

国債の金利が1%、マーケットリスクプレミアム、つまり（Rm－Rf）が6%、β値が0.9の場合の株主資本コストは、以下のようになる。

1% ＋ 0.9 × 6% ＝ 6.4%

なお、β値は、企業の事業のリスク、つまり事業業績のブレの大きさと、財務のリスク、つまり借りた資金の大きさによって変化すると考えられている。一般に、事業業績のブレが大きくなるほど、また借りた資金が大きくなるほどβ値も高くなる。

ケース
業種の違う5社の β値からわかること

業種の違う5社のβ値を見てみよう。

β値の事例

社名	β値
東急電鉄	0.65
キッコーマン	0.89
トヨタ自動車	1.09
りそなホールディングス	1.32
ミクシィ	1.44

出所）2019年3月8日時点のロイターのデータ

　これを見るとわかるように、企業によってかなり違いがある。5社の中で低めなのが、鉄道事業と不動産事業が中心となっている東急電鉄。設備投資型の事業を行なっているため借入はそれなりにあるが、やはり安定した事業を行なっているためかなり低くなっている。

　次に低いのが食品のキッコーマン。安定している食品業界の中でも、醤油、ソースをはじめとしてブランドのある強い製品をもっていることもあり、やや低めのβ値となっている。

　トヨタ自動車は1.09と1を若干上回っている。これは、海外比率が高く世界の環境変化の影響を受けやすくなっていること、自動運転、電気自動車、貿易摩擦など、自動車業界を取り巻く環境が変化してきていることなどが影響していると考えられる。

　また、金融業のりそなホールディングスもやや高めである。日本の人口減少、低金利の継続などで国内を基盤とする金融機関の先行き不透明感がリスクを表すβ値を高めているという見方もできそうだ。

　最後に最も高いのが、ゲーム事業を中心とするミクシィ。モンスターストライクの大ヒットに支えられて

いるものの、今後の事業の柱が十分に見えていないことなどが、比較的高いβ値の背景として考えられる。このように、β値は事業をはじめとする企業のリスクのイメージとある程度連動している。

WACCは2つの資本コストを加重平均して算出

最後にWACCを見ていこう。WACCはこれまで見てきた借りた資金の資本コストと株主からの資金の資本コストを**加重平均、つまりそれぞれの資金の大きさの比重で平均したもの**である。

図表2-2　WACCのイメージ

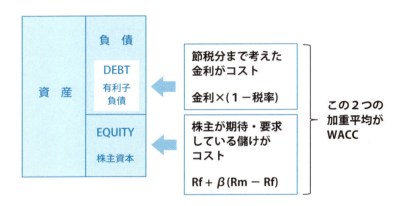

たとえば、先ほど計算した借りた資金のコストである1.4％と、株主からの資金のコストである6.4％をもとに計算してみよう。

ここで、借りている資金である借入金や社債の合計が100億円、株主からの資金が200億円であるとする。その場合のWACCは次のようになる。

$$\frac{100}{(100+200)} \times 1.4\% + \frac{200}{(100+200)} \times 6.4\%$$

$= 4.73\%$

このように、WACCは資本コストの加重平均であるため、借りている資金と株主からの資金のコストを、それぞれの資金の大きさをもとに平均して算出していく。

この結果をもとにすると、この企業の資金提供者は、毎年、投資した金額に対して4.73％以上の儲けを平均的に生み出すことを期待していることになる。なお、

日本企業のWACCは、このところ4％前後から10％弱の範囲に入る

ことが多いようだ。実際に、WACCをもとに日本の各企業が設定している儲けの最低基準であるハードルレートは、4％から10％の範囲に入っていることが多い。

ケース
コマツのWACCを計算する

建機の製造販売を中心に、好業績を継続しているコマツの2019年3月末時点のWACCを計算してみよう。

まず、2019年3月末時点の有利子負債の金額を貸借対照表から合計してみると930,700百万円となる。なお、有利子負債としては、日本企業の場合は短期借入金を継続して借りることが多いため、それを含めている。

次に、2019年3月期の株主の権利の価値は、実際の価値をベースにすることが望ましいので、3月末時点での時価総額である2,499,174百万円を使っていく。この2つをベースにすると、有利子負債の構成比率が約27％、株主資本の構成比率が約73％となる。

$$\frac{930,700\text{百万円}}{(930,700\text{百万円}＋2,499,174\text{百万円})} = 約27\%$$

$$\frac{2,499,174\text{百万円}}{(930,700\text{百万円}＋2,499,174\text{百万円})} = 約73\%$$

次に、有利子負債のコストについては、国債の金利を1％程度と仮定し、さらにR&Iのコマツに対する格付けであるAA-をベースに0.5％程度は高めの金利を負担すると仮定して、1.5％と想定する。このように、本来のWACCを計算する場合の**金利は、計算する時点で仮に社債を発行したらどの程度の金利になるのかという想定で計算することが望ましい。**

これをもとに、税率を30％とすると、有利子負債のコストは下記のように1.05％となる。

有利子負債のコスト
（1＋0.5）×（1－30％）＝ 1.05％

次は、株主資本のコストだ。リスクフリーレートを先ほどの国債金利と同じ1.0％とし、マーケットリスクプレミアムを一般的な6.0％とし、β値をロイター社（2019年5月31日時点）が計算している数字である1.50とすると、以下のように10.00％となる。

株主資本のコスト
1.0％ ＋ 1.50 × 6.0％ ＝ 10.00％

この2つのコストを、有利子負債の構成比率（約27％）と株主資本の構成比率（約73％）をもとに加重平均をすると、下記のようにWACCは7.6％になる。

1.05％ × 27％ ＋ 10.00％ × 73％ ＝ 7.6％

WACCの高さを決める3つの要因

WACCの水準の高さは何によって決まるのであろうか。基本的には3つの要素が関係している。

図表2-3　WACCの水準は何によって決まるのか

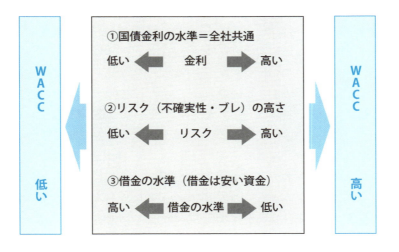

1つ目は**国債の金利の高さ**である。国債の金利が高いと、基本的に国債の金利をベースに決まってくる各企業の借りた資金の金利も高くなり、ま

た株主の期待する儲けのベースであるリスクフリーレートも高くなる。その結果、

国債の金利が高くなるほどWACCは高くなり、
低くなるほどWACCは下がることになる。

2つ目は**リスクの高さ**だ。事業業績のブレが大きく事業のリスクが高い場合や、借りた資金が多く財務的にリスクが高い場合は、個別の企業のリスクを表すβ値が高くなり、株主の期待する儲け、つまりリスクプレミアムが高くなってしまう。また、借りた資金が多くなると、財務的にリスクが高くなるため、借りた資金の金利も高くなっていく。結果として、

事業や財務面のリスクが高くなるほど、WACCは高くなり
低くなるほどWACCは低くなる。

3つ目は**借りた資金の大きさ**だ。借りた資金の資本コストは金利からその節税分を差し引いた差額になる。一方で、株主からの資金の資本コストは、株主が期待している儲けのレベルである。

ただ、一般に株主の儲けは、配当や株価の上昇分といった業績次第で変動してしまうリスクのあるものであり、また企業が破たんした場合にも株主は最後にしか請求権がないというリスクが高い状態に置かれている。したがって、株主の期待している儲けは、そのリスクの高さに見合う分だけ、一般にかなり高くなっている。結果として、株主からの資金のコストのほうが、借りた資金のコストよりもかなり高くなっていることが普通である。そのため、2つのコストの加重平均であるWACCは、コストが低い借りた資金の比重が高くなると、低下していく。結果として、

株主からの資金よりも
借りた資金の比重が大きくなるほどWACCは低くなり
逆にその比重が小さくなるほどWACCは高くなることになる。

まとめると、金利が低く、リスクが低く、借りた資金の比重が大きい場合にはWACCは低くなり、金利が高く、リスクが高く、借りた資金の比重が小さい場合には、WACCは高くなることになる。

割引率はWACCを使う
――資金提供者が1年間で期待する「儲けの率」

前節で見てきた、金利とリスクを考えて、

将来生み出される儲けを現在価値に置き直すために使われる割引率は基本的にWACCをベースに設定していく。

つまり、WACCを割引率として使っていくのだ。その理由は、WACCの値は資本コストであり、別のいい方をすれば、企業に資金を提供している関係者（銀行、社債の保有者、株主など）が1年間で儲けてほしいと期待している儲けの率である。ということは、資金提供者の立場からすると、WACCの率の分だけ毎年企業あるいは事業の儲けが増えていったときに、資金提供者にとって毎年同じレベルの儲けが出ていると評価できることになる。

したがって、資金提供者の立場からは、1年後の儲けは現在価値に置き直して見ると、WACCの率の分だけ目減りしたようにしか評価できないことになるので、資金提供者（投資家）の目線で評価を行なうために割引率としてWACCを使うのである。つまり、WACCが5％の会社は、割引率として5％を使うことになるのだ。

投資プロジェクトの評価と
毎年の業績評価で使う

それでは、WACCは実際の日々の業務の中で、どのように使っていくとよいのであろうか。

まず、これから5年、10年といった一定期間継続していく投資プロジェクトの評価を行なう場合には、その**プロジェクトが年平均で何パーセント儲かるかを意味するIRR**（191ページで解説）**と比較する**ことになる。

投資プロジェクトの**IRRがWACCを上回っている場合**には、その投資プロジェクトは資金提供者が期待する儲けのレベルを上回る儲けが出ることを意味しているので、**実行してもよい**ことになる。

逆に、**IRRがWACCを下回っている場合**には、その投資プロジェクトは資金提供者が期待する儲けのレベルを下回る儲けしか出ないことを意味しているので、**実行しないほうがよい**ことになる。

また、WACCは**投資プロジェクトが現在価値でいくら儲かるかを意味するNPVを計算する場合の割引率としても使われる**。なお、IRRとNPVについては、189ページ以降でくわしく説明する。

次に毎年の業績評価では、**資金提供者から預かった資金である有利子負債と純資産の合計に対する、事業からの儲け、具体的にはNOPAT（Net Operating Profit After Taxes：税引後営業利益）の比率を計算するROIC（Return On Invested Capital：投下資本利益率）と比較する**ことになる（ROICについては350ページ参照）。

図表2-4　WACCの活用方法　IRR、NPV、ROICの評価のベースとして活用する

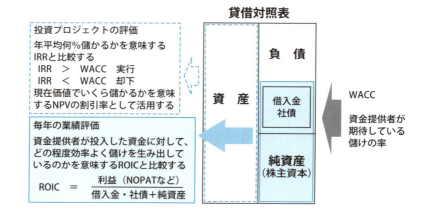

ROICがWACCを上回っている場合には、事業の投資効率が資金提供者の期待しているレベルを上回っていることを意味しているので、要求を満たしており**問題がない**ことになる。

　一方で、**ROICがWACCを下回っている場合**には、事業の投資効率が資金提供者の期待しているレベルを下回っていることになるので、**事業の投資効率の改善が必要**になる。

　また、WACCの構成要素である株主資本コスト、つまり下のようなCAPMで計算された数字は、ROEの最低ラインとしての意味もある。なぜなら、株主資本コストは株主が期待している儲けの率であり、株主から見た投資効率であるROEはそれを上回ることが必要になるからである。

$$ROE \geq Rf + \beta(Rm - Rf)$$

　なお、海外のいろいろな地域で事業を行なっていたり、種類の違う事業を行なっている場合には、地域ごとに金利が違っていたり、また事業分野によってリスクが違う可能性がある。

　そのような場合、各地域で似たような事業を専業で行なっているような競合企業の資本コストなどを試算し、それらを参考に各地域における各事業分野の割引率（ハードルレート）を設定していく、という考え方もある。

図表2-5　地域や事業分野に応じて割引率（ハードルレート）を変更する例

（四角の中の数字（％）は割引率）

地域によって、リスクや金利が違う可能性がある。
また事業分野によってもリスクが違う可能性がある。
そのため、地域や事業分野ごとに割引率を変更することもある。

　ただ、試算した結果にあまり大きな違いがない場合には、地域や事業分野ごとに割引率（ハードルレート）を変更するとかえって社内が混乱する可能性があるということで、変更しない企業もある。この点について正解はないが、何を重視すべきかを考えながら判断していくことが必要になる。

後日談

自社のWACCを知ることは「期待されている儲け」を知ること

　吉田は、財務部長の西川から話を聞く中で、資本コストが企業の調達している資金のコスト、裏を返すと、資金を提供している関係者が企業に対して期待している儲けである、ということがわかった。
　またそれは、基本的に借りている資金のコストと株主からの資金のコ

ストの2つに分かれていること、また、資本コストがどの程度かを具体的に計算するものがWACCであることなども理解できた。

さらに、投資プロジェクトの儲けや毎年の投資効率がWACCを上回らないと、資金提供者から見ると十分な儲けを上げていないと判断されることもイメージできた。ただ、最近は金利が低く、食品業界は安定していてリスクも低そうなので、WACCは低くなりそうだ。

具体的な数字を近いうちに西川に確認しようと思いながら、あらためて、財務担当役員の片桐が強調していたことが明確になるとともに、製造本部として具体的に何をしようかと考え始めた。

まとめ

☑ 資本コストとは、企業が調達している資金のコストのことである。逆にいうと、資金提供者が期待、要求している儲けのことである。具体的には、借りた資金のコストと株主からの資金のコストの2つに分かれている。

☑ WACCは資本コストの代表的な計算方法であり、節税まで考えた金利として計算される借りた資金のコストと、金利とリスクから計算される株主からの資金のコストをベースに、それぞれの資金の大きさをもとに平均する加重平均によって計算される。

☑ 株主からの資金のコストは、CAPMという考え方に基づいて計算する場合が一般的である。具体的には国債金利を意味するリスクフリーレートをベースに、リスクを取ることに見合うだけの追加の儲けの期待分であるリスクプレミアムを加えて計算する。なおリスクプレミアムは、過去の株式投資の儲けの平均が国債金利の平均をどの程度上回ったのかを意味するマーケットリスクプレミアムに、各企業のリス

クの違いを表すβ値をかけて計算していく。

- ☑ WACCは、金利が高く、リスクが高く、借りた資金の比重が小さい場合は高くなり、逆に金利が低く、リスクが低く、借りた資金の比重が大きい場合は低くなる。

- ☑ 資金提供者が期待している儲けの率の分だけ、将来生み出される儲けの価値が1年間で目減りしていくという考え方に基づいて、資金提供者（投資家）の立場で評価していくために割引率としてWACCを使う。

- ☑ WACCは、投資プロジェクトの評価においてはIRRの最低基準、あるいはNPVの場合の割引率として、また毎年の業績評価であればROICの最低基準として、それぞれ使うことになる。

- ☑ いろいろな地域やいくつかの事業を行なっている場合には、各地域の競合企業や各事業を専業で行なっている競合企業のWACCを参考に、地域や事業ごとに違った割引率を設定することもある。

3 フリーキャッシュフローとは 自由に分配できる キャッシュフロー

ストーリー

フリーキャッシュフローとは 「自由な」「資金の」「流れ」？

　2カ月前に機械メーカーP社の事業部長に昇進した北川は、午前中に行なわれた投資委員会の内容が気になっていた。3カ月ごとに開催されるP社の投資委員会では、各事業部から投資金額が10億円を超える投資案件のプレゼンテーションが行なわれ、議論した上で投資の可否が決定される。

　今回、投資委員会のオブザーバー委員になり、委員会にはじめて出席した北川は、他の事業部から提案された新規投資プロジェクトに関する議論の中で、質問や意見が集中していたフリーキャッシュフローのレベルやタイミングの意味と投資評価との関係が気になっていたのである。

　キャッシュフローという言葉の意味については、資金の流れということでなんとなくイメージできる。ただ、それにフリーがつくとどのような意味になるのであろうか。また、そのレベルやタイミングは投資プロジェクトの評価とどのような関係があるのであろうか。製造部門一筋でキャリアを積んできた北川にとっては、これまであまり聞いたことがなく、接点がなかったポイントだ。

　ただ、今後投資委員会に出席することになり、また事業部長として投資プロジェクトのプレゼンテーションを行なう可能性もあることを考えると、その意味を知っておく必要がありそうだ。

　そこで、事業部の企画担当で新規投資案件を担当している石山を呼び、説明してもらうことにした。

投資プロジェクトの儲けは
フリーキャッシュフローが基本

　投資プロジェクトの評価や、企業価値の評価を行なう際の企業の儲けは、キャッシュフローをベースに考えていく。

　儲けとして一般的な利益ではなく、キャッシュフローを使うのは、企業はキャッシュを集め、キャッシュを投資し、事業を行なっているからだ。したがって、儲けもキャッシュをベースに集計するほうが、モノサシが統一されること、またキャッシュという実際に裏づけのある儲けで見たほうが、本当の投資採算がわかることの2つが主な理由だ。

　ただ、実際にはフリーキャッシュフローを使っていく。**フリーキャッシュフローは、もともとは自由に使えるキャッシュフロー**という意味である。なお、前節で出てきた「リスクフリーレート」のフリーは「〜がない」の意味であったが、ここのフリーは、本来の「自由な」という意味だ。厳密には、

フリーキャッシュフローは資金提供者に分配しようと思えば自由に分配できるキャッシュフロー

という意味である。別のいい方をすると、事業で儲けて、その事業を継続していくために必要な投資を行ない、その上で残ったキャッシュフローが借入金の金利や配当といった資金提供者に対する分配のベースになるので、**投資まで含めて事業から生み出したキャッシュフローがフリーキャッシュフローだということもできる。**

フリーキャッシュフローはこう計算する

　フリーキャッシュフローは具体的には以下のように計算していく。

まず、スタートは営業利益である。フリーキャッシュフローは事業から儲けることができるキャッシュフローであるため、事業からの儲けを意味する営業利益がベースになるのだ。

　次に、**営業利益に対して支払うことになる税金を差し引いていく**。これは、儲かると税金を支払う必要があり、また税金はキャッシュとして支払うものだからである。

　その上で、**税引き後営業利益**が計算される。なお、ここで差し引く税金は、実際に支払う税金ではなく、営業利益に税率を掛け合わせて計算したみなしの税金である。このみなしの税金を使うのは、評価する事業そのものの評価をするために、事業そのものに直接関係のない支払利息や特別損失といった費用や損失などに関係する節税分などを、キャッシュフローに含めないようにするためである。

　また、**税引後の営業利益のことをNet Operating Profit After Taxes、略してNOPAT**（ノーパット）と呼んでいる。これは、減価償却費を差し引いた後を意味するNet、営業利益を意味するOperating Profit、税引後を意味するAfter Taxes、からできあがっている単語であり、日本語では税引後営業利益と訳されている。この利益は、税引き後で考えた場合に本業でどの程度利益を生み出すことができるのかを表している。

　そのあと、**利益とキャッシュのタイミングのずれを調整する3つの調整が必要**になる。

　最初は、**減価償却費などを加える**点だ。減価償却費は、設備投資の金額をそれが使える期間にわたって割り振っていく費用のことである。減価償却費は、償却している期間の各年に費用として計上はされていても、キャッシュは以前の設備を購入するタイミングで支払っている。そのため、その年で考えると、費用ではあってもキャッシュを支払ってはいない費用となっている。したがって、費用として最初の営業利益の計算の中で差し引かれていても、キャッシュは出ていってはいないということで、足し戻す調整が必要となる。営業利益は減価償却費を費用として差し引いた上での数字であるから、キャッシュフローを計算していくために足し戻し

ていくのだ。

　なお、過去の実績を確認する場合の企業全体の減価償却費は、損益計算書から確認できることが多い。ただ、製造業の場合には、原価に含まれる減価償却費がわからない場合もあるので、その場合は、キャッシュフロー計算書の営業活動からのキャッシュフローの中に記載されている数字を使うことが望ましい。

　次に**設備投資の金額を差し引いていく**。これは、設備投資をした段階でキャッシュは支払うが、費用は設備が徐々に傷んでいくことを見込んで減価償却というやり方で徐々に発生していくことに関係している。たとえば、設備投資をした直後であれば、投資のためにキャッシュは支払っていても、設備は使っていないため減価償却費は発生していない。ただ、フリーキャッシュフローは、投資まで含めて事業から生み出されたキャッシュフローなので、投資の金額は差し引く必要がある。そのために差し引いているのである。なお、過去の実績を確認する際の企業全体の設備投資額の金額は、有価証券報告書にある「設備投資の状況」や、キャッシュフロー計算書の中の投資活動からのキャッシュフローに記載されている「有形固定資産の取得による支出」などから確認することができる。

　最後が**運転資本の増加金額を差し引く**ことである。運転資本は、事業を行なう中で発生する販売代金の未回収分である売掛金や、これから販売する商品や製品などの棚卸資産（在庫）、仕入代金の未払い分である買掛金に関係するものである。売掛金が増えたり、棚卸資産が増えた場合は、未回収分が増え、棚卸資産を保有するためにキャッシュが必要になるので、利益の割にキャッシュがたまらないことになる。逆に買掛金が増えた場合は、未払い分が増え、利益の割にキャッシュがたまることになる。このような変化を考慮していくのだ。一般に、

**売掛金が増え、棚卸資産が増え、買掛金が減った場合は
運転資本が増加するのでマイナス**

逆に、**売掛金が減り、棚卸資産が減り、買掛金が増えた場合は運転資本が減少するのでプラス**

となる。なお、過去の実績を確認する場合、企業全体の運転資本に関係する売掛金や棚卸資産、また買掛金の数字は、貸借対照表の流動資産、あるいは流動負債の中の項目として確認することができる。

図表2-6　フリーキャッシュフロー計算のイメージ

```
    営業利益             ← 事業からの儲けをスタートにする
(−) 法人税等（実効税率分） ← 営業利益に課税されると仮定したみなしの税金を差し引く
    ─────────────
    税引後営業利益
(+) 減価償却費他         ← 費用となっていてもその年にキャッシュは支払っていないため加える
(−) 設備投資額等         ← 費用となっていなくても、キャッシュは出ているため差し引く
(−) 正味運転資本増加額    ← 売上や費用の集計とキャッシュフローの動きのタイミングのズレを調整する
    ─────────────
    フリーキャッシュフロー   事業から最終的に生み出されたキャッシュフロー
```

このような調整の結果として、フリーキャッシュフローが計算される。実際の投資プロジェクトの評価や企業価値の評価を行なう際には、このフリーキャッシュフローの今後の予測を作成し、それをもとに評価をしていくことになる。なお、企業全体の運転資本は、貸借対照表に記載されている売上債権（受取手形、売掛金、電子記録債権）、棚卸資産（商品、製品、仕掛品、原材料、貯蔵品）、仕入債務（買掛金、支払手形、電子記録債務）などから、確認できる。また、本業以外での代金未収分を表す未収入金や本業以外の代金未払い分である未払金、また利益を正確に計算するために集計される未収収益、前払費用、未払費用、前受収益などが比較的大きい金額になっていたり、代金回収と支払のタイミングの違いなどから一定金額の現金預金を絶えず保有する必要がある事業や企業の場合は、それらの増減も運転資本に含めて考えることもある。

キャッシュフロー計算書と
ファイナンスのフリーキャッシュフローの違い

　フリーキャッシュフローは、56ページで解説したキャッシュフロー計算書においても、営業活動からのキャッシュフローと投資活動からのキャッシュフローの合計として説明されていた。このキャッシュフロー計算書をベースとしたフリーキャッシュフローと、本章で見てきたファイナンスで使うフリーキャッシュフローとの間には、違いがあるのであろうか。

　結論からいうと、いくつか違いがある。そもそもの違いは、

キャッシュフロー計算書上のフリーキャッシュフローは
過去の業績がベース
それに対して、ファイナンスのフリーキャッシュフローは
将来予測をベース

にしているという点である。また、フリーキャッシュフローの計算の内訳にも違いがある。具体的には3つだ。

　1つ目は、ベースとなっている**利益の違い**である。キャッシュフロー計算書のものは、**当期純利益**（日本の税金等調整前当期純利益をスタートにしているが、あとで法人税等の支払額を差し引くので、実質的には当期純利益）がベースとなっているが、ファイナンスのものは**営業利益**がベースとなっている。

　2つ目は**差し引かれている税金の違い**である。キャッシュフロー計算書のものは、実際に企業が負担する最終的な税金が差し引かれているが、ファイナンスのものは、営業利益に対して支払うと仮定した場合のみなしの税金が差し引かれている。

3つ目は**投資の金額の範囲の違い**である。キャッシュフロー計算書のものでは、投資活動に含まれる設備投資や買収といった事業関係の投資と有価証券投資などの財務関係の投資が、売却金額と相殺されて差し引かれている。一方でファイナンスのものは、設備投資などの事業の関係する投資だけが差し引かれていく。

　このように、ファイナンスのものは、事業からの儲けを厳密に計算するために、営業利益をベースにし、その営業利益に対して支払うことになる税金を差し引き、事業に関係する投資だけを差し引く、といったように、まさに事業に絞り込んだフリーキャッシュフローとなっている。

演習問題
予測財務諸表からフリーキャッシュフローを計算する

　それでは、次の事例でフリーキャッシュフローを計算してみよう。来年（XXX1年）のX社の損益計算書と貸借対照表の予想は図表2-7のようになっている。X社の事業から生み出す来年のフリーキャッシュフローの金額を計算してみよう。

図表2-7　X社の損益計算書と貸借対照表の予測

損益計算書	
(XXX0年4月1日～XXX1年3月31日)	
	(単位：百万円)
売上高	1,000
売上原価	550
売上総利益	450
販売費及び一般管理費	350
人件費	80
販売促進費	160
減価償却費	20
その他	90
営業利益	100
営業外収益	5
営業外費用（支払利息）	15
経常利益	90
税引き前利益	90
法人税等（30％）	27
当期純利益	63

貸借対照表		
XXX1年3月31日		
		(単位：百万円)
資産	XXX0/3/31	XXX1/3/31
流動資産		
現金預金	80	90
売掛金	100	120
棚卸資産	60	65
固定資産		
有形固定資産	370	380
その他の固定資産	390	400
資産合計	1,000	1,055
負債及び資本	XXX0/3/31	XXX1/3/31
流動負債		
買掛金	70	80
短期借入金	100	82
固定負債		
長期借入金	400	400
純資産		
資本金	110	110
剰余金	320	383
負債純資産合計	1,000	1,055

　まず、事業からの儲けを集計するために、企業が事業活動から生み出す利益である、損益計算書の営業利益100からスタートしていく。次に、その営業利益に対して税金を支払うと仮定した場合のみなしの税金を計算する。

　図表2-8では営業利益の100に日本企業の利益に対する実効税率である30％を掛け合わせた30をみなしの税金としている。さらに、その税金を差し引いて、税引後の営業利益を計算していく。

図表2-8　フリーキャッシュフローの計算

営業利益	100
法人税等（30％分）（－）	30
税引後営業利益	70
減価償却費他（＋）	20
設備投資額等（－）	30
正味運転資本増加額（－）	15
フリーキャッシュフロー	45

　図表2-8では、営業利益の100から税金の30を差し引いて、税引後営業利益は70になっている。

　その上で、NOPATをキャッシュフローに置き直していくために、3つの修正を行なっていく。

　まず1つ目は費用として利益の計算の中で差し引かれているが、実際にはキャッシュの動きがない、減価償却費を加える修正である。図表2-8では損益計算書に記載されている減価償却費の20を「減価償却費他」として加えている。

　2つ目は、減価償却のような形で費用になっていなくてもキャッシュは支払われている設備投資やM&Aなどの投資額を差し引く修正である。図表2-8ではこのような投資である30を「設備投資額等」として差し引いている。

　3つ目は貸借対照表にある運転資本の変化によって利益とキャッシュの動きにタイミングのずれが発生した部分に関する修正である。図表2-8では貸借対照表の数字をもとに計算した運転資本の全体としての増加分である15を「正味運転資本増加額」として差し引いている。

　なお、この15の内訳は図表2-9に記載されている。

図表2-9　運転資本の動き

	XXX0年	XXX1年	正味運転資本増加額
売上債権（＋）	100	120	＋20
棚卸資産（＋）	60	65	＋5
仕入債務（－）	70	80	－10
正味運転資本	90	105	＋15

この金額をフリーキャッシュフローの計算でマイナスする

　具体的には、XXX0年とXXX1年のそれぞれの時点で事業運営のために拘束されている資金を意味する正味運転資本が計算されている。

　そのうちXXX0年では、販売していてもキャッシュが未回収となっており、資金が事業運営のため拘束されている売上債権が100あり、また保有するために資金が必要であり、資金が事業運営のために拘束されている棚卸資産が60ある。

　一方で、逆に購入していてもキャッシュを支払っておらず、資金がその分だけ浮いている仕入債務が70あるので、正味運転資本は

売上債権100＋棚卸資産60－仕入債務70＝90

となる。この正味運転資本がXXX0年の90からXXX1年の105へと1年間で15だけ増加しているので、この1年間で事業運営のために拘束されている資金の増加分をキャッシュフローの計算に反映していくのだ。

　また、これは、図表2-9の右にある運転資本の増加額からも計算できる。具体的には、売上債権が20だけ増加し、棚卸資産が5だけ増加しているのは、いずれも事業運営のために拘束されている資金が増え、運転資本が増加したことを意味している。仕入債務が10だけ増加しているのは、運転資本が減少したことを意味している。結果として運転資本の増加分は、

売上債権の増加20＋棚卸資産の増加5－仕入債務の増加10＝15

となる。この結果、この正味運転資本増加額である15を差し引いて、この場合のフリーキャッシュフローは45と計算できる。

後日談
フリーキャッシュフローの予測が投資プロジェクトの評価のキモ

　北川は、石山から説明を受ける中で、投資プロジェクトの儲けであるフリーキャッシュフローの意味が明確になってきた。

　具体的には、営業利益をベースに、税金を差し引き、減価償却費を加え、設備投資額を差し引き、運転資本の増加額を差し引くことで計算するものだ。このフリーキャッシュフローは、まさに各事業の儲けの根幹に関係するものであり、その予測のレベルと精度が投資プロジェクトの評価を決めることになる。そして、まさにこのフリーキャッシュフローのレベルと精度がミーティングの中で議論になっていたのだ。

　北川は、予測はなかなか難しいと考えながらも、この数字を少しでも多くすることが投資プロジェクトの評価を上げることにつながるという観点から、具体的に何をすべきかについてあらためて考え始めた。

まとめ

- ☑ フリーキャッシュフローは、資金提供者に自由に分配できるキャッシュフローのことであり、投資まで含めて事業から生み出せるキャッシュフローのことである。

- ☑ フリーキャッシュフローは、営業利益をスタートとして、それに対す

る税金を差し引き、減価償却費を加え、設備投資額を差し引き、運転資本増加額を差し引くことで計算できる。

☑ キャッシュフロー計算書をもとに計算するフリーキャッシュフローと比較すると、ファイナンスで使うフリーキャッシュフローは、将来予測で使うものであること、具体的な計算の中で、まさに事業に関係するキャッシュフローに絞っている傾向が強いことが特徴となっている。

4 NPVとIRR
──投資プロジェクトの評価方法

ストーリー
プロジェクトの評価をしろといわれても……

　電機部品メーカーQ社で営業一筋のキャリアを積んできた今関は、先月の人事異動で営業本部長に昇進した。これまでは、日々の受注獲得と売上、利益の予算達成がその目標であり、実際に今関は長期間にわたって継続して予算を達成し、営業に対しては圧倒的な自信をもっていた。ただ、本部長になると現場での営業だけではなく、新しい投資プロジェクトの稟議の決裁もしなければならない。実際に昨日も、新しい投資プロジェクトの稟議が部下から回ってきた。

　Q社では、投資プロジェクトについて起案する場合は、市場や競合製品などの定性的な説明に加えて、必ず投資プロジェクトの評価ワークシートをつけることになっている。評価ワークシートは、エクセルでつくられており、投資プロジェクトの売上高、営業利益などの予測をもとにフリーキャッシュフローの予測をインプットすると、自動的にNPVとIRRの数字が計算される形になっている。

　先日上がってきた投資プロジェクトの稟議にも評価ワークシートが添付されていた。しかし今関はこれまで営業以外の仕事をしてこなかったこともあり、その中に記載されているNPV×××百万円、IRR××％といった数字の意味が十分に理解できなかった。

　そこで、退社後に本屋へ寄って、『よくわかる投資プロジェクトの評価方法』という本を購入し、帰宅してから読み始めた。

NPVは現在価値でいくら儲かるかで評価する

　NPVはNet Present Valueの頭文字であり、日本語では正味現在価値法と呼ばれている。この方法は、**投資プロジェクトの投資額と将来のフリーキャッシュフローの予測を作成し、それらを現在価値に割り引いて合計した金額をもとに評価をしていくもの**である。

　簡単にいうと、現在価値でいくら儲かるかを計算して、その儲けの金額をもとに評価をする方法である。たとえば、割引率（通常はWACCを使用）が10％のときに、最初に100万円の投資を行ない、その後3年間50万円ずつの儲けを生み出すような投資プロジェクトのNPVは、以下のようになる。

$$-100万円 + \frac{50万円}{(1+10\%)} + \frac{50万円}{(1+10\%)^2} + \frac{50万円}{(1+10\%)^3}$$
$$= -100万円 + 45.45万円 + 41.32万円 + 37.57万円$$
$$= 24.34万円$$

注）小数点以下第3位を四捨五入して、第2位までで計算している

　この場合、NPVは24.34万円となり、これは、この投資をすると、予想通りの結果が出れば、現在価値で24万3,400円だけ儲かることを意味している。**NPVがプラスの場合**は現在価値で儲かる案件であることを意味しているので、実行してもよい。一方で、**NPVがマイナスの場合**は現在価値で見ると儲からない案件であることを意味しているので、実行してはいけないことになる。

　また、2つの案件を比較する場合には、NPVがより大きいものがよりよい案件になる。

NPVをベースにした評価
NPV≧0　実行してもよい
　　　　より金額が大きいものがよりよい案件
NPV＜0　実行してはいけない

IRRは儲けの率で評価する

　IRRはInternal Rate of Returnの頭文字のことであり、日本語では**内部収益率（内部利益率）**と呼ばれている。
　この方法は年平均でみると何パーセント儲かるのかといった、儲けの率をベースに評価する方法である。ただ、もう1つ、NPVをベースに考えると、

　IRRは、NPV＝0となるときの割引率

という意味もある。これは、どういうことか？　儲けがまったくないということではない。
　そもそもIRRは、投資プロジェクトが年平均で何パーセント儲かるのかを意味している。また、割引率とは資金提供者が期待しているWACCである。そうすると、

　NPV＝0とは
　資金提供者が期待している儲けの率と同じだけの儲けの率を確保した上で
　その投資プロジェクトの将来の儲けを現在の価値に置き直して
　儲けはゼロ、つまり、損はしないという状態

であることを意味している。つまり、予想通りの結果が出れば、その投資プロジェクトからは、NPV＝0のときの割引率と同じ率だけの儲けは生み出せることになる。そのときの儲けの率がIRRになるのである。

　ここであらためて整理をしよう。

- NPVを算出する際の割引率はWACCをベースに設定する。
- WACCは資本コスト（企業が調達している資金のコスト）、別のいい方をすると、資金提供者（銀行や社債の保有者または株主）が、企業に対して期待している儲けのことである。
- NPVはこの資本コスト（WACC）を割引率として、将来のフリーキャッシュフローを現在価値に置き直して（割り引いて）いる。つまり、資金提供者が期待している儲けを考慮した（反映して割り引いた）上でのフリーキャッシュフローの価値である。
- つまり、NPV＝0の状態は資金提供者の期待している儲けを考慮した（反映して割り引いた）上で、キャッシュフローがゼロという状態である。IRRはそうした状態における事業やプロジェクトの儲けの率であり、予想通りの結果が出れば稼げる年平均の儲けの率ということになる。

別のいい方をすると、

NPV＝0の場合のIRRは、企業が投資プロジェクトを行なうことで資金提供者の期待するレベルとちょうど同じレベルで獲得できる年平均での儲けの率

ということになる。ここで、IRRのイメージをもってもらうために、IRRが10％となる場合の投資プロジェクトの例をあげてみよう。

図表2-10　IRRがちょうど10％になる投資プロジェクトの例

（単位：万円）

0年目	1年目	2年目	3年目
－100	10	10	110

ここで、このプロジェクトのNPVを計算してみよう。

これは、IRRが10％となる投資プロジェクトなので、10％の割引率でNPVを計算すると、

$$-100万円 + \frac{10万円}{(1+10\%)} + \frac{10万円}{(1+10\%)^2} + \frac{110万円}{(1+10\%)^3}$$
$$= -100万円 + 9.091万円 + 8.264万円 + 82.645万円$$
$$= 0$$

このケースでは最初に100万円の投資を行ない、1年目と2年目は投資額の100万円に対してちょうど10%となる10万円の儲けが出ている。さらに3年目は、投資額の10%となる10万円の儲けに加えて、最初の投資額と同じ100万円が儲けとして加わっている。

つまり、最初の投資100万円に対して3年連続して投資の10%となる10万円の儲けが出て、最終年度となる3年目には、最初の投資の100万円が丸ごと回収できている。このようなケースのIRRが10%になるのだ。

なお、IRRは、その数字が資金提供者の期待する儲けの率であるWACCを上回るかどうかで、投資プロジェクトを実行するかどうかを決めることが原則である。しつこいほど繰り返しているが、WACCは資金提供者が企業に期待している儲けを表している数字なので、この数字と比較するのが必要になるのだ。

ただ、実際にはWACCをベースに、それを若干上回るようなキリのいい数字を投資効率の基準であるハードルレートとして設定している企業もある。その場合は、IRRがハードルレートを上回るかどうかがポイントになる。

IRRをベースにした評価
IRR ≧ ハードルレート（WACC）　実行してもよい
IRR ＜ ハードルレート（WACC）　実行してはいけない

なお、IRRを手計算で計算するのは難しい。したがって、実務では簡単に計算できるエクセルなどを使うことが多い。

慣れれば5分！
エクセルでNPVとIRRを計算する

　NPVとIRRは、手計算で計算するとかなり手間がかかる。特にキャッシュフローの予測が複雑な投資プロジェクトのIRRを手計算で求めることはほぼ不可能だ。そこで、実務では通常、エクセルなどの表計算ソフトを使う場合が多い。ここでは、エクセルを使って簡単に計算する方法を確認していこう。

　PCの画面にエクセルを開いてほしい。次に、キャッシュフローの予測をエクセルのワークシートに入力する。たとえば、下記のように、最初に100の投資をして、1年目から3年目にかけて、30、40、50の儲けが出る場合は図表2-11のような感じだ。

図表2-11　エクセルワークシート①

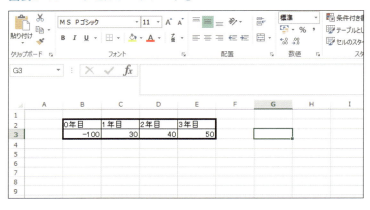

NPVの算出方法

　まず、NPVを算出してみよう。エクセルのどちらかのブランクのセルを、NPVの計算結果を集計するセルということで指定する（ここでは

G3)。エクセルの一番上のグリーンの帯のところを見ると、左からファイル、ホーム、挿入……と文字が並んでいる。そこの**「数式」をクリックする**（図表2-12）。

図表2-12　エクセルワークシート②

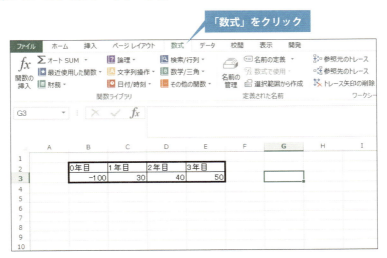

　そうすると、グリーンの帯のすぐ下の左側に「*fx*関数の挿入」という文字が出てくる。その左側にある「財務」という文字がある。この**「財務」をクリックする**と、財務関係の関数がABC順にリストされてくる。その中から**「NPV」を選んでクリックする**（図表2-13）。すると、**関数の引数というダイアログボックス**が出てくる。

図表2-13　エクセルワークシート③

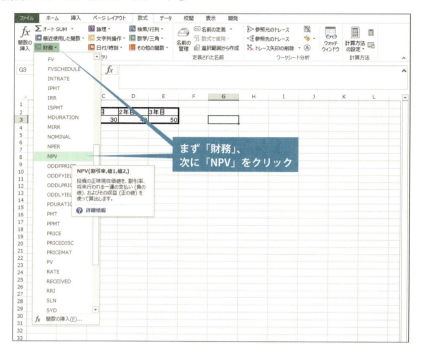

　その中の一番上にある「割引率」の枠の中に、割引率を入れていく（図表2-14）。たとえば割引率が5％の場合は、0.05と入れていく。次に、その下にある「値1」の枠の中に、1年目から3年目の儲けが記載されているセルを指定する。

　ここで注意点が1つある。NPVの関数では、最初に指定した数字から割り引いてしまう。したがって、最初の投資である−100は割り引く必要がないので、ここでは含めず、最後に合計として加える点である。

図表2-14　エクセルワークシート④

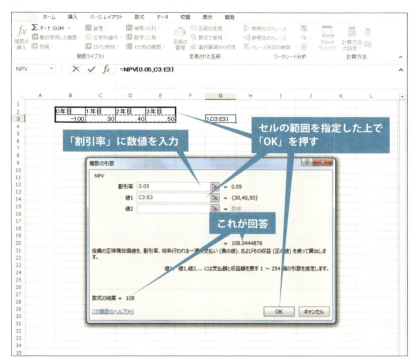

　次に右下の「OK」を押すと、NPVの結果を集計するために指定したセルに、結果が出てくる。この事例の場合、割引率を5％とすると、108（小数点以下を計算すると108.044…）となる。ただ、前述のように、これには最初の投資の－100が含まれていないので、計算された108に－100を加えていく。具体的には108の上下あるいは左右のセルに－100を記載し、**「108」と「－100」と「ブランクのセル」を指定して、上にあるグリーンの帯のすぐ下の右側にある「ΣオートSUM」（合計するという意味）をクリックすると、2つの合計である「8」が計算される**（図表2-15）。これがこの投資プロジェクトのNPVになる。

図表2-15　エクセルワークシート⑤

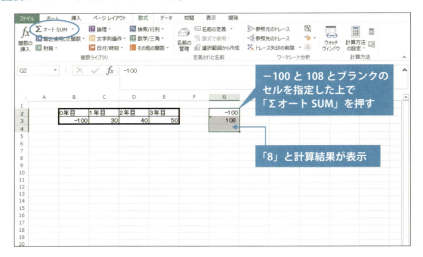

IRRの算出方法

次にIRRを見ていこう。

IRRの場合も、最初のキャッシュフローの予測のインプットから始まる。また、その後も**途中まではNPVとまったく同じ**だ。具体的には、IRRの結果を集計する「ブランクのセル」を指定し、エクセルの上のグリーンの帯にある「数式」をクリックする（図表2-12）。次に関数の中の「財務」をクリックし、ABC順で出てくる関数の中から「IRR」を選びクリックしていく（図表2-16）。ここから違いが出てくる。

図表2-16　エクセルワークシート⑥

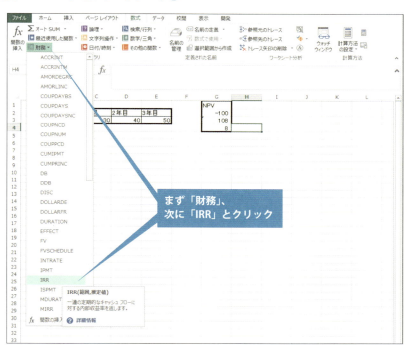

　IRRを指定して出てきた関数の引数のシートの一番上にある**「範囲」に、投資案件のキャッシュフローの予測を指定していく**。具体的には、今回のケースでは－100、30、40、50の数字をエクセルのワークシート上で指定するのだ。その上で、右下の「OK」を押すとIRRが計算される。今回の事例では、9％（細かく計算すると8.8963…％）となる（図表2-17）。

図表2-17　エクセルワークシート⑦

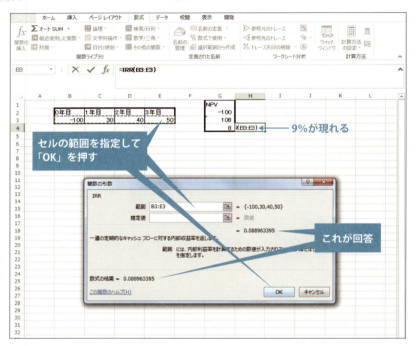

　なお、このように計算できるようにしておくと、たとえば、1年目の儲けが30から40に増えた場合のシミュレーションも、1年目の数字を入れ替えるだけでNPVとIRRの数字がすぐ変わるので、簡単にできる。つまり、エクセルを使うことで、非常に計算が楽になっているのだ。

　これまで使ったことがない人も、5分もかからないので、ぜひ一度試してみてほしい。1、2回簡単な例で試して確認した上で、部下や後輩の方に、簡単だからどんどん活用するように提案してはどうだろうか。

重要なのはフリーキャッシュフローの予測

　ここまで見てきたNPVとIRRは、最近日本企業でもよく使われている投資プロジェクトの評価方法である。
　ただ、その評価結果を意味のあるものにするために最も重要なポイントは、投資プロジェクトについてのフリーキャッシュフローの予測の精度である。予測は将来のことであり、完璧なものを作成するのは不可能であるが、可能な範囲で精度を高める努力はしたい。まず、

　フリーキャッシュフローの予測は売上高の予測から始める

のが一般的である。売上高の予測は、市場の拡大予測、競合製品などの状況をもとに、ある程度現実感があり、精度の高い予測を設定する。
　次に、売上高や生産量との関係を考えながら、

　変動費と固定費を区分して費用を予測していく。

　その上で計算された営業利益をもとに、実際に過去負担してきている税率や今後の変化の見込みをもとに実効税率を推定していく。それを営業利益にかけ合わせ、**みなしの税金を計算し差し引いて、税引後営業利益を計算する。**
　その上で、必要な設備などをイメージしながら**設備投資の予測**を作成し、それをもとに費用の中の**減価償却費**をあらためて確認していく。さらに、類似の事業における過去の売上高や売上原価と売上債権、棚卸資産、仕入債務の比率をもとに、今後の売上債権の回収条件、棚卸資産の保有方針、仕入債務の支払条件などの変更を加味して**運転資本を予測していく。**これらの項目の予測をもとに、フリーキャッシュフローを計算していくのだ。
　ただ、実務でフリーキャッシュフローの予測を行なっていく場合にはいくつかの注意点がある。ここではその注意点について確認していこう。

注意点①投資することで今後変化するフリーキャッシュフローの変化分を評価する

　投資プロジェクトの評価を行なう際は、そのプロジェクトを実行することで、実行しない場合に比較して、フリーキャッシュフローが増えたり減ったりする。そのフリーキャッシュフローの変化分をベースに評価する必要がある。その変化分が一定の儲けを生み出すかどうかがポイントになるのである。

注意点②投資をしても変化がない、過去の投資や儲け、現在の組織や仕組みを維持するためのコストなどは考慮しない

　投資プロジェクトの評価を行なう際には、注意点①で記載したように、そのプロジェクトを実行することで変化する、今後のフリーキャッシュフローの変化分が評価のポイントになる。ということは、逆に今後のフリーキャッシュフローの変化に関係ない部分は、評価の対象とせずに無視してもいいことになる。

　具体的には、まず、過去実行した投資の金額や過去の儲けなどである。このような過去の話は、プロジェクトを実行しようがしまいが変化することはないので、フリーキャッシュフローの予測に含める必要はない。

　また、現在の企業の組織や仕組みを維持するためのコストも、新しいプロジェクトを実行したからといって変化するものではないので、予測に含める必要はない。

　このように、新しいプロジェクトを実行しても変化がないようなコストのことを、意思決定から埋没しているという意味で**埋没原価（サンクコスト）**と呼んでいる。この埋没原価は予測に含める必要はないことになる。

　なお、これに関して、1つ注意したいケースがある。具体的には、

あるプロジェクトに対して、投資を途中まで行なってきた段階で、経済状況などが大きく変化し、継続か中止かを検討する場合だ。この場合、途中まで行なってきた投資は埋没原価に含めるべきか、含めないでおくべきか。

中止してそれを捨ててしまうのはもったいないから、とりあえず完成はさせるべきだ、また途中まで行なってきた投資も含めて、あらためてNPVやIRRを計算してみて、一定の儲けが出るか出ないかで判断すべきだ、など、いろいろな考えが思い浮かぶ。ただ、この場合正しいのは、すでに実行してしまった投資は今さらどうしようもないので、あくまでも未来志向で考えて、

　投資を完成させるにはこれからどのくらいの投資が必要で、それによって生み出されるフリーキャッシュフローの変化分はどの程度かをあらためて予測し、そのNPV、IRRが基準を満たせるかどうかで判断する方法だ。

　つまり、その**投資を継続するかどうかを再検討する場合**には、途中まで行なってきた過去の投資は埋没原価として扱うべきなのである。

注意点③遊休資産を使う場合でも、売れるもの、貸せるものを使う場合は、それを投資やコストなどとして考える

　遊休地や遊休スペースなどを使って事業投資を行なう場合は、そのような遊休資産を使っても企業のキャッシュフローには影響がないので、フリーキャッシュフローの予測には含める必要がないのが原則である。

　ただ例外もある。それは、売ろうと思えば売れるような遊休地や、貸そうと思えば貸せるような遊休スペースを使う場合だ。この場合は、遊休資産を使うことによって、それが売れなく、あるいは貸せなくなってしまう。その逆にいうと、遊休資産を使うことで、それを売る、あるいは貸すといった機会を失うということを何らかの形で見込む必要があるのだ。

　具体的には、遊休資産を投資プロジェクトに使った場合と、売った場合、あるいは貸した場合との比較をする方法が考えられる。あるいは、遊休資産を実際に売却したと仮定した場合に獲得できそうな金額で投資をしたと考えたり、実際に貸したと仮定した場合に、得られそうな賃料で借りたと考えたりして、フリーキャッシュフローの予測に反映する方法も考えられる。ただ、いずれにしても、

売れる、あるいは、貸せる遊休資産は、何らかの形で評価に含める

ことが必要である。

注意点④フリーキャッシュフローの予測期間

投資プロジェクトのフリーキャッシュフローの予測は、どの程度の期間作成することが望ましいのであろうか。まず、

**設備投資などのように期間が限定されている場合は、
設備が機能的に使える期間、あるいは設備を実際に使う予定期間などを
ベースに決める**

ことになる。ただ、問題となるのが、新規の事業を検討する場合のように、うまくいったらずっと継続することを前提にしているような場合である。この場合は、ずっと継続していくことを前提に評価を行なうことが望ましいとされている。ただ、具体的には、

**7年～10年程度の期間のフリーキャッシュフローの予測を作成し
それをベースにその後の評価も行なう方法**

が一般的には望ましいようである。

具体的には、7年間の予測を作成した場合には、8年目以降は、7年目の状況が経済成長率程度の若干の成長をしながら、ずっと継続していくことを前提に評価をしていくのである。

ここで、7年～10年程度の予測を作成する理由は、投資プロジェクトの評価を行なう際には、現在もっている技術やブランド、販売チャネルなどの競争優位をもとに評価することが前提となる。

ただ、競争優位性は通常、年を追うごとに徐々になくなっていくと考えられる。そしてその優位性がなくなるまでの期間は、ほとんどの競争優位性については7年～10年程度ではないか、と考えているのである。

逆にいうと、7年〜10年の予測をつくれば、現時点で保有している競争優位性で成長できる期間はすべて含めたことになるので、それ以降はせいぜい事業を展開する地域のGDPの成長と同程度しか成長しないと考えて評価しようとしているのである。

　ただ、事業によっては、変化が激しく競争優位はせいぜい5年程度しかもたないケースや、逆に変化が緩やかで、競争優位が10年以上継続するケースも考えられる。そのような場合は、状況に応じて予測する年数を変えることも必要だ。

シナリオ分析と感応度分析でシミュレーション

　NPVとIRRでは、フリーキャッシュフローの予測がベースとなる。ただ、前述のように、このフリーキャッシュフローの予測を完璧に作成することは不可能に近い。

　予測の前提となる経済環境や市場の動向、競合企業の動き、原材料や部品の価格の動向などが、予測とは大きく変化してしまう可能性があるからだ。そこで、いろいろな場合を想定したシミュレーションが必要になる。その代表的なものが、シナリオ分析と感応度分析（センシティビティ・アナリシス）である。

①シナリオ分析

　これは、検討する投資プロジェクトについて、具体的な前提をもとに、**かなりいい状態を前提にした「楽観シナリオ」、通常の状態を前提にした「中間（ベース）シナリオ」、かなり悪い状態を前提にした「悲観シナリオ」**の3つのフリーキャッシュフローの予測を作成し、それぞれをNPV法やIRR法で評価した上で、その結果について議論し、実行するかどうかを決めていくようなシミュレーションの方法である。

　なお、この場合は具体的な前提をベースに各シナリオを作成する必要がある。たとえば、投資案件の状況を整理するために、3C、つまりCustomer（顧客や市場の状況）、Competitor（競合企業の状況）、Company（自社の状況）のフレームワークを使って前提を設定していくこともできる。

　中でも、どうなるかわからない傾向が強い最初の2つのC、つまり

CustomerとCompetitorについては、シナリオの中でしっかりと前提を置くことが重要である。また、企業規模から見てかなり大きな投資を行なう場合は、最悪の結果となった場合にどの程度の影響が出るかを確認するために、

最悪シナリオでのフリーキャッシュフローの予測を作成することも重要

である。もし最悪シナリオで企業がかなり危機的な状況に陥るということであれば、その投資案件の実行を中止するか、大幅なプランの変更を真剣に考えるべきである。

②センシティビティ・アナリシス（感応度分析）

　これは、投資プロジェクトを行なう時点で、前提となる数字の中でどうなるかわからない数字がある場合に、それがいい方向にいった場合と悪い方向にいった場合で、それぞれ数字を入れ替えて、NPVを計算してみる方法である。

　前述のシナリオ分析は文字通り、事業の楽観的、悲観的ストーリーを考えてシミュレーションしていくが、こちらの分析ではあくまでもどうなるかわからない数字だけをシミュレーションしていくことになる。実際には、市場の拡大や顧客の増加のペース、シェアの動向、といった一般に外部の状況に関係する部分が対象となることが多い。

シンプルな回収期間法は
NPVやIRRと一緒に使う

　NPV法やIRR法以外に、日本企業の多くで以前から使われてきた投資プロジェクトの評価方法として、**回収期間法（Payback法：ペイバック法）**がある。この方法は非常にシンプルであり、**投資した金額がどの程度の期間の儲けで埋め合わせできるか、つまり回収できるかで評価していくもの**である。つまり、投資額を回収できる期間で評価をしていく方法である。なお、儲けとしては利益をベースにする場合と、フリーキャッシュフローを

ベースにする場合とがある。具体的に、以下の事例で見てみよう。

図表2-18 回収期間法の事例

	0年目	1年目	2年目	3年目
プロジェクトA	−100	40	60	60
プロジェクトB	−100	30	40	60

　まずプロジェクトAの場合は、0年目の投資−100が、1年目の儲け40と2年目の儲け60の合計100で回収ができている。つまり、この場合の回収期間は2年となる。

　一方でプロジェクトBの場合は、0年目の投資−100が、1年目の儲け30と2年目の儲け40の合計70ではまだ回収できていない。そのあとの3年目の儲けである60を加えた段階で儲けの合計が130になり、この段階で回収ができることになる。つまり、この場合の回収期間は3年となる。なお、3年目の儲けである60の半分となる30を加えれば合計が100となり回収ができるので、厳密な意味での回収期間は2.5年となる。

　この回収期間法では、回収期間が短いほうがよりよいプロジェクトと評価される。つまりこのケースでは、Aは2年、Bは3年（厳密には2.5年）となっているので、Aがよりよいプロジェクトになる。

　ただ、この**回収期間法は2つの面で課題**があると考えられている。

　1つは、**将来の儲け（フリーキャッシュフロー）を割り引いていない**点だ。前述したように、金利とリスクを考えると、将来生み出すと予測されるフリーキャッシュフローは、割り引いて評価する必要がある。

　もう1つは、回収期間法は**回収する期間だけで評価しており、最終的にどの程度儲かるのか、といった評価をしていない**点だ。儲かる投資プロジェクトを行なっていこうという近年の傾向を考えれば、回収期間の短さだけで評価するのは不十分である。やはり、儲かる投資プロジェクトを行なっていくという視点からは、いくら儲かるかで評価するNPV、何パーセント儲かるかで評価するIRRを併用することが望ましい。

NPV、IRR、回収期間法、この3つの方法の中では、どの方法を中心に検討していくのが望ましいのであろうか。

　結論的には、**NPVを中心にすることが望ましい**といわれている。なぜなら、回収期間法は回収期間の短さをもとに評価するので、儲かるかどうかという視点が入っていないということであまり望ましくはない。

　次に、IRRは何パーセント儲かるかで評価する方法であるが、パーセントは投資プロジェクトの規模とは関係ないので、**IRRで評価すると、小規模で効率よく儲かるものばかりが選ばれてしまい、全体として規模が小さくなってしまう**可能性がある、という問題がある。その結果、いくら儲かるかで評価するNPVを中心に据えて評価することが最も望ましいことになるのだ。

　なお、一部の企業では最初にIRRがハードルレート（WACC）を上回るかどうかで足切りを行ない、その足切りレベルを上回った投資プロジェクトの優先順位づけの際に、回収期間の長さ、緊急度、投資予算の中でNPVの合計が最も多くなる組み合わせなどを考慮して実行する投資プロジェクトを選択している。このように3つの方法の活用方法は各企業がそれぞれ実情を考えながら決めているようである。

演習問題
新規事業の評価「高級美肌クリームは儲かるか」

　化粧品会社であるユナイテッドコスメ社（以下UC社）では、新しい高級美肌クリームの研究開発と試作を終了し、本格的に製造、販売を開始する事業化を検討している。以下のような前提をもとに、この新規事業の評価を行なってみよう。

前提条件①ビジネスの仕組み
　高級美肌クリームの製造は外部への外注で行なう予定であり、この事業に関係する大きな設備投資は想定していない。また、販売は特定の百貨店

での限定した店頭販売とネットでの通信販売を想定している。

前提条件②売上高の予測：ターゲット顧客と価格及び販売数量の予測

　販売価格は、1個8,000円を想定しており、顧客のターゲットとしては、40歳〜50歳代の日本人女性を考えている。ターゲットとする女性の人数をベースに、美肌に対する関心や所得水準などを考慮して購入率を想定し、購入者の年間使用量と継続率の想定をもとに、1人当たりの年間購入個数を想定し、それらをもとに年間販売個数を予想している。

前提条件③コストや税金などの予測

　上記の前提で作成した売上高予測をもとに、次のような前提で予想損益計算書を作成している。

- 美肌クリームの原価は2,000円と見込んでいる。なお、前述のように製造は外部メーカーへの外注によって行なうため、売上原価には減価償却費等は含まれていない。
- この新規事業にたずさわる従業員の人件費は、1人当たりの平均で6,000千円をベースにして、人員構成やインセンティブなどを考慮し、少しずつ増加することを想定している。また、この事業に従事する従業員数は予測損益計算書に記載したように想定している。
- 広告宣伝などの販売促進費は、最初2年は多めに投入し、3年目以降は売上高の40％使用するものと想定している。
- 物流費は、通信販売がベースとなるため、1個当たり700円と想定しており、百貨店の場合も同レベルの物流コストがかかると想定している。
- この新規事業の立ち上げにともなって追加で発生する、一般管理費、減価償却費などは、予測損益計算書に記載した数値を想定している。
- 法人税等の実効税率は30％として、税金の調整などはなく、税引前利益に対して課税されるものと仮定している。また、この新規事業は社内の1事業部として行なうものと考えて、赤字の場合には他の事業で獲得した利益に対して支払うことになる税金の節約につながるものと仮定する。

前提条件④設備投資計画

この新規事業の準備はXXX0年から開始され、その年の初期投資額は、事業部のオフィス立ち上げ費用などの400,000千円を想定しており、この金額はXXX0年末に一括して支払うことになっている。また事業開始後の追加投資額はないものと想定している。

前提条件⑤運転資本の予測

運転資本の金額は業界の一般的な取引条件などをもとに、売上債権は、カードでの決済が中心となることを前提に、毎年の売上高に0.1を掛けた金額だけ、また在庫は、毎年の売上原価に0.3を掛けた金額だけ、さらに仕入債務は、毎年の売上原価に0.15を掛けた金額だけ、それぞれ年度末に残るものと想定している。

前提条件⑥プロジェクトの期間と最終年度の処理

この事業は、XXX1年から販売を開始し、XXX7年まで継続し、その段階で終了するプロジェクトと考えて評価していく。なお、事業に関連する設備については、XXX8年末時点で廃棄するものとする。またそのときの帳簿価額は50,000千円と見込んでいる。また残った在庫についても全て廃棄処分する前提で考えることとする。

前提条件⑦割引率

UC社のWACCをベースに設定した6％を使う。

前提条件⑧評価時点

XXX0年の年末時点とする。

図表2-19 新しい化粧品事業の事業計画

新しい化粧品事業の市場予測と売上予測

(単位：千円)

		XXX1	XXX2	XXX3	XXX4	XXX5	XXX6	XXX7
ターゲット顧客数（人）	①	16,000,000	15,900,000	15,800,000	15,600,000	15,500,000	15,400,000	15,400,000
購入者比率（％）	②	0.2%	0.4%	0.5%	0.6%	0.6%	0.6%	0.6%
年間平均購入個数	③	4	5	5	5.1	5.2	5.3	5.4
予想販売数量（個）	④=①×②×③	128,000	318,000	395,000	477,360	483,600	489,720	498,960
予定販売単価（円）	⑤	8,000	8,000	8,000	8,000	8,000	8,000	8,000
予想売上高（千円）	⑥=(④×⑤)/1,000	1,024,000	2,544,000	3,160,000	3,818,880	3,868,800	3,917,760	3,991,680
予定製造原価（円）	⑦	2,000	2,000	2,000	2,000	2,000	2,000	2,000

新しい化粧品事業の予測損益計算書

(単位：千円)

		XXX1	XXX2	XXX3	XXX4	XXX5	XXX6	XXX7
売上高	⑥	1,024,000	2,544,000	3,160,000	3,818,880	3,868,800	3,917,760	3,991,680
売上原価	⑧=④×⑦	256,000	636,000	790,000	954,720	967,200	979,440	997,920
売上総利益		768,000	1,908,000	2,370,000	2,864,160	2,901,600	2,938,320	2,993,760
販売管理費								
人件費	⑨=⑩×⑪	180,000	217,000	256,000	260,000	260,000	260,000	260,000
（従業員数）	⑩	30	35	40	40	40	40	40
（平均給与）	⑪	6,000	6,200	6,400	6,500	6,500	6,500	6,500
販売促進費	初期を除き売上の40%	1,500,000	1,500,000	1,264,000	1,527,552	1,547,520	1,567,104	1,596,672
物流費	販売個数×700円	89,600	222,600	276,500	334,152	338,520	342,804	349,272
一般管理費	徐々に増加後定額に	80,000	100,000	120,000	120,000	120,000	120,000	120,000
減価償却費	定額法で償却	50,000	50,000	50,000	50,000	50,000	50,000	50,000
合　計		1,899,600	2,089,600	1,966,500	2,291,704	2,316,040	2,339,908	2,375,944
営業利益		-1,131,600	-181,600	403,500	572,456	585,560	598,412	617,816

新しい化粧品事業の運転資本の推移予測

(単位：千円)

	XXX0	XXX1	XXX2	XXX3	XXX4	XXX5	XXX6	XXX7	XXX8
売上債権（＋）	0	102,400	254,400	316,000	381,888	386,880	391,776	399,168	0
在庫（＋）	0	76,800	190,800	237,000	286,416	290,160	293,832	299,376	0
仕入債務（－）	0	38,400	95,400	118,500	143,208	145,080	146,916	149,688	0
正味運転資本	0	140,800	349,800	434,500	525,096	531,960	538,692	548,856	0
増加運転資本		140,800	209,000	84,700	90,596	6,864	6,732	10,164	-548,856

新しい化粧品事業のフリーキャッシュフローの計算とNPV、IRRの計算ワークシート

(単位：千円)

	XXX0	XXX1	XXX2	XXX3	XXX4	XXX5	XXX6	XXX7	XXX8
営業利益		-1,131,600	-181,600	403,500	572,456	585,560	598,412	617,816	0
法人税等（30%）（－）		-339,480	-54,480	121,050	171,737	175,668	179,524	185,345	0
NOPAT		-792,120	-127,120	282,450	400,719	409,892	418,888	432,471	0
減価償却費（＋）		50,000	50,000	50,000	50,000	50,000	50,000	50,000	
設備投資額（－）	400,000	0	0	0	0	0	0	0	
運転資本増加額（－）		140,800	209,000	84,700	90,596	6,864	6,732	10,164	-249,480
設備処分損節税分（＋）									15,000
フリーキャッシュフロー	-400,000	-882,920	-286,120	247,750	360,123	453,028	462,156	472,307	264,480
NPVの計算	割引率	6%							
現価係数	1	0.943	0.890	0.840	0.792	0.747	0.705	0.665	0.627
フリーキャッシュフロー現在価値	-400,000	-832,943	-254,646	208,016	285,251	338,529	325,802	314,111	165,938

新しい化粧品事業のNPV	150,058

新しい化粧品事業のIRR	8.27%

フリーキャッシュフローの予測ワークシートの解説

　XXX3年のフリーキャッシュフローを取り上げて解説していく。
　まず、UC社の予測損益計算書に記載されているXXX3年の**営業利益**403,500千円をそのまま記載する。次に、前提条件③に記載されている法人税率30％を営業利益に掛け合わせて、XXX3年に営業利益に直接課税された場合の**みなしの税金（法人税等）**を計算。結果は121,050千円となる。

　その税金を差し引いて、**税引後営業利益（NOPAT）**282,450千円を計算する。なお、このケースでは前提条件③にあるように、「（税金は）税引前利益に対して課税されるものと仮定している。また、この新規事業は社内の1事業部として行なうものと考えて、赤字の場合には他の事業で獲得した利益に対して支払うことになる税金の節約につながるもの」と想定している。したがって、営業利益が赤字となっているXXX1年とXXX2年については、法人税等は赤字の30％分だけ減少するものと考えている。
　なお、日本の税制では、1つの企業として事業を立ち上げた場合には、赤字の場合には税金はゼロとなり、その後黒字になっても、過去一定期間に計上した赤字とその年の黒字を相殺した上でなおかつプラスになった分にだけ課税していく繰越欠損金の控除という制度がある。したがって、この事業を1つの企業として立ち上げた場合は、税金は別の扱いになる。

　販売費及び一般管理費の中に含まれている**減価償却費**50,000千円を加えていく。これは、これらの費用が営業利益を計算する段階で費用として差し引かれていても、実際にはキャッシュは出ていかないので足し戻している部分である。なお、メーカーの場合には、減価償却費が販売管理費の中だけでなく、売上原価の中にも製造設備の分などが含まれているため、これも同じように加えることを忘れないように注意する必要がある。
　ただ、今回のUC社のケースでは製造を外注しているため、売上原価に減価償却費は含まれていないので、この点については考える必要はない。

次は投資額である。設備投資は、その代金を支払った時点ではすぐに費用にはならない。しかし、キャッシュは投資をした段階、つまり支払った段階で出ていくため、営業利益をスタートとしてキャッシュフローを計算するときには、投資した金額を差し引く必要がある。

　今回のUC社のケースでは、前提条件④にあるように、「事業開始後の追加投資額はない」という想定なので、XXX3年の**設備投資額**はゼロとなる。

　一方、前提条件④にあるように、「この新規事業の準備はXXX0年から開始され、その年の初期投資額は、事業部のオフィス立ち上げ費用などの400,000千円を想定しており、XXX0年末に一括して支払うことになっている」ので、XXX0年には、400,000千円が設備投資額として記載されている。

　次に、**運転資本の増加額**を差し引いていく。これは、売上高の増加にともなって売上債権と在庫が増加し、仕入債務が減少することになるため、その増加減少によるキャッシュの変化分を修正していく部分である。今回のケースでは、前提条件⑤にあるような前提でXXX1年以降の数値を予想している。

　まず**売上債権**については、XXX3年年末時点での売上債権は、XXX3年の売上高3,160,000千円の0.1倍と予測しているため、316,000千円となる。XXX3年以外の年度も、これと同じように予測していく。

　在庫については、XXX3年年末時点での在庫は、XXX3年の売上原価790,000千円の0.3倍と予測しているため、237,000千円となる。XXX3年以外の年度もこれと同じように予測していく。

　最後に**仕入債務**についても、XXX3年年末時点での金額は、XXX3年の売上原価790,000千円の0.15倍と予測しているため、118,500千円となる。XXX3年以外の年度も、これと同じように予測していく。

　このようにしてXXX3年の売上債権、在庫、仕入債務の金額を予測し、

売上債権と在庫については毎年の増加分を、仕入債務については毎年の減少分を、キャッシュフローのマイナスとして考えていく。なお、図表2-19の上では、**売上債権＋在庫－仕入債務を正味運転資本**として集計している。この金額の増加分が、運転資本に関連して発生したキャッシュフローの減少分になる。このようにして計算したXXX3年の運転資本増加額は、84,700千円となる。

このようにして、すべての項目の数字が埋まり、XXX3年のフリーキャッシュフロー247,750千円が計算される。同じようにして、XXX1年からXXX7年までのフリーキャッシュフローの予測が完成する。

なお、XXX0年とXXX8年は少し違っている。まずXXX0年は、400,000千円の設備投資だけが行なわれるので、その金額だけフリーキャッシュフローがマイナスになる。一方で、XXX8年は、前提条件⑥にあるように、「XXX7年まで継続し、その段階で終了するプロジェクトと考えて評価する」ことになっているため、事業を停止する前提で考えていく。

したがって、XXX8年には、XXX7年までに積み上がっていた売掛金を回収し、在庫は廃棄処分して、仕入債務を支払うことによって、運転資本がなくなり、結果としてXXX7年に運転資本として事業運営の中で拘束されていた249,480千円分（＝売掛金：399,168千円－買掛金：149,688千円）のキャッシュが解放され、キャッシュが生み出されることになる。

さらに、前提条件⑥にあるように、「事業に関連する設備については、XXX8年末時点で廃棄するものとする。またその時の帳簿価額は50,000千円と見込んでいる」としているため、設備の廃棄損（帳簿価値と同額）50,000千円に対応する税金の節税分である50,000×30％（法人税の実効税率）＝15,000千円だけが、この事業の関係でキャッシュが流出せず、確保できることになる。その結果、事業を停止したXXX8年にも、合計で249,480千円＋15,000千円＝264,480千円のフリーキャッシュフローが生み出されることになる。

新規事業をNPV法、IRR法、回収期間法で評価

① NPV法

　NPVは、フリーキャッシュフローの予測数値を割引率で割り引いた現在価値を合計して計算していく。今回のUC社のケースでは、割引率は前提条件⑦にあるように、WACCをもとに設定した6％である。

　また、この事業の評価は、前提条件⑧にあるように、「XXX0年の年末時点」で行なうことになっている。したがって、XXX1年のフリーキャッシュフローは評価時点から1年後に発生するものであるため、6％分だけ割り引く、つまり$1/(1+0.06)$＝約0.943を掛け合わせることが必要になる。

　次にXXX2年についてはその2乗、つまり$1/(1+0.06)^2$＝0.890を掛けていく。さらにXXX3年以降も、$1/(1+0.06)$＝0.943を3乗、4乗したものを掛け合わせていく。その結果、XXX0年からXXX8年までのフリーキャッシュフローの現在価値は合計で150,058千円となる。194ページで解説したようにエクセルでの計算方法を使うと、手早く計算できる。

　これがNPVの結果であり、結果はプラスであるため、このプロジェクトはNPVによる評価によると実行してもよいことになる。

② IRR法

　IRRは、XXX0年からXXX8年までのフリーキャッシュフローをもとにエクセルで計算していく。結果は「8.27％」となる。これはWACCである6％を上回っているので、このプロジェクトはIRRによる評価でも実行してもよいことになる。

③ 回収期間法

　回収期間は、フリーキャッシュフローをXXX0年から順番に合計していき、その累計額がどの時点でプラスになるのかによって判断していく。この事業投資の場合、この累計額はXXX7年目でプラスになる。したがって、このプロジェクトの回収期間は7年になる。この回収期間が社内で設定している回収期間の目標よりも短ければ、実行できることになる。

事業投資のシナリオ分析

この高級美肌クリーム事業のシナリオ分析をしてみよう。シナリオについては、外部環境に関連する、販売数量、原価、人件費、販売促進費について以下のような想定で前提を設定し、それぞれ評価してみる。なお、これまで記載してきたものをベースシナリオとする。

図表2–20　シナリオ分析

	楽観シナリオ	悲観シナリオ
販売数量 　購入者比率 　年間平均購入 　個数	最終年度はベースシナリオの1.4倍 最終年度は6まで増加	最終年度はベースシナリオの85% 最終年度でも5にとどまる
製造単価	生産効率上昇や原材料や容器のコストの下落で、最終年度の1,800円まで徐々に低下	生産効率が上がらず、原材料や容器のコストアップで、最終年度の2,100円まで徐々に増加
人件費	販売量増加のため最終年度60人まで徐々に増加	人手不足のため、平均給与が最終年度650万円まで徐々に増加
販売促進費	口コミなども加わり、販売が順調になり、最終年度は対売上高比率が36%まで徐々に低下	販売不調のため、販促活動が非効率になり、削減をこころみるものの最終年度は対売上高比率が42%まで増加

NPV	854,550千円	－296,914千円
IRR	16.01%	0.21%
回収期間	6年目	8年目

このように、楽観シナリオではかなり高いリターンが得られるが、悲観シナリオではNPVのマイナスをはじめ、かなり厳しい結果となっている。

感応度分析で前提が変化した場合、どうなるか

次に、この新規事業の感応度分析をしてみよう。

もともと感応度分析は、キャッシュフローの予測の中で、確定していない変数が楽観的あるいは悲観的な数値となった場合のNPVを計算して、将

来のリスクを検討していくものである。具体的には、それぞれの変数がどの程度変化する可能性があるのかを考えて、その範囲の中でNPVをシミュレーションしていく。

ただ、この新規事業のケースでは、それぞれの変数がどの程度変化する可能性があるのか明確ではない。したがって、ここではまず、すべての変数がNPVの評価が高くなる方向へ10％だけ変化した場合のNPVとIRRを計算してみよう。その結果をまとめたものが図表2-21である。

図表2-21　新しい化粧品事業のケース　感応度分析（よい方向へ10％変化した場合）

変化させる項目		IRR	NPV	対ベースケースNPV増加率	順位
ベースケース		8.27%	150,058	100.0%	
販売数量	10％増加	13.87%	524,662	349.6%	3
販売価格	10％引き上げ	20.01%	953,824	635.6%	1
1個当たり製造単価	10％削減	13.03%	473,773	315.7%	4
人件費	10％削減	9.68%	243,460	162.2%	6
販売促進費	10％削減	17.24%	734,163	489.3%	2
物流費	10％削減	9.84%	255,505	170.3%	5
一般管理費	10％削減	8.92%	193,062	128.7%	7
設備投資額	10％削減	8.50%	161,205	107.4%	9
売上債権	10％減少	8.47%	159,803	106.5%	10
在庫	10％減少	8.68%	176,150	117.4%	8
仕入債務	10％増加	8.34%	153,712	102.4%	11

注）設備投資額については全年度分を10％削減し、同時に減価償却費・売却価格も10％削減するものとした

これからわかるように、それぞれの変数を変化させた場合のNPVの結果にはかなり違いがある。各変数を10％変化させた場合のNPVの増加率を見ると、NPVが最も高くなっているのが、販売価格を10％引き上げた場合だ。2番目に高いのが販売促進費を10％引き下げた場合、3番目は販売数量を10％増加させた場合、4番目が1個当たりの製造単価を10％引き下げ

た場合となっている。

　このように、販売価格のインパクトが最も大きくなっているのは、価格の引き上げは基本的に同じ金額だけ利益を増加させるが、販売促進費や売上原価は販売価格よりも小さい金額なので、同じ10％でも利益に対するインパクトは小さくなり、また販売数量の増加も、同時に変動費が増加してしまうため、ややインパクトが小さくなるためである。

　このような点から考えると、

　発売時の適切な販売価格の設定や安易な値引き回避は
　投資からの儲けの確保のためには重要

であることがファイナンス的にはっきりする。またこの結果は、

　10％の値引きセールを行なえば
　それを解消するためには、10％をかなり上回る販売数量の拡大、
　あるいは、10％を上回る費用や原価の削減が必要になる

ことも意味している。なお、今回は原価率が低く販売促進費の比重が高い化粧品事業を前提にしているため、販売促進費を引き下げた場合のインパクトが2番目になっている。ただ、通常の事業では、インパクトの大きさは、

　1番目が販売価格の引き上げ
　2番目が原価の引き下げ
　3番目が販売数量の増加

という順番になるのが一般的だ。

　一方で、販売促進費を除いた人件費や物流費、一般管理費などの販売管理費を10％削減する場合は、3つの費用をそれぞれ分けて計算していることもあり、それほど大きなインパクトはないが、NPVは増加している。ま

た、設備投資額の10％削減もこの新規事業では設備投資額が少ないこともありインパクトは大きくはないが、NPVを増加させる。

一方で、売上債権や在庫、また仕入債務といった運転資金を10％変化させても、あまりNPVは増加しないという結果になっている。このように運転資本のインパクトが小さくなっているのは、このシミュレーションでは売掛金や在庫がタイミングは遅れても必ずキャッシュになる、という前提があるためである。

ただ、運転資金が残っていると、経営環境が悪化した場合に売掛金や在庫が一気に不良債権や不良在庫になり、大きな追加の損失につながる可能性もあるので、その点を考えると削減することの意味はかなりある。

また、これらの項目のうち、社内である程度コントロールできる売上原価や販売管理費、また設備投資や在庫などは、変化させられる可能性が比較的高いといえる。しかし、外部環境の影響を受ける可能性が高い販売数量や販売価格、売上債権などは、思ったように変化させることは難しい可能性もあるので、注意が必要になる。

このように、分析の結果を事業投資案件のリスクの評価や、価値を高めるための具体策の検討に活用していくことが重要である。

新規事業を魅力的なものにしていくための具体策

UC社の高級美肌クリームの新規事業を、より魅力的な事業に変えていくためにはどうしたらよいのだろうか。ここでは、投資の評価方法であるNPVをより高めていくためにはどうしたらよいのか、という観点から考えていこう。

まず、図表2-19に戻って考えてみよう。

このUC社の新規事業のワークシートからわかるように、NPV法では、フリーキャッシュフローの予測数値をもとに、それが遠い将来のものであればあるほどWACCをもとに設定した割引率を使って、より多くの回数割り引いていく。ということは、前述のように、フリーキャッシュフローをできるだけ多く生み出せるように、また、同じ金額のフリーキャッシュフ

ローであれば、できるだけ早めに生み出せるようにすることが、NPVの結果を高めることにつながっていく。つまり、

> フリーキャッシュフローを
> できるだけ多額に、早めに生み出せるように
> ビジネスの構造を変化させることが、事業の価値を高める

ことになるのだ。それでは、フリーキャッシュフローの計算ステップにしたがって、それを多額にまた早めに生み出す方策を具体的に考えていこう。

①営業利益の向上

UC社のケースでは、利益が最も大きくなるような価格と販売数量の組み合わせとなるように、価格設定を再度検討すること、社内で行なうことと社外へ委託することをよく検討して、品質を保ちながらコストの面から有利な製造方法を検討すること、販売促進費のより効果的な活用法を検討することなどによって、営業利益を高めることが考えられる。さらに、販売数量を増やすために海外での事業展開を考えることも選択肢の1つだ。

②法人税法で認められている税金の優遇策の活用や減価償却費の計上

UC社のケースでは、この点については特別な具体策はないが、外部の優秀な税金の専門家に依頼して、活用できる公明正大な優遇策がないかどうか検討してもらうことも選択肢になる。また、税金の面で不利にならないように、認められている減価償却費は限度額まで計上することが望ましい。

③投資の選別

UC社のケースでは、オフィスなどの投資400,000千円について、無駄な部分を省き、値下げ交渉を行なうことなどが考えられる。

④運転資本のコントロール

　UC社のケースでは、申し込み段階で、顧客から一定期間分の販売代金を事前にまとめて受け取るような仕組みを採用したり、在庫圧縮のために、製造部門と販売部門との間で情報を共有する仕組みを構築することなどによって完成品在庫の保有量を減らしていくことなどが考えられる。

後日談
エクセルを使えば簡単だが…注意すべき点も多い

　今関は、自宅で本を読み進める中で、徐々にNPVとIRRの意味がわかってきた。また、エクセルを使えばどちらも簡単に計算できることもわかり、ワークシートの内容や意味もかなり明確になってきた。ただ、NPVもIRRもいくつか注意点がありそうだ。
　あらためて、明日、先日の稟議についていたワークシートを確認してみようと思いながらベッドに入った。

まとめ

- ☑ NPV法は、現在価値でいくら儲かるか、つまり金額で評価する方法である。NPV≧0の場合は実行してもよいプロジェクト、NPV＜0の場合は、実行してはいけないプロジェクトであることを意味している。また、NPV≧0の場合は、その中でもよりNPVの金額が大きいプロジェクトがよりよいプロジェクトになる。

- ☑ IRR法は、年平均で何パーセント儲かるか、つまりパーセントで評価する方法である。

IRR ≧ ハードルレート（WACC）の場合には、実行してもよいプロジェクト、IRR ＜ ハードルレート（WACC）の場合は、実行してはいけないプロジェクトであることを意味している。

☑ NPV も IRR もエクセルを使うと簡単に計算できる。

☑ フリーキャッシュフローの予測を作成する場合には、投資を行なうことによる変化分を評価のベースにすること、過去の投資や儲け、また組織や仕組みを維持することに関係する埋没原価は予測に含めないこと、売れる・貸せる遊休資産を活用する場合には、投資やコストといった形で予測に含めること、といった点に注意が必要である。

☑ フリーキャッシュフローの予測期間は、投資の効果が及ぶ期間とするのが原則である。ただ、新規事業などの場合は、投資時点の競争優位が効果を生み出す期間、一般的には7年〜10年間の予測を作成し、それ以降は最終年度の状況が経済全体の成長率程度増加していく、と仮定して評価する場合が多い。

☑ フリーキャッシュフローの予測は完璧にはできないので、シナリオ分析、センシティビティ・アナリシス（感応度分析）などを使って、シミュレーションを行なうことも重要である。

☑ 投資額がどの程度の期間の儲けで回収できるかをもとに評価する回収期間法という方法もある。ただ、この方法は、将来の儲けの予測を割り引いていない、儲けではなく回収期間の早さで評価している、といった面で課題がある。

☑ NPV 法、IRR 法、回収期間法の中では、儲かるかどうかで評価している、また儲けを規模まで含めた金額で考えている、という面から NPV がよりよい方法と考えられている。

☑ 実務では、IRRがハードルレートを上回るかどうかで実行してもいい投資プロジェクトを絞り、それらの優先順位づけの際に、回収期間の早さ、緊急度、NPVの金額の大きさを考慮する、という方法を採用していることもある。

5 最適な借入の水準（最適資本構成）

ストーリー
借入が多い取引先はすべて危ないのか？

　部品メーカーＶ社の新任営業管理部長である内田は、2社の顧客企業、Ｘ社とＹ社の財務諸表を見ながら考えていた。2社ともＶ社からの販売金額で上位5社に入る企業であり、30年以上も取引をしてきた重要な顧客である。損益計算書を見ると、2社とも売上高が昨年比で伸びており、また、利益も営業利益を中心に十分にあがっている。

ただ、次に貸借対照表を見て気になったのが借入金の違いだ。

　Ｘ社は借入金がほとんどなく、かなりの預金を保有している。一方でＹ社は借入金が比較的大きく預金はあまりない。2社ともＶ社の社内では優良顧客という評価であり、損益計算書から見た業績もいいので、借入金はほとんどないのではないかと思っていたが、Ｙ社の借入金の多さは意外であった。
　借入金の大きさから考えると、実質的に無借金であるＸ社は取引を継続してもいい安全なよい会社、Ｙ社は借入が多いため安全性がやや低く、今後の取引に少し課題のある会社という見方もできそうだ。
　気になって、Ｙ社の過去数年の財務諸表を見てみると、売上高や利益から見える業績はずっと順調にもかかわらず、絶えずそれなりの借入をしている。内田は、財務諸表を見ながら、Ｙ社がこのような状態を継続している理由は何だろうか、と疑問をもった。そこで前の営業管理部長で今は広報部長として活躍している佐藤にＹ社の状況を聞いてみようと電話を手に取った。

最適資本構成
——借入金と社債のメリットとデメリットのバランスを考える

　どの企業も無借金経営を目指したほうがいい、という話を聞くことがある。本当にそうなのだろうか。
　ここではまず、**借入金・社債を使うことのデメリットとメリット**について考えてみよう。
　借入金・社債を使うことのデメリットはイメージしやすい。つまり、将来それを返済しなければならない義務があり、もし**返済できなければ企業が破たんしてしまう**という危険性があることである。
　一方で、借入金・社債を使うことのメリットは何だろうか。これは、ファイナンスの分野では、金利を支払うことによる**節税効果**と考えられている。
　具体的にはこういうことだ。企業が事業から生み出した儲けは、大きく考えると、株主に配当などとして、また資金を貸している銀行などに金利として、さらに国や地方公共団体に税金として分配されていく。このうち企業に対して実質的に資金を提供している関係者は、株主と資金を貸している銀行などである。その実質的な関係者である彼らの立場から見ると、彼らの取り分を増やすことが望ましい。そのためには、3つ目の分配先である国や地方公共団体に支払う税金を減らすことがいいことになる。その税金を減らす手段の1つが、借入金・社債を増やし、金利を支払い、それによって儲けを減らすことである。この**金利を支払うことで儲けを減らし、税金を減らすという節税効果が、借入金・社債を増やすことのメリット**と考えられているのだ。
　この**借入金・社債のデメリット**、つまり借入をすることで破たんをしてしまう危険性と、**借入金・社債のメリット**、つまり金利を支払うことによる節税の2つがちょうどバランスする借りた資金と株主から預かっている資本の構成比率のことを**最適資本構成**と呼んでいる。これを考えると、必ずしも無借金経営が最高である、ともいえなくなってくる。

図表2-22　借入金・社債を活用するメリットとデメリットのバランス

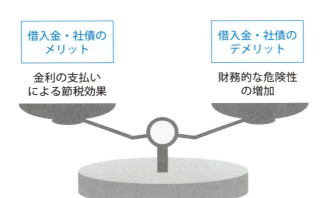

WACCと借入金・社債の関係
──借りるとWACCは下がる？

　WACCは、借入金や社債が多くなるとどうなるのであろうか。WACCについては160ページで学んできたが、ここであらためて再確認してみよう。

　通常、借りた資金のコストは、金利から節税分を差し引いた「節税まで考えた金利」（金利×（1－税率））となっているため、かなり低くなっている。

　一方で、株主がリスクをとって投資をしていることもあり、

株主からの資金のコストは、借りた資金のコストより一般にかなり高い。

　そのため、借りた資金が増えていくと、コストの低い資金の比重が高くなるので、通常、WACCは徐々に低下していく。ただ、借りた資金がかなり多くなってくると状況が変わってくる。つまり、借りた資金がある程度増えてくると、財務的な危険性が高くなるため、借りた資金の金利が上昇し始める。それと同時に株主の期待する儲けも財務的なリスクが上がる分

だけより高くなってくる。つまり、借りた資金のコストと株主からの資金のコストの両方が高くなってくるのだ。

そのため、WACCは、ある時点から、借りた資金が増えれば増えるほど徐々に高くなっていってしまう。その結果、

**WACCは借りた資金が増えていくと
最初は徐々に低下してくるが、あるところから徐々に高くなっていき
緩やかなUの字のカーブを描く**

ことになる。このWACCのカーブの中でWACCが最も低くなる点を目指して借りた資金を増やす、という考え方もある。ただ、そこまで借入金・社債を増やしてしまうと、通常は借りた資金が多くなりがちなので、まずは安全性を重視して、財務的に危険にならない範囲でどこまでの借入金・社債であったら許されるか、という視点で最適なバランスを考えていくことが望ましい、といわれている。

図表2-23　借入金・社債を増やした場合のWACCの変化のイメージ

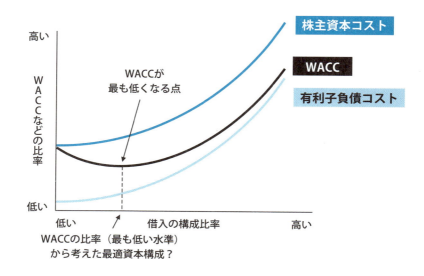

格付けと借入金・社債の関係──実務への示唆

　最適資本構成は、前述のように借入金・社債のメリットとデメリットのバランスが取れるような借入金・社債の水準ということであった。しかし、これを実際に求めることはなかなか難しい。そこで、**一部の企業が実務の中で使っているのが、格付け（債務弁済能力）から考える方法だ。**

　最初に借入金・社債を返済できる能力を表す格付けについて、目標を設定する。格付けの最高ランクはAAA（トリプルエー）であるが、借りた資金の返済能力、つまりある意味での安全性をどこまで求めるかで目標水準は変わってくる。普通レベルの返済能力はあるという評価の下限であるBBB−（トリプルビーマイナス）は最低でも確保したいと考える企業がかなり多いと思うが、それを少し上回るBBB（トリプルビーフラット）を目指すのか、さらにそれを上回るA（シングルエー）を目指すのかは企業によって違ってくる可能性がある。具体的には、

　格付けの目標水準を決めて、その格付けを維持できる範囲でどこまでであれば借入金・社債を増やしてもいいのか、ということから最適な借入金・社債のレベルを考えていくのである。

　つまり、安全性をある程度確保することを出発点として、どこまでの借入金・社債であれば活用できるのか、という視点で考えていくのである。

最適資本構成は事業の状況、業界、業界順位で変わる

　最適資本構成は、事業の状況によっても違ってくる。
　一般に借入金・社債を使って金利を支払い、それによって**節税効果を生み出せるだけの十分な儲けがあり**、土地や歴史があり評価が高いブランドといった**価値が安定している資産をもち、業績が安定しているような事業を**

行なっている企業では、継続して節税効果を生み出すことができる。また、そのような場合は、借入金・社債が返済できずに破たんする危険性も低いので、**ある程度借入金・社債があっても問題はない**。たとえば、業績のよい鉄道会社などが例としてあげられる。

　一方で、逆に節税効果を生み出せるだけの十分な儲けがなく、また、土地やブランドといった価値が安定している資産もなく（あるいは少なく）、業績も不安定な事業を行なっている企業は、節税効果を生み出すことが難しい。

　また、そのような場合は借入金・社債が返済できず破たんする危険性もそれなりにあるので、借入金・社債は少ないほうが望ましい。たとえば、当たりはずれのあるゲーム業界のあまり儲かっていない企業などが例としてあげられる。このように事業の状況によって最適資本構成は変わる可能性があるのだ。

図表2-24　最適資本構成の違い

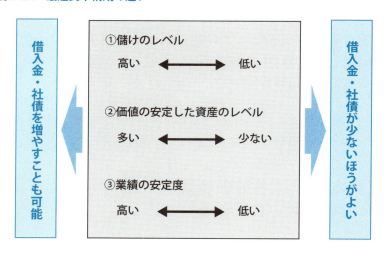

　資本構成は、同業界でも企業によって違うことがある。これは、**ペッキングオーダー（突っつき順）理論**というものと関係している。この理論に

よると、企業は投資などに**必要な資金を、①手持ち資金、②借入金・社債、③増資、の順番で使ったり、調達していくことが正攻法だと考えている**。このうち、まず①手持ち資金から手をつけろ、ということには疑問はないと思う。次に、②借入金・社債が、③増資よりも先になっているのは、借入金・社債には節税効果というメリットがあるため、それをある程度活用したほうがいいということと、増資についての問題を避けることが理由だ。

この増資の問題は、社内で経営をしている経営者と企業の外部にいる株主との間には情報量の違いもあり、また、経営者が望む方向と株主が望む方向とは必ずしも一致しないため、増資をすると必ずしも株主の望み通りに使われない資金が増えることになる。そのため、それを可能な限り避けるべきである、という考え方がベースとなっている。このように、増資には財務的な安全性を高めるといったメリットもあるが、一方で、上記のような経営者と株主との間での利害相反、株数の増加による1株当たり利益の減少、資本コストの上昇といったデメリットもあるのだ。

図表2-25　業界順位と借入金・社債の水準

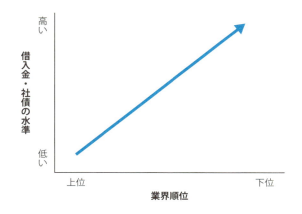

そうなると、同じ業界でも、業界順位の高い優良会社は、事業でかなり儲けが出るため、手持ち資金で十分に必要な投資ができることになり、借

入金・社債に頼る必要がなくなってくる。一方で業界順位が低いそれなりの企業は、事業からの儲けが少なく、手持ち資金では必ずしも十分な投資ができないため、ある程度借入金・社債に頼ることになっていく。その結果、業界順位が高い企業は一般に借入金・社債が少なく、一方で業界順位が低い企業は、借入金・社債が多くなるという傾向が出てくるのである。

ケース
事業の違いと資本構成
—— 不動産、鉄道、ゲーム業界の比較

　価値に大きな変動がない不動産をかなり保有し、安定した事業を展開している企業である不動産業界の三井不動産と三菱地所、また鉄道業界の小田急電鉄と京成電鉄、さらにゲーム事業を行なっているバンダイナムコ、ディー・エヌ・エーのデット・エクイティ・レシオを見てみよう。

業種によるデット・エクイティ・レシオの違い

(単位：百万円)

	三菱地所	三井不動産	小田急電鉄	京成電鉄	バンダイナムコ	ディー・エヌ・エー
	2019年3月期	2019年3月期	2019年3月期	2019年3月期	2019年3月期	2019年3月期
借入金・社債等	2,315,003	2,906,608	701,444	318,232	0	0
純資産	1,957,105	2,420,804	389,180	402,901	429,644	256,865
Debt Equity Ratio	118%	120%	180%	79%	0%	0%

注）借入金・社債等には、流動負債に含まれている短期の有利子負債、リース債務、鉄道・運輸機構長期未払金も含めている
出所）各社の有価証券報告書及び決算短信をもとに作成

表からわかるように、三井不動産は120％、三菱地所は118％と、ともに不動産業界としては必ずしも高くはないが、一定の借入を行なっている。
　また鉄道業界の2社も小田急電鉄は180％、京成電鉄は79％とやはり一定の借入を行なっている。
　比較すると小田急電鉄の比率が比較的高くなっている。ただ、鉄道を中心とした運輸事業と不動産及び百貨店やスーパーマーケットなどの流通事業を展開する中で、価値が比較的安定している不動産などをかなり保有していることを考えると、特段問題ない水準といえる。
　一方で京成電鉄は比較的低くなっている。これは、事業の内容は小田急電鉄と基本的に重なっているものの、不動産などをあまり保有しない建設事業が一部含まれていること、複々線化など設備投資を継続してきた小田急電鉄に比較して、設備投資などが比較的少なめであったことなどが関係していると考えられる。
　ゲーム事業などエンターテイメントの事業を行なうバンダイナムコ、ディー・エヌ・エーは、いずれも無借金の状態になっている。やはり、ヒット性が高くリスクが高い分野で事業展開をしているため、借入を基本的に使っていない。
　このように、事業分野によって、実際の資本構成にも違いがあることが一般的である。

後日談
無借金経営が必ずしも善ではない

　内田は、広報部長の佐藤から話を聞く中で、無借金が必ずしもすべての面でいいわけではない、ということがわかってきた。ファイナンスの考え方をもとにすると、借入金が多いY社は、借入金・社債を使うことのメリットである節税効果を狙っているのかもしれない。

　一方で実質無借金のX社は、節税効果を活用していないという意味ではもったいない、という見方もできそうだ。

　また、X社やY社の業界は、このところグローバル展開が進む中で、業績のブレがやや大きくなってきており、その面では借入金・社債が少ないX社のほうがどちらかというと望ましいという気もする。内田は、今後の取引先の財務諸表を見る際には、今回佐藤から聞いた点をベースに、事業の状況とも関連づけて見ていこうと考え始めた。

まとめ

- ☑ 借入金・社債を使うデメリットは将来的にそれを返済できずに破たんする危険性が高くなることである。メリットは、金利を支払うことにより節税ができ、企業に実質的に資金を提供している株主や資金を貸している銀行などの取り分を増やせることである。

- ☑ 最適資本構成とは、借入金・社債を使うことのデメリットである破たんする危険性の増大と、そのメリットである金利を支払うことによる節税効果とのバランスがとれるような、借入金・社債と株主からの資金の構成（比率）のことである。

- ☑ WACCは借入金・社債を増やしていくと、コストの低い資金の比率が高くなるので最初のうちは低下するが、あるところから借入金・社債のコスト、株主の資金のコストの両方が高くなってくるため、高くなっていく。

- ☑ 実務では、最適な資本構成を、目標とする格付け（債務弁済能力）を維持できる範囲内でどこまでの借入金・社債であれば問題ないか、という視点で設定しているケースもある。

- ☑ 事業の状況によって最適な資本構成は異なっている。十分な儲けをあげていて、価値が安定している資産がかなりあり、業績も安定している場合は、借入金・社債がある程度あっても問題なく、その逆の場合は借入金・社債が少ないほうが望ましい。

- ☑ 投資資金などの使用、あるいは調達順序に関係するペッキングオーダー理論によると、①手持ち資金、②借入金・社債、③増資、の順番で使い、また調達していくことが適切だといわれている。また、それをベースにすると、同業界でも業界順位の高い企業であればあるほど、儲けが多くなり借入金・社債に頼る必要がないため、借入金・社債が少なくなる傾向になる。

6 配当と自社株買いは株主還元。どちらを選択?

ストーリー
自社株を買うことがなぜ株主還元になるのか

　IT企業の人事部長である宮本は、今朝の新聞に掲載されていた競合企業X社についての記事が気になっていた。X社は今期大幅な増益を発表するとともに、若干の増配とかなりの金額の自社株買いを発表したのだ。X社は1年前に立ち上げたITサービスが非常に好調だという話が業界の中での話題になっていたので、大幅な増益は予想通り。また、その中での増配も違和感はない。

　ただ、配当は少ししか増やさずに、多額の自社株買いをする意味がよくわからない。株主の立場からすると儲かったのであれば、配当を増やしてくれるほうがいいように思う。また、宮本は2年ほど前から始めた株式投資で、年に2回もらえる配当がちょっとしたお小遣いになっており、配当は株主にとって楽しみであり実際に儲けを実感できる重要なものだと感じている。

　一方で、自社株買いをしてもらっても株主にとって直接のメリットは特にない感じだ。自社株買いについては、雑誌などで株主への還元策の1つだ、と説明されているのを見たことがあるが、自社株買いが株主への還元になるというのはどういうことなのだろうか。また配当をあまり増やさず自社株買いをする理由は何なのだろうか。また、配当や自社株買いのそもそもの意味、またそれらを実行する場合に何か基本的な考え方のようなものがあるのだろうか。疑問が湧いてきたので、今日たまたまランチを一緒にする予定の同期入社で財務部長をしている北川に聞いてみることにした。

バフェットが「自社株買いを望む理由」

　配当と自社株買いは、どちらも株主に儲けを分配する手段である。
　このうち配当は、原則としてすべての株主に所有している株式数に応じて平等に儲けを分配していくものである。
　一方で、自社株買いは、まさに言葉のとおり原則として過去から積み上げてきた儲けをベースに、企業がその企業自身の株を買うことである。自社株買いは株を売った株主のみに資金（儲け）が支払われることになる。つまり、

配当と自社株買いの間には
株主全員に平等に分配されるのか
一部の株主に分配されるのかという違い

がある。ただ、株主グループをひとまとまりで考えると、企業から株主グループに儲けを分配する手段としては同じものである。したがって、企業が儲けを株主に分配する手段、つまり株主への儲けの還元手段として、配当と自社株買いの2つが位置づけられているのである。
　それでは、投資家は、配当と自社株買いをどう考えているのであろうか。
　一般に、定期的にキャッシュを受け取りたい個人投資家は配当を望むのに対して、プロの投資家や長期投資を考えている投資家などは、自社株買いを望むようだ。
　これは次のような理由からだ。つまり、配当の場合は、配当を受け取るたびに一定金額の税金を支払い、また投資額の一部を換金してしまうことになる。一方で自社株買いの場合は、株式を売らなければ株式の価値は高くなっても税金を支払う必要がなく、儲けを換金せずに再投資していることになるので、将来的により多くの儲けにつながる可能性があるからだ。
　さらに、将来的に株式を売却してその売却益に対する税金を支払うとし

ても、かなり将来に支払うものであれば、金利やリスクを考えるとかなり割り引いて考えることができることもある。

　実際に、世界的に有名な投資家であるバークシャー・ハサウェイのウォーレン・バフェット氏は、株主還元としては、配当よりも自社株買いが望ましい、と述べており、実際にバークシャー・ハサウェイ社自体も1967年以降現金配当は1度もしていない。

　ただこの点については、別の見方もあるようだ。つまり、配当は株価を維持するために、継続しなければならないというプレッシャーを経営者に与える。

　一方、自社株買いは機動的に行なえるものであり、経営者に対して継続しなければならないというプレッシャーを与えない。そのため、経営者に対する規律という意味では配当の比重を高めるほうがいい、という考え方だ。

配当は利益などをベースにした株主への還元

　配当をどの程度行なうべきなのかについては、1つの決まった考え方はない。ただ、比較的多くの企業がいくつかの基準をもとに配当を決めている。ここでは、その代表的なものをいくつか確認しておこう。

　最初は**配当性向**である。これは、株主にとっての儲けであり、最終の利益である当期純利益に対する配当の比率を基準にするものである。具体的には以下のように計算する。

$$配当性向 = \frac{配当金額}{（親会社株主に帰属する）連結当期純利益}$$

　配当性向は30％〜40％程度が日本の大手企業の平均的な水準であり、欧米の大手企業の平均である40％〜50％程度と比較すると、やや低くなっている。実際に配当性向をもとにした配当方針を設定している企業としては、コマツや京セラ、本田技研工業などがある。

　コマツは、2019年3月期に「連結配当性向を30％以上とし、50％を超え

ない限り減配はしない」という方針を設定しており、京セラは、同時期に「連結配当性向を40％程度の水準で維持する」という方針を設定している。また本田技研工業は、同時期に「配当性向は30％を目処に実施していく」という方針を設定している。

2つ目は、**総還元性向（株主還元性向）**である。これは配当に自社株買いを加えた株主への儲けの還元金額全額の、当期純利益に対する比率を基準にするものである。具体的には以下のように計算する。

$$総還元性向（株主還元性向）＝ \frac{（配当金額＋自社株買い金額）}{（親会社株主に帰属する）連結当期純利益}$$

総還元性向は、配当に自社株買いが加わるため、配当性向よりもやや高めになる傾向がある。また、株主還元の1つとして含まれる自社株買いが、一定期間の期間限定で行なわれるものであるため、一定期間を区切って基準として採用する場合もある。

実際に、総還元性向をもとに、株主還元の方針を設定している企業としては、アシックス、JR東日本などがある。

アシックスは2018年12月期に、純資産比率54.7％で実質無借金という強固な財務体質をもとに、「2017年度から2020年度までの4カ年は、50％の総還元性向になることを目処に、株価水準や市場環境等に応じて、機動的な自己株式の取得を行う」という方針を設定している。

JR東日本も安定した業績を背景に、2019年3月期において「中長期的に配当性向30％（総還元性向40％）をめざして安定的に増配していく」という方針を設定している。

3つめは**DOE（Dividend On Equity Ratio）**である。これは、株主が企業に対して投資している金額であるEquity（自己資本、あるいは純資産）に対してDividend（配当）がどのくらい支払われたのか、といった配当をベースにした投資収益率を計算したものである。日本語では、**株主資本配当率、自己資本配当率**ということが多い。具体的には、以下のように計算する。

$$\text{DOE} = \frac{\text{配当金額}}{\text{自己資本}}$$

また、DOEは、すでに説明した配当性向とROEとの掛け算に分解できる。

$$\text{DOE} = \frac{\text{配当金額}}{\text{自己資本}}$$

$$= \left(\frac{\text{配当金額}}{\text{親会社株主に帰属する当期純利益}}\right)$$

$$\times \left(\frac{\text{親会社株主に帰属する当期純利益}}{\text{自己資本}}\right)$$

$$= \text{配当性向} \times \text{ROE}$$

そのため、その両方を含めた総合的な指標としてこのところ注目されている。なお、日本の平均的な企業の水準をもとに、30％〜40％の配当性向、10％程度のROEを前提にすると、日本企業のDOEの平均的な水準は、3％〜4％程度となりそうだ。

このDOEをもとに、株主還元の方針を設定している企業にはダイキン、オムロンなどがある。

ダイキンは、空調機器の製造販売を中心に順調な業績をあげる中で、2019年3月期において、「株主のみなさまへの還元につきましては、連結純資産配当率、連結配当性向、連結業績、資金需要等を総合的に勘案し、安定的に実施しております」という方針を提示し、いくつかのポイントの1つとして、連結純資産配当率としてのDOEを採用している。

また、オムロンは、同じく2019年3月期において、「毎年の配当金については、連結業績ならびに配当性向、さらにROE（自己資本利益率）と配当性向を乗じたDOE（株主資本配当率）を基準とし、安定的、継続的な株

主還元の充実を図っていく。具体的には、2017年度〜2020年度の中期経営計画期間は、配当性向30％程度およびDOE3％程度を目安として、利益還元に努めていく」という方針を明示し、中核的なポイントの1つとしてDOEを採用し、またその具体的な数字も明示している。

なお、機関投資家と個人投資家とを比較すると、

機関投資家は配当性向、総還元性向を重視し
個人投資家は株価に対する配当の率、配当利回り（＝配当÷株価）を重視

するという傾向もあるようだ。また、比較的多くの企業で使われている配当や株主還元の基準は利益をベースにしたものが多い。これは、配当をはじめとする株主還元が、本来毎年の儲けを株主へ還元していくものであるため、理論上、毎年の業績の最も適切なモノサシである利益をベースにすることが望ましいためと考えられる（290〜291ページ参照）。

配当の水準に影響を与える「成長ステージ」や「財務状況」

配当の水準は、企業の成長ステージ、財務的な状況によって異なる可能性がある。一般に、

成長期にある企業は、先行投資のためにかなりの資金が必要になるため、無配当、あるいは配当をする場合でも少なめにすることが多い。

実際に、アマゾンは、設立以来2018年12期まで無配当を継続し、買収や設備投資に資金を投入しているが、これはアマゾンがまだ成長期にあることを意味していると考えられる。逆に、安定期にある企業は、巨額の投資を行なうことは少なく、資金に余裕もできるため、ある程度配当を行なう場合が多い。また、

財務的な状況については、借入金などが多く、資金的にも余裕がない場合は、無配当にしたり、配当の水準を低くしたりすることが必要になる。

なぜなら、このようなケースでは、配当を行なう前に、まずは借入の返済などを優先し、一定の財務的な安全性を確保することが重要になるからだ。

実際に、2016年8月のホンハイ（鴻海）グループからの増資によって経営危機から脱したシャープは、2017年3月期は剰余金が欠損状態になっていることもあり無配、2018年3月期についても、純資産比率が21.0％とまだ低水準であることから、配当を開始したものの、1株当たり配当10円と、配当性向は9.4％に抑え、財務の強化や事業投資資金の確保を優先している。なお、2019年3月期は、1株当たり配当20円と2倍にしているが、それでも配当性向は17.1％とやや低めの水準になっている。

業績悪化や赤字の場合でも配当する理由

当期純利益が大幅な減益や赤字となった場合、配当の方針はどうしたらよいのであろうか。

比較的多くの企業が配当の方針のベースとしている配当性向や総還元性向をもとに考えると、配当などの株主還元のベースとなる当期純利益が大幅な減益、あるいは赤字となった場合は、大幅な減配、あるいは無配当にすべきであるように思える。

ただ、配当の水準の変更が株価に与える影響を考えると、

大幅な減配や無配当は、将来業績に対する経営者の自信喪失と受け止められ、株価の大幅な下落につながる可能性もある。

したがって、赤字の理由をよく確認した上で、配当の方針を考えていくことが重要になる。

たとえば、中核事業の業績不振が継続しており、借入が多く、財務的な

安定度も低くなっている中で当期純利益が赤字に転落している場合には、減配や無配当もやむを得ない。

一方で、赤字が一部の事業の整理などのために発生した**特別な要因による一時的な費用や損失による場合には、それを除いた業績が順調であれば、配当を維持する、あるいは増配する**という選択肢もある。

また、有形固定資産やのれんに関係する事業が不振となった場合に計上されることがある**減損損失によって業績が悪化した場合も、それを除いた業績が順調であれば、配当を維持することも選択肢となる**のだ。

さらに、減損損失をはじめ大きな損失や費用の中には、キャッシュフローに影響しないものもある。その場合は、配当はキャッシュとして支払うものなので、キャッシュフローとの連動性を考えて、**キャッシュフローをベースにした配当の方針を設定**することもある。たとえば、キャッシュフローに影響がない損失である減損損失が大きく発生した場合には、利益は赤字になってもキャッシュフロー自体は特に減っていない。

このような場合には、キャッシュとしての配当原資はあるので、営業活動からのキャッシュフローの一定割合といった基準を設定するという選択肢もあるのだ。

図表2-26　配当を決める際のポイント

① 配当方針との整合性

② 業績との関係

利益の水準
　配当性向の目標があれば、それとの整合性を考える。一時的な赤字であれば減配しない？
キャッシュフローの水準
　キャッシュフローが少ない場合は配当は低くするという選択肢もある

③ 成長ステージとの関係

安定期にあるときに配当を行なう
成長期には投資を優先し無配当もありうる

④ 借入の水準や財務状況

借入が多かったり、格付けが低い場合は
財務の強化を優先して配当は少なめにする

⑤ 株価への影響

増配減配は、経営者の将来見通しを反映し、投資家へのメッセージになる
一般に、増配は株価上昇、減配は株価下落につながる

⑥ 事業の安定性

事業が安定している場合は配当は多めに、不安定な場合は少なめにする傾向もある

⑦ 会社法との関係

配当可能限度額（基本的に、剰余金の範囲内）の範囲内で行なう

実際に京セラは、2018年3月期に、ソーラーエネルギー事業に関するポリシリコン原材料の長期購入契約等に関する引当金の計上によって、501億6,500万円の損失を計上し、減益となった。しかし、その損失が一時的かつ多額であったことを理由に、従来からの配当方針である配当性向40％程度を大きく上回ることにはなるものの、この損失を除くと増益であったことから、前年の1株当たり110円（配当性向38.9％）から120円（配当性向53.9％）へと増配している。

　このように、業績の悪化や赤字が発生した場合でも、その理由や状況によっては配当を維持したり、増配するという選択肢を採用する余地もある。

「配当の増減＝経営者の自信の変化」と考えられて株価に影響

　配当の水準の変更は、株価に影響を与えるといわれている。

　過去のある調査の結果によると、多くの経営者は現在の配当の水準を維持していきたいと考えている、という結果が出ている。これをもとにすると、経営者が配当の水準を上げるという方針を打ち出した場合には、上げた以降もその水準を維持していきたいと思っているはずである。

　こう考えると、将来も高い業績が維持できる、という自信がないと、配当は上げないはずだ、と考えられる。その結果、増配は経営者が将来業績に対して自信をもち始めた証拠だと投資家に受け止められて、多くの投資家が株を買うため株価が上がっていく。

　逆に、配当を引き下げた場合は、本来配当を維持したいと思っている経営者が将来業績に対して自信を大きく失ったことの表れだと投資家に受け止められて、多くの投資家が株を売るため、株価が下がっていく。つまり、

増配は経営者の将来業績に対する自信の表れと考えられて株価上昇
減配は経営者の将来業績に対する自信喪失の表れと考えられて株価下落

となる傾向があるのだ。なお、このような配当の変更が株価に与える影響

のことを**アナウンスメント効果**と呼んでいる。

自社株買いの発表と実行が株価上昇につながる理由

　自社株買いの発表及び実行も株価に影響を与えるといわれている。具体的には、自社株買いを行なうと株価が上昇する傾向が強いようだ。これには、具体的に4つの理由が考えられる。

　1つ目は、企業自身が自社株買いを行なうことは、その企業を最もよく知っている企業自身がその時点で想定している理論株価よりも実際の株価が低いことを前提にしているはずであり、まさに自社株買いを行なうこと自体が、**株価が安すぎるという企業からのメッセージだと受け止められるというアナウンスメント効果**である。

　2つ目は、**1株当たりの利益の上昇の可能性**である。つまり、自社株買いを行なうと、流通している株数が減少する。一方で自社株買いを保有している現金や預金を使って行なうと、預金の金利分だけ儲けは減少する。ただ、一般に預金金利はたいした金額ではないので、当期純利益の減少に比較して流通株数の減少のほうが大きくなる可能性が高い。その結果として1株当たりの利益（EPS）が上昇する可能性が高く、その結果として、1株当たりの価値が上昇したということで、株価の上昇につながる可能性が出てくるのである。

　3つ目は、**ROEの上昇の可能性**である。ここでROEの算出方法を振り返ってみよう。

$$\text{ROE} = \frac{\text{当期純利益}}{\text{自己資本}}$$

　自社株買いを行なうと、貸借対照表の上では株主に払い戻しをしたように考えて、自社株買いをした金額がROEの分母の自己資本から差し引か

れていく。一方で、自社株買いを現金預金で行なうと、預金の金利分（実際は税金分も考慮するが）だけROEの分子の当期純利益が減少する。ただ、一般に預金の金利は少額の場合が多いので、分子の当期純利益の減少に比較して、分母の自己資本の減少のほうが大きくなる可能性が高い。その結果、ROEが高くなる可能性があるのだ。

最後の4つ目は、**自社株買いによって買い圧力がかかり株価が上昇する**という点である。

ただ、4つの中では1つ目のアナウンスメント効果が最も影響が大きいといわれている。

なお、企業から見ると、

自社株買いの反対である増資は一般に株価の下落につながる

といわれている。これは、増資で資金を集めることは、経営者が必ずしも既存の株主の希望する方向でその集めた資金を使ってくれない可能性があるという情報の非対称性、株数が増えてしまい株主の権利が薄まってしまうという株主の権利の希薄化、また増資した資金がすぐに儲けにつながらないと1株当たり利益やROEなどが下落する可能性といった理由で、株価の下落につながる可能性が高いためである。

そのため、成長期の企業が投資のための資金を調達する場合や安定期の企業が大きな投資をするために増資をするような場合、また危機的な状況に陥っている企業が生き残るために増資をする場合を除いて、増資はあまり行なわれないことが多い。

配当、自社株買い、どちらを選択するべきか？

まず、配当と自社株買いの違いをまとめてみよう。

1つ目は**流通株数**との関係だ。配当は流通株数には影響は与えないが、

自社株買いをすると、企業が購入した分だけ流通株数は減少する。

2つ目は**株価水準**との関係だ。配当は株価が高くても低くても株価に関係なく行なうことができるが、自社株買いは理論株価よりも実際の株価が低いときに行なうことが原則である。

3つ目は**株価への影響**だ。配当は一般に増配の場合は株価の上昇、減配の場合は株価の下落につながっていく。一方で自社株買いは一般に株価の上昇につながっていく。

4つ目は**機動的に行なえるかどうか**という点だ。この点については、配当は基本的に安定継続が求められるので、あまり機動的に行なうことは望ましくない。一方で自社株買いは、企業の資金の余裕度や株価の動向などを見ながら機動的に行なうことが可能である。

5つ目は**株主がキャッシュを受け取るかどうか**という点だ。配当の場合は、株主が実際にキャッシュを受け取る。一方で自社株買いの場合は、株式を売却した場合には株主がキャッシュを受け取ることになるが、株式を売却しなかった場合には、流通する株数が減ったり、株価が上昇したりして株式としての価値は上昇したとしてもキャッシュを受け取ることはない。

6つ目は**株主に対する課税の問題**だ。配当の場合は、株主は受け取った配当金額に対してルールにしたがって税金を支払う必要がある。一方で、自社株買いの場合は、株式を売却した株主の場合は売却益があれば税金を支払う必要があるが、それ以外の売却をしなかった株主は、株式としての価値は高くなったとしても税金を支払う必要はない。

7つ目は**メリットを受ける関係者の範囲**である。配当は、現在の株主にだけメリットがあるが、自社株買いの場合は、将来その企業の株式を購入することができる権利である新株予約権（ストックオプションの場合の株式

購入の権利や、ワラント、転換社債の転換部分などの総称）などを保有している潜在株主の権利の価値も高めることにつながるため、彼らにとってもメリットがある。

図表 2–27　配当と自社株買いの違い

配当	自社株買い
流通株数は変化しない	流通株数は減少する
株価水準に関係ない	株価が低いときに実施
増配の場合は株価上昇	株価上昇
安定継続が求められる	機動的に実行可能
株主がキャッシュを受け取る	株主は売却した場合しかキャッシュが受け取れない
株主が課税される	売却しない株主には課税はない
株主のみにメリット	潜在株主にもメリット

　このように、配当と自社株買いにはいろいろな違いがある。そうした違いを総合的に考えると、企業の財務的な安定性や成長ステージ、また配当性向やキャッシュフローの水準などをもとに適切だと考えられる配当を継続的に行なったうえで、さらに資金的な余裕がある場合にタイミングを見ながら追加で自社株買いを行なっていく、というのが 1 つの方針と考えられそうだ。

ケース
三菱商事の赤字の中での配当方針
（2016年3月期）

　三菱商事は2016年3月期に、石油価格の下落をはじめとする資源関連市況の悪化による収益の減少、資源関連資産に関連する固定資産の減損損失や持分法投資損失の計上などによって、当社所有者に帰属する当期損失が1,494億円と、前年の4,006億円の黒字から大幅減益になり赤字に転落した。

三菱商事の連結財務数値（IFRSベース）

（単位：億円）

	2014年3月期	2015年3月期	2016年3月期
収益	76,352	76,695	69,256
総利益	11,860	12,099	10,989
当期純利益	3,614	4,006	△1,494

（当社所有者に帰属する）1株当たり配当金	68円	70円	50円

出所）有価証券報告書をもとに作成

　しかし、配当は年間で1株当たり50円と前年の70円（創立60周年の記念配当10円が含まれているため、実質的には60円）からは減額したものの小幅の減配にとどめた。
　この方針は、三菱商事が当時採用していた、環境変化にかかわらず一定以上の配当を担保することを目的とした2段階の株主還元方式に沿ったものである。具体的には、2014年3月期から3年間は、「安定配当とし

て1株当たり50円の配当を毎年の利益水準に関わりなく実施し、業績連動配当を毎年の連結純利益のうち、3,500億円を超える利益を原資として、ミニマム配当性向30％とした上で、将来の更なる成長の為の投資資金需要を勘案し決定する」という配当方針だ。

ただ、大幅な減益となり赤字に転落したということであれば、株主還元方針を見直し配当を大幅に引き下げるという選択肢もあったはずだ。しかし、資源市況の悪化は一時的なものである可能性が高いと考え、投資資金需要なども考慮した上で総合的に考えて配当方針を維持する方針を採用した。

このように、大幅な業績の悪化や赤字が発生した場合でも、その理由や状況によっては配当を維持するケースや、若干の減配にとどめるという選択肢を採用するケースも十分に考えられる。

なお、三菱商事は2017年3月期から3年間は「株主還元は配当を基本とし、持続的な利益成長に合わせて増配していく累進配当を基本としていく」という安定した増配をベースとする株主還元方針を公表している。

後日談
X社の株主還元の考え方が見えてきた

宮本は、財務部長の北川から配当と自社株買いについての話を聞きながらX社の記事の背景が少しずつ理解できてきた。具体的には、X社が非常に好調な業績の中で若干の増配にとどめたのは、将来の業績にそれなりの自信はあるものの、中長期に安定した配当を継続したいというこ

との表れだと考えられそうなこと、また多額の自社株買いには、資金的な余裕がある中で、株価が理論値よりもかなり低いという考えがベースになっていそうなこと、また、自社株買いによって、株価を理論株価のレベルまで高めたいと考えていそうなこと、といった点だ。

宮本は、あらためて配当や自社株買いに企業の経営陣の考えや方針が表れていると思いながら、今後も関係のある企業の株主還元に注目してみようと考え始めた。

まとめ

- 配当と自社株買いは、いずれも企業が株主に儲けを分配する株主還元の手段である。

- 個人投資家は配当を好み、機関投資家は売却するまで税金を払う必要がなく実質的な儲けが再投資されることになる自社株買いを好むのが一般的である。

- 配当の基準には、配当性向、総還元性向、DOEなどがある。

- 配当の純利益に対する比率である配当性向は、日本では30％～40％、欧米では40％～50％が大手企業の平均的な水準である。

- 配当と自社株買いの合計の純利益に対する比率である総還元性向は、自社株買いが含まれるため配当性向よりもやや高めになる。

- 自己資本などに対する配当の比率であるDOEは、3％～4％程度が日本の平均的な水準である。

- ☑ 配当の水準は、財務的な安全性や成長ステージにも関係があり、財務的な安全性が低い場合は無配当あるいは少額の配当が望ましく、成長期や衰退期にある場合は、配当は少ない傾向が強い。

- ☑ 業績の悪化や赤字が発生した場合でも、その理由が一時的なものであったり、減損損失などのキャッシュフローに影響を与えないものである場合には、配当を維持するという選択肢を採用する余地もある。

- ☑ 配当水準の変更には経営者の将来業績の見通しが表れていると考えられており、一般に増配は株価の上昇、減配は株価の下落につながる。

- ☑ 自社株買いは、一般に株価の上昇につながると考えられている。その理由は、株価が理論株価よりも低いというアナウンスメント効果、1株当たりの利益やROEの上昇の可能性、買い圧力などである。逆に、増資は株価の下落につながることが多い。

- ☑ 配当と自社株買いは、流通株数の変化、株価水準との関係、株価への影響、機動性、キャッシュ受取の有無、課税の有無、潜在株主へのメリットの有無、といった違いがある。ただ、一般的には、企業の状況を踏まえて適切なレベルの配当を行なった上で、状況を見ながら追加で自社株買いを行なっていくという方針が望ましい。

7 買収金額の評価

ストーリー
買収金額はどう決めるのか？

　電子部品メーカーD社の経営企画部長の杉浦は、Z社の買収案件に関する投資銀行メンバーとのミーティングを振り返っていた。

　Z社は米国に本社があり、アジアを中心に新興国にも拠点をもち、ここ10年で急成長している企業である。Z社とは以前から若干の取引があったが、2カ月前にZ社からM&Aを含めた資本提携の話があり、投資銀行をアドバイザーにして検討を始めている。Z社の製品群、また新興国でのネットワークはD社の事業と関連性は深いが重なってはおらず、理想的な組み合わせだ。

　今日は、投資銀行のメンバーが、調査の結果を踏まえて、Z社の買収金額の評価レポートを作成し、その説明にやってきたのだ。

　説明の中では、DCF法、EBITDAマルチプル法、PER法などいくつかの方法を使った評価の結果が解説されていた。杉浦は、説明を聞きながら、将来予想をベースにするDCF法、同業の似た企業の業績や株価をもとにするEBITDAマルチプル法、PER法といった、それぞれの方法のイメージはある程度は理解できた。ただ、3カ月前に海外駐在から戻り、経営企画部長に就任したばかりであることもあり、それぞれの評価方法の勘所、つまり注意すべき点がいまひとつピンとこなかった。

　そこで、昔からの友人で、今はメガバンクでM&A部門の総責任者をしている山田に連絡をし、買収金額の評価における一般的な勘所や注意点について話を聞いてみることにした。

買収金額の評価方法は大きく3通り

　買収金額を評価する方法はいくつかある。そのうち代表的な方法が、バランスシートアプローチ、マーケットアプローチ、インカムアプローチの3つだ。
　このうち最初のバランスシートアプローチは、言葉の通り、バランスシートつまり貸借対照表をベースに評価をする方法だ。その中でも代表的なものが時価純資産法。この方法では、バランスシートの資産をすべて時価評価し、一方で負債をすべて集計し、その時価評価した資産から、負債の合計金額を差し引いて買収金額を計算していく。つまり、この方法は、

　　仮に資産をすべて時価で売却して、負債をすべて支払ったら
　　どの程度の価値が残るのかをベースに評価をする方法

である。ある意味で、企業をいま清算したらどの程度の価値になるのかをベースにした方法でもある。
　2つ目のマーケットアプローチは、同業の上場公開企業の利益やキャッシュフローと株価との倍率をもとに、同業であれば同じような倍率になってもおかしくない、という仮定をもとに評価していく方法である。つまり、

　　同業他社の株価の相場をベースに評価をする方法であり
　　具体的には、PER法、EBITDAマルチプル法などが代表的

な方法である。
　最後のインカムアプローチは、企業の将来の儲けの予測をベースに評価する方法である。具体的には、

　　将来、企業が事業を中心に生み出すと予測されるキャッシュフローを現在

の価値に割り引いて評価をする**DCF法（Discounted Cash Flow 法）**が代表的な方法である。

なお、このうち**実際に使われることが多いのは、2つ目のマーケットアプローチと3つ目のインカムアプローチの中のDCF法**である。

一方で、1つ目の時価純資産法を中心とするバランスシートアプローチはあまり使われない。それは、企業を清算することを前提に評価するケースが限られることが大きな理由である。ただ、鉄道会社や不動産会社のように、土地や建物などを大量に保有している企業の場合は、清算した場合の価値も1つの参考にはなるのでこの方法を使うことがある。

また、2つ目と3つ目のうち、**理論的に最もよい方法はDCF法**といわれている。なぜならDCF法では評価をしたい企業自体の将来の業績予測をベースに、直接その企業の評価をしていくからだ。

マーケットアプローチは、同業他社の株価の相場をもとに間接的に評価を行なっていく方法であり、企業を直接評価するDCF法のほうがより望ましいと考えられるからである。

ただ実際には、DCF法とマーケットアプローチの両方を使って評価を行なうことが多い。その上でその2つの方法による評価結果をもとに、買収金額の範囲を提示し、その中で、可能性の高いキャッシュフローの将来予測をベースにDCF法で評価した結果を可能性の高い評価額として提示することが多いようだ。

マーケットアプローチでは「比較企業」の選択がカギ

マーケットアプローチの代表的な方法が、前述のようなPER法とEBITDAマルチプル法だ。具体的には、第1章で解説しているが、PER（株価利益倍率）は、類似した企業のPERをもとに、類似している企業同士であれば同じような水準になるはずだ、と考えて理論株価を推定していく方法である。

また、EBITDAマルチプルは、類似した企業の事業から生み出しているキャッシュフローを意味するEBITDAと企業価値の倍率をもとに、やはり類似している企業同士であれば、同じような水準になるはずだ、と考えて理論株価を推定していく方法だ。
　ただ、どちらの方法も、類似企業の選び方には注意が必要である。類似企業の選択は、事業の内容、規模の大きさ、成長ステージ、海外への進出の状況などから見て、総合的に類似している企業を選択することが必要になる。
　逆にいうと、類似企業の選択の際に、株価、さらには時価総額が高い企業ばかりを意図的に選択すると、理論株価は高く計算され、逆に株価、さらには時価総額が低い企業ばかりを意図的に選択すると理論株価は低く計算される。つまり、

**類似企業の選択を意図的に行なうと
マーケットアプローチの評価額を操作できる可能性がある**

のだ。このように、マーケットアプローチでは、類似企業の選択が重要なポイントになるので、その選択が客観的で納得感があるかどうかをしっかりと確認することが重要になる。

DCF法は「事業」と「それ以外」、2つに分けて評価

　DCF法は企業が事業を中心に将来生み出すと予想されるキャッシュフロー（Cash Flow）を、現在の価値に割り引いて（Discounted）評価していく方法である。この方法では

**企業の価値を2つの部分に区分して評価していく。
具体的には、事業の価値と非事業用資産の価値にわけていく。**

まず、**企業が行なっている事業の価値**である。

これについては、企業が行なっている事業から、今後生み出せると考えられる**フリーキャッシュフローを予測し、それを現在の価値に割り引いて、それらを合計して評価していく**。これが事業価値であるが、この方法では、事業の価値を事業から今後生み出せそうなキャッシュフローをもとに評価していくのである。

なお、事業価値は、通常7年〜10年程度のフリーキャッシュフロー予測を現在価値に置き直した一定期間の儲けの価値と、予測の最終年度以降の価値である残存価値の合計で計算していく。ちなみに、残存価値の計算方法としては、予測の最終年度時点で、

①事業を清算するとした場合の価値
②事業を売却するとした場合の価値
③事業をそのまま継続するとした場合の価値

図表2−28　DCF法による企業価値と株主価値のイメージ──事業価値の計算

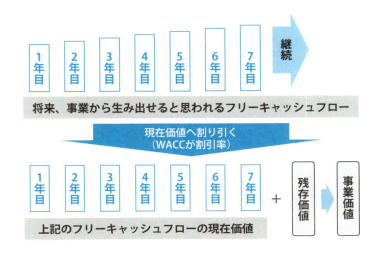

という3つの方法がある。ただ一般に③をベースに評価することが多い。

2つ目は**事業に関係ない資産の価値**である。具体的には事業に使っておらず、今後使う予定もない遊休地などのことである。このような資産を保有している場合は、それをもっていようがもっていまいが、事業からは同じように稼ぐことができる。

逆にいうと、事業以外に一定の価値のある資産を保有していることになるので、その価値を加える必要がある。このような資産のことを非事業用資産というが、その価値としては、仮にその資産を売却した場合の売却金額、つまりその時点での時価で評価することが1つの方法である。

この2つの、

事業価値と非事業用資産の価値を合計したものを企業全体の価値という意味で企業価値と呼んでいる。

それでは、この企業価値は誰のものであろうか。基本的には企業に資金を貸している銀行などの債権者と株主が資金を出して企業を運営しているので、この債権者と株主とがこの企業価値を共有していることになる。

ただ、企業が破たんするようなことがあった場合には、資金を貸している債権者のほうが株主よりも資産に対する優先権をもっている。したがって、株主の権利の価値、つまり株主価値は、企業価値から債権者が保有している価値を差し引いたものになる。なお、

債権者の権利の価値は、現時点でいうとまさに現時点で借りている借入金や社債の金額と考えられる。

そのため、

株主価値は、企業価値から借入金・社債の金額を差し引いたもの

になる。この結果計算された株主価値が、理論的な時価総額のベースになるのである。

図表2-29　DCF法による企業価値と株主価値のイメージ

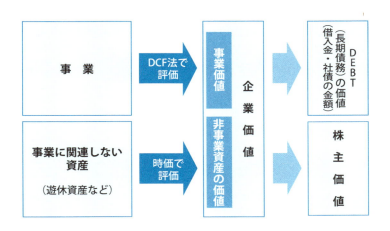

DCF法による評価の注意点「フリーキャッシュフローの予測」

　DCF法による買収金額の評価においても注意すべき点がある。それは、事業価値の算定の前提についてだ。

　具体的には、その前提となる、フリーキャッシュフローの予測、WACCをベースに設定した割引率、フリーキャッシュフローの予測の最終年度以降の価値を意味する残存価値の計算の3つである。

　まず、**フリーキャッシュフローの予測**については、その前提となる売上高の予測、原価や販売管理費の予測、その結果としての営業利益の予測によって、大きく変化する可能性がある点だ。さらに、キャッシュフローに置き直すための構成項目である、設備投資額、運転資本の変化額の予測も場合によっては大きな影響を与える。

　したがって、これらの予測が過去の実績からみて無理がないか、今後の

市場や事業展開から見ておかしくないか、業界の状況から見て違和感がないかをしっかりと見ていく必要がある。特に、過去の実績や同業他社の動向、市場の予測と比較して、かなり**甘いと感じられる良好な数字が前提となっている場合には、その理由をしっかりと確認することが必要**になる。

また、将来のフリーキャッシュフローを現在価値に割り引くときの**割引率の前提となるWACCについても、その計算の前提が適切であるかどうかを確認する必要がある**。割引率の違いによって、事業価値のベースになるフリーキャッシュフローの現在価値が変化してしまう。中でも将来のものであればあるほど、何度も割り引くことになるので、価値の違いが大きくなる。

さらに、**事業価値に含まれる残存価値の計算**についても、その計算の前提次第で大きく変化する可能性があるので注意が必要だ。特に、事業を継続すると仮定して計算する場合にベースとなると予測した**最終年度のフリーキャッシュフローの金額には注意が必要**になる。予測最終年度の金額だけ大きくなるように適当な理由をつけて調整してしまうと、それをベースに計算する残存価値がかなり大きくなってしまう。したがってそれ以前の年度の数字と比較して大きく違和感がないかどうかを確認することが重要になる。

また、**最終年度以降のフリーキャッシュフローの伸び率もポイント**になる。これを、継続して高めの成長率が確保できるという前提で高めに設定すると、かなり評価額が大きくなってくる。事業分野、事業を展開する地域、経済成長率などから見て、無理のない成長率かどうかをしっかりと確認することが重要になる。

なお、実務では、事業を継続する前提で計算した残存価値が極端に高くならないように、予測最終年度の利益やキャッシュフローをベースに、PER法やEBITDAマルチプル法によって**株式を売却したと仮定して計算した金額を、残存価値の上限とする場合**もあるようだ。

DCF法をもとに企業価値・
株主価値の向上策を探る

　理論的に最もよいといわれる企業価値や株主価値の評価方法であるDCF法をもとに、企業価値・株主価値の向上策を考えてみよう。なお、株主の権利の価値である株主価値は、企業価値がベースであることを考えると、どちらの場合も企業価値の向上策が重要なポイントになる。したがって、ここでは企業価値の向上策について考えていく。

　先に述べたように、企業価値は事業価値と非事業用資産の価値の合計だ。このうち事業価値は、将来事業から生み出すと考えられるフリーキャッシュフローの予測を現在価値に割り引いて合計して計算していく。ということは、

企業価値を向上させるためには、フリーキャッシュフローがより多く、
また割り引かれることを考えるとより早く生み出せるように、
事業を変えていく

ことが重要になる。さらに、将来のフリーキャッシュフローがあまり割り引かれないように、

割引率のベースとなるWACCを低くする

ことも望ましいことになる。

　具体的には、まずフリーキャッシュフローをより多く、より早く生み出すためには、営業利益をたくさん早く生み出すことが必要になる。そうできるように、ビジネスモデルなど事業自体をしっかりと考える。加えて、公平で適正な税金を支払うという視点の中で公に認められている税金の優遇策などは活用すること、設備投資の投資効率を高めること、売掛金の回収の早期化や在庫の圧縮によって運転資本の増加額を小さくすることが望

ましい。

また、割引率のベースとなるWACCを低下させるためには、金利の節税まで考えると安い資金である借りた資金をある程度まで活用すること、貸している銀行や株主などの資金提供者から実力に見合う評価を受けるために情報公開をしっかりとすることなどがポイントになる。

次に、非事業用資産の価値については、事業に使う予定のない資産の、売却も含めた活用がポイントになる。

このように見ていくと、それぞれのポイントはビジネスの中でよくいわれているものである。つまり、正攻法で事業をしっかりと行なっていくことが企業価値、事業価値の向上につながるのだ。

演習問題
DCF法で企業価値と株主価値を計算する

Q社の企業価値と株主価値を、DCF法をもとに計算してみよう。なお、前提条件は下記の通りである。

①Q社の事業計画
Q社の経営者が作成したXXX1年12月期から7年間の損益計算書ベースの事業計画は図表2-30の添付資料の通りである。また、法人税などの実効税率は30％とする。

②設備投資計画
Q社は図表にあるような設備投資を毎年行なっていくことを計画している。

③運転資本
一般的な取引条件や過去の実績などをもとに、売上債権は毎年の売上高に0.096を掛けた金額だけ、また在庫は毎年の売上原価に0.108を掛けた金

額だけ、さらに仕入債務は毎年の売上原価に0.120を掛けた金額だけ、それぞれ残ると仮定する。

④割引率
Q社のWACCである5.0％を使うものとする。

⑤残存価額
XXX8年以降は、成長がストップして、減価償却費と同額の設備投資を行ない、運転資本は増加しないものと仮定する。その場合は、NOPATとフリーキャッシュフローが同額になる。さらに、そのNOPATと同額のフリーキャッシュフローが、想定されるGDPの成長率程度の毎年0.5％で継続して増加していくと仮定する。

⑥遊休資産
XXX0年年末時点で、事業に使っていない遊休資産として時価500,000千円の土地や有価証券を保有している。

⑦現在の借入金と社債
XXX0年年末時点で社債、借入金が合計金額で1,520,000千円ある。

⑧評価時点
XXX0年の年末時点で評価を行なう。

図表2-30　Q社の企業価値・株主価値の計算事例

Q社の経営者が作成した事業計画

		XXX1	XXX2	XXX3
売上高		6,300,000	6,552,000	6,814,080
売上原価		4,536,000	4,717,440	4,906,138
	売上総利益	1,764,000	1,834,560	1,907,942
販売管理費				
	人件費	580,000	610,000	630,000
	販売促進費	252,000	262,080	272,563
	減価償却費	80,000	85,000	90,000
	その他	275,000	282,000	305,000
	合　計	1,187,000	1,239,080	1,297,563
営業利益		577,000	595,480	610,379

Q社の設備投資の見込額

	XXX1	XXX2	XXX3
設備投資見込額	90,000	100,000	90,000

Q社の運転資本の推移予測

	XXX0	XXX1	XXX2	XXX3
売上債権（＋）	566,000	604,800	628,992	654,152
在庫（＋）	465,100	489,888	509,484	529,863
仕入債務（－）	513,540	544,320	566,093	588,737
正味運転資本	517,560	550,368	572,383	595,278
運転資本増加額		32,808	22,015	22,895

注）四捨五入の関係で合計の数値などは計算結果と若干差が発生している

（単位：千円）

XXX4	XXX5	XXX6	XXX7
7,086,643	7,370,109	7,664,913	7,971,510
5,102,383	5,306,478	5,518,738	5,739,487
1,984,260	2,063,630	2,146,176	2,232,023
650,000	670,000	690,000	710,000
283,466	294,804	306,597	318,860
90,000	91,000	92,000	92,000
325,000	345,000	375,000	405,000
1,348,466	1,400,804	1,463,597	1,525,860
635,794	662,826	682,579	706,162

（単位：千円）

XXX4	XXX5	XXX6	XXX7
90,000	95,000	90,000	90,000

（単位：千円）

XXX4	XXX5	XXX6	XXX7
680,318	707,530	735,832	765,265
551,057	573,100	596,024	619,865
612,286	636,777	662,249	688,738
619,089	643,853	669,607	696,391
23,811	24,764	25,754	26,784

Q社のフリーキャッシュフローの計算と企業価値・株主価値の計算ワークシート

	XXX1	XXX2	XXX3
営業利益	577,000	595,480	610,379
法人税等（30%）	173,100	178,644	183,114
NOPAT	403,900	416,836	427,265
減価償却費（＋）	80,000	85,000	90,000
設備投資額（－）	90,000	100,000	90,000
運転資本増加額（－）	32,808	22,015	22,895
フリーキャッシュフロー	361,092	379,821	404,370
現価係数	0.952	0.907	0.864
フリーキャッシュフロー現在価値	343,897	344,509	349,310
残存価値（＋）			
事業価値合計			
非事業用資産の処分価値（＋）			
企業価値			
借入金・社債（－）			
株主価値（理論的な時価総額）			

割引率	5.0%
XXX8年以降の成長率	0.5%

XXX1年からXXX7年までの対前年売上高増加率	4.0%
XXX1年からXXX7年までの売上高原価率	72%

(単位：千円)

XXX4	XXX5	XXX6	XXX7	合計	
635,794	662,826	682,579	706,162		
190,738	198,848	204,774	211,849		
445,056	463,978	477,805	494,314		
90,000	91,000	92,000	92,000		
90,000	95,000	90,000	90,000		
23,811	24,764	25,754	26,784		
421,245	435,215	454,051	469,529		
0.823	0.784	0.746	0.711		
346,559	341,002	338,820	333,686	2,397,784	(1)
				7,845,688	(2)
				10,243,472	(3) = (1) + (2)
				500,000	(4)
				10,743,472	(5) = (3) + (4)
				1,520,000	(6)
				9,223,472	(5) − (6)

Q社の企業価値・株主価値の計算

フリーキャッシュフローのワークシートにそって説明していく。まずフリーキャッシュフローについては、XXX1年をベースに見ていこう。

最初に、Q社の事業計画に記載されている、XXX1年の**営業利益**577,000千円をそのまま記載する。

次に、前提条件①に記載されている法人税などの実効税率である30％を営業利益に掛け合わせて、XXX1年に営業利益に対して課税されたと仮定した場合のみなしの税金を計算して、**法人税等**の欄に記載する。XXX1年では577,000千円×30％＝173,100千円となる。次にその法人税等を差し引いて、**税引後営業利益**（NOPAT：Net Operating Profit After Tax）である403,900千円を計算する。

ここからは**利益をキャッシュフローに置き直すための修正**である。

まず、販売管理費の中に含まれている**減価償却費**80,000千円をキャッシュの支払がない費用ということで加えていく。

設備投資額90,000千円は投資をした段階ですぐに費用にはならないもののキャッシュは投資をした段階で出ていく。したがって、ここでは利益をもとにキャッシュフローを計算しているので、それを利益から差し引いていく。

運転資本の増加額は、売上高や売上原価の増加に関連して売上債権、在庫や仕入債務が変化することになるため、その増加や減少によるキャッシュの変化分を修正していくものである。今回のケースでは、前提条件③にあるような前提でXXX1年以降の数値を予想している。

まず**売上債権**については、XXX1年年末時点での売上債権は、XXX1年の

売上高6,300,000千円に0.096を掛け合わせた金額だけ残るものと予測しているため、604,800千円となる。

次に**在庫**については、XXX1年年末時点での在庫は、XXX1年の売上原価4,536,000千円に0.108を掛け合わせた金額だけ残るものと予測しているため、489,888千円となる。

最後に**仕入債務**については、XXX1年年末時点での仕入債務は、XXX1年の売上原価4,536,000千円に0.120を掛け合わせた金額だけ残るものと予測しているため、544,320千円となる。

XXX1年以外の年度も、これと同じように予測していく。

このようにして計算した売上債権、在庫、仕入債務の予想金額をもとに、売上債権と在庫については毎年の増加分を、仕入債務については毎年の減少分を、キャッシュフローのマイナスとして集計していく。

なお、図表2-30の下では、売上債権＋在庫－仕入債務を正味運転資本としているが、この金額の増加分は、運転資本に関連して発生したキャッシュフローの減少分と考えられる。このようにして計算されるXXX1年の運転資本増加額は32,808千円となるが、この金額を差し引いていく。

このようにして、ワークシートのすべての項目の数字が埋まり、XXX1年のフリーキャッシュフロー361,092千円が計算できる。同じようにして、XXX2年からXXX7年までのフリーキャッシュフローの予測が完成する。

次に、この予測したフリーキャッシュフローを**現在価値**に置き直していく。このケースでは、WACCである5.0％を割引率として使うことになる。具体的には、XXX1年のフリーキャッシュフローは、評価時点から1年後に発生するものであるため、5.0％分だけ割り引く、つまり$1/(1+0.05) ≒ 0.952$を掛け合わせることが必要になる。

XXX2年についてはその2乗、つまり$1/(1+0.05)^2 ≒ 0.907$を掛けていく。さらにXXX3年以降も、3乗、4乗したものを掛け合わせていく。その結果、XXX1年からXXX7年までのフリーキャッシュフローの現在価値は、

合計で2,397,784千円となる。

　次に考えるのが、XXX8年以降の分である。企業価値の評価では、企業は**半永久的に事業を継続するという前提で評価していく**ことが一般的である。このケースでも、将来的にフリーキャッシュフローがGDPの成長率程度は継続して成長していくことができると考えて、XXX8年以降はXXX7年の状況をベースに考えていく。具体的にはNOPATがそのままフリーキャッシュフローとなり、それが毎年0.5％成長することを前提としていく。これを現在価値に置き直すために、以下のように計算していく。

　考えやすいように、XXX8年以降毎年継続して「1」ずつもらえると仮定しよう。毎年継続して「1」ずつもらえることの価値は、WACCである5.0％で割り引いたXXX7年時点での価値で考えると1／0.05と計算できる。しかし、今回は、毎年0.5％でフリーキャッシュフローが成長するものと仮定しているので、それを考慮すると、

$$\frac{1}{(0.05-0.005)}$$

となる。
　これはあくまでXXX7年時点から見たXXX8年以降に予想されるフリーキャッシュフローの現在価値であるため、これを現在（XXX0年）の価値に置き直す必要がある。XXX7年時点の「1」のXXX0年における現在価値である0.711を掛け合わせることになる。
　その結果、XXX0年時点でのXXX8年以降の毎年継続して「1」ずつもらえるものの価値は

$$\frac{1}{(0.05-0.005)} \times 0.711 = 約15.8$$

となる。
　したがって、XXX8年以降のフリーキャッシュフローの現在価値は、

XXX7年の成長がない場合の想定フリーキャッシュフロー（＝NOPAT）である494,314千円をもとにして、それが0.5％成長したと仮定して、「494,314×1.005」となる。さらに、これに先ほどの15.8を掛け合わせて

　　494,314千円　×　1.005　×　15.8　＝　約7,845,688千円
　　　注）「15.8」が四捨五入した数字であるため、上記の計算結果は若干違いがある

となる。これが残存価値になる。
　したがって、先ほど計算したXXX1年～XXX7年のフリーキャッシュフローの現在価値2,397,784千円に、XXX8年以降のフリーキャッシュフローの現在価値である7,845,688千円（残存価値）を加えた10,243,472千円が、Q社の**事業価値**になる。

　次に、**非事業用資産**である遊休資産としての土地や有価証券の価値である500,000千円を加えて、Q社の**企業価値**である10,743,472千円が計算できる。
　ただ、この企業価値は、債権者と株主によって共有されているものである。したがって理論的な時価総額を意味する株主価値を計算するためには、企業を解散する場合の財産の分配について優先権をもっている債権者の権利の価値である、借入金と社債の合計金額1,520,000千円を差し引いていく必要がある。その結果計算された9,223,472千円が、DCF法によるQ社の理論的な時価総額、つまり**株主価値**となる。さらにこれを発行株数で割ると、**1株当たりの理論株価**が計算できるのである。

後日談
買収金額を評価するときの3つのポイント

　杉浦は、山田からいろいろと話を聞く中で、買収金額の評価の勘所が

つかめてきた。

　PER法やEBITDAマルチプル法などの類似会社比較法とDCF法が、実務でよく使われる代表的な方法であること。類似会社比較法では、類似会社の選択がポイントになること。DCF法では、将来のフリーキャッシュフローの予測の精度、割引率の設定、残存価値の評価方法などがポイントになること…。

　そのような視点で、あらためてZ社の評価資料を検討し、疑問点があれば数日中に投資銀行に問い合わせをしてみようと、資料を見始めた。

まとめ

- ☑ 買収金額の代表的な評価方法には、バランスシートアプローチ、マーケットアプローチ、インカムアプローチの3つがある。

- ☑ バランスシートアプローチは、バランスシートをもとに、資産を時価評価し、負債をすべて集計して、清算した場合の価値のようなイメージで評価をする方法である。ただ、実務ではあまり使われていない。

- ☑ マーケットアプローチは、類似した企業のPERやEBITDA倍率をもとに、類似した企業同士であれば同じような水準になるはずだ、と考えて評価する方法である。ただ、類似会社の選択によって評価が変わるので、その選択を適切に行なうことが重要になる。

- ☑ インカムアプローチは、企業の将来の儲け（キャッシュフロー）の予測をもとに、それを今の価値に割り引いて評価する方法であり、一般にDCF法と呼ばれている。この方法では、フリーキャッシュフローの予測、割引率、予測最終年度以降の残存価値についての成長率、などをどう設定するのかによって大きく評価額が変化してしまうので、

その予測や想定をできるだけ適切に行なうことが重要になる。

☑ 理論的には、インカムアプローチが企業自身の状況をベースに評価する方法なので最もよいといわれている。ただ、予測が難しい面もあるので、実務では、マーケットアプローチとインカムアプローチを併用することが多い。

☑ DCF法をもとにすると、フリーキャッシュフローを早めにたくさん稼ぎ、WACCを引き下げ、事業に関連しない資産を活用することが企業価値、株主価値の向上につながる。

8 企業に対する調査「デューデリジェンス」

ストーリー

監査法人による調査結果の報告がよく理解できない

　建設機械メーカーM社の社長室長である丹羽は、P社に対するM&Aのプロジェクトチームのメンバーとして、監査法人が行なったデューデリジェンスの結果報告会に出席していた。

　P社の買収は、約1カ月前に「買収する方向で検討している」とM社の広報が発表し、その後プロジェクトチームでいろいろな角度からデューデリジェンスを行ない、検討を進めている。その一環で監査法人に依頼して行なった会計面でのデューデリジェンスの結果の報告があったのだ。P社は欧州に本社があり、欧州及びアフリカ、南米などに拠点をもち、製品の製造及び販売を行なっている。技術力も高く、同社の製品の品質は業界、また顧客の間でも高く評価されている。日本とアジアを中心に事業を展開しているM社にとって、まだ進出していない欧州、アフリカ、南米地域に一気に拠点をもつことができ、技術力も高められるという面で、P社は理想的なM&A候補だ。

　報告会では、監査法人の担当パートナーから、売掛金の評価、在庫の評価、引当金の設定など、いくつかの指摘があった。地域別には、欧州地域ではほとんど会計上の問題はなかったようであるが、アフリカと南米でいくつか課題があるようだ。また、内容的にはいくつかの引当金の設定不足の金額が大きかった。ただ、監査法人からの説明の中でよく理解できない点があった。

　そこで、会議の終了後、同じ会議に出席していた入社同期の経理部長の田中をつかまえて、いくつか質問をしてみた。

デューデリジェンスの元々の意味は「最善の努力」

　デューデリジェンス（略してデューデリということもある）とは、「最善」を意味するデュー（Due）と「努力」を意味するディリジェンス（Diligence）が合体したものだ。直訳すると「最善の努力」という意味になる。
　もともとは、1980年代に、M&Aの中で、買収する側の企業（買収企業）が買収される企業（ターゲット企業）に対して行なういろいろな調査を意味する言葉として使われ始めた。その後、新たに株式公開をする企業に対する調査など、企業に対するさまざまな調査を意味する言葉として使われてきている。
　ただ、一般にデューデリジェンスというと、M&Aの中で買収される企業（ターゲット企業）に対して行なわれる調査を意味する場合が多い。

M&Aで行なわれるデューデリジェンスは主に5つ

　M&Aの際に行なわれるデューデリジェンスは、通常、いろいろな分野について行なわれる。その代表的なものは、

リーガル（法務）、アカウンティング＆タックス（会計及び税務）、ビジネス（事業関係、人事関係なども含む）、システム、環境（土壌汚染などの調査）

などである。それぞれについて、簡単に確認してみよう。
　まず、**リーガル（法務）**は通常、買収する側の企業の法務部門などが関与しながら法律事務所に依頼して行なう。具体的には、買収を実行するとターゲット企業の従業員がグループに入ってくるので、労働組合との関係を確認するために労働協約などがどうなっているか、また事業の中で行なっている外部の企業との取引や連携などに関する重要な契約がどのような内容になっているか、といった面でのレビューなどがポイントになる。
　次の**アカウンティング＆タックス（会計及び税務）**は、通常買収する側の

企業の経理・財務部門が関与しながら、監査法人（会計事務所）に依頼して行なう。具体的には、**財務諸表が適切に作成されているか、また税金の申告などに問題がなかったか**、といった点のチェックがポイントになる。

また、**ビジネス（事業関係、人事関係）**は通常、買収する側の企業の経営企画部門や人事部門などの担当者が直接実施することが多い。具体的には、**事業の現状、今後の見通し、人材の状況、給与などの処遇**といった点がポイントになる。

次の**システム**は、コンピュータシステムが重要な業界で行なわれるものであり、社内のシステム部門、場合によっては外部の専門家も活用しながら行なっていく。具体的には、**現在のシステムの状況、将来的な統合に向けた課題の確認**などがポイントになる。

最後の**環境**は、工場を含めた買収の場合に行なわれるものであり、環境問題などにくわしい外部専門家も活用しながら行なうことが多い。具体的には、**工場の敷地の土壌汚染の有無などの確認**がポイントになる。

なお、これらのポイントのうち、

リーガル、アカウンティング＆タックス、システム、環境の４つは、どちらかというとマイナス方向の問題点がないかを確認することが目的になる、いわゆる守りのデューデリジェンスだ。

一方で、ビジネスデューデリジェンスは、ビジネスでの課題や問題点を確認するという守りの側面もあるが、

事業の競争優位性、将来性、買収側企業とのシナジーの可能性の確認といった前向きな攻めにつながる内容も含まれている。

実際に、一部の企業では、ビジネスデューデリジェンスの中で、買収が実行された場合の一定期間の事業計画の概要の作成や、経営幹部の能力や適性などの把握を可能な限り行なっているケースもある。このように、M&Aでは、買収によって業績面での成果を出していくことが重要である

ことを考えると、攻めにつながるビジネス面でのデューデリジェンスもしっかり行なうことが重要になる。

図表2-31　デューデリジェンスのポイント

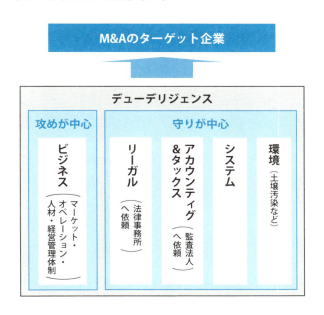

アカウンティング面のデューデリジェンス

　本書の中心的なテーマは財務と会計なので、ここではアカウンティング面のデューデリジェンスのポイントについて確認しておく。

　アカウンティング面のデューデリジェンスのポイントは、財務諸表が適切に作成されているかどうかを確認することである。これは、買収金額の評価、将来の業績予測や事業計画の作成、また買収を実行したあとの会計処理のベースとして非常に重要なポイントになる。ただ、実際には、前述のように経理部門の担当者が関与しながら、監査法人（会計事務所）に依頼して実行することになる。

アカウンティング面のデューデリジェンスの場合の重要なポイントは買収側企業の立場からすると、高い買い物をしないことである。そのため、ターゲット企業の価値はもっと低いのではないか

という視点が中心となる。

具体的には、**貸借対照表を中心に**、資産はもっと価値がないのではないか、負債はもっとあるのではないか、その結果として純資産はもっと小さいのではないか、という視点で確認していく。

つまり、株主の権利の価値を表す純資産について、表面上の数字よりも価値が小さいのではないか、という視点でチェックをしていくのである。

実際には、貸借対照表の中で比較的ポイントになりやすい項目がいくつかある。まず資産については、**売上債権（売掛金など）、棚卸資産（商品、製品、仕掛品、原材料など）、非公開企業などに対する投資や出資といった項目だ**。これらの共通点は、

価値を評価する際に判断が入る

ことである。

たとえば、**売上債権**については不良債権がどの程度含まれているかが問題になる。代金回収が若干遅れている、支払はしているが危機的な状況にある企業に対する売掛金など、評価が難しいケースがある。

また、**棚卸資産**についても、モノとしては傷んでなくても売れ行きが鈍ってきている商品や製品などの評価も難しい。

さらに、**非公開企業に対する出資や株式**についても、財務データの入手が難しい場合や、監査などを受けていないためにその信頼性が低い可能性があり、評価が難しいケースもある。

また、**土地や設備などが含まれる有形固定資産や買収の際に無形の価値を評価して支払った金額がベースとなるのれんが大きい場合**も注意が必要だ。この2つは、それに関連する事業の業績が不振で、資産として集計されている金額よりもかなり、

価値が目減りしていると判断されると、減損損失の対象

になる。その可能性があるのかどうかについて、検討しておくことも重要だ。

一方で負債についても、非公開の企業などの**年金**や**退職金の将来の支払いに向けた準備必要額を意味する退職給付引当金**、また**将来的に負債になる可能性がある保証債務**などが、適切に集計されているかどうかについては注意が必要になる。

図表2-32 アカウンティング面のデューデリジェンスは貸借対照表が重要

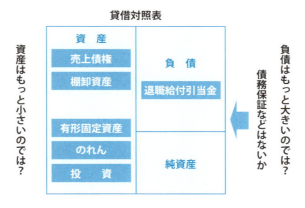

税務上のリスクの確認もポイントである

なお、アカウンティングのデューデリジェンスにおける基本スタンス、つまり資産はもっと価値がないのではないか、負債はもっとあるのではないかという方針については注意点がある。

まず、資産については、項目としてリストされているものについて、それほど価値がないのではないかという見方をしていくので、多少判断がわかれることはあっても基本的にモレはない。一方で、

負債については、項目としてリストされているものについてもっと金額が

多いのではないか、という見方をするのと同時に、リストされていない項目も加える必要があるのではないか

という見方も必要になる。要は、もっとある、他にもある、といった視点で、モレているものがないかを確認していくのだ。

ただ、モレがないかどうかを厳密に確認していこうとすると、極論すると、企業内部、外部を含めて、すべてを確認しなければいけないことになってしまい、**現実的には難しい。**

そこで、実際には、負債については、数値の計算の前提を確認したり、いろいろな角度からの質問などによってモレがないことを確認した上で、売却される企業の経営陣に、すべて情報を提供したこと、大きな問題点はないこと、買収後に隠れていた問題が出てきた場合は買収金額の修正など何らかの対応をすることなどを契約書に反映しておくことも多い。

このように、一般に資産についての問題よりも、負債についての問題のほうが見つけることが難しいことに注意が必要である。

ケース
製造業企業の会計デューデリジェンスで浮かんだ課題

株式非公開の製造業企業に対する買収にあたり、監査法人に依頼して会計面のデューデリジェンスを実施した際の指摘事項の事例として、下記のようなものがある。

①売掛金に不良債権が含まれている

売掛金の一部が1年以上の長期間にわたり未回収になっており、貸倒引当金などが設定されていない。ま

た、ある顧客の売掛金について、代金回収の際に、どの売掛金の支払であるのかを顧客に確認せずに、古い売掛金から回収したとして処理してしまったため、顧客との間で売掛金として（顧客は買掛金として）認識している金額にかなりの違いが出ている。

②在庫に不良在庫が含まれている

一部の部品が、1年以上の長期にわたって倉庫に保管されており、使用量もほとんどないが、正常な在庫として扱われている。モノとしては十分に使える状態であるが、実際にいつ使うことになるのか見通しがついていない。

③業績不振の事業に関連する有形固定資産の減損

一部の事業が継続して業績不振に陥っており、その事業に関連する有形固定資産などがあるが、減損損失などは計上されていない。

④将来の退職金支払に対する対応が不十分

従業員に勤務年数に応じて退職金を支払う慣行があるが、その支払のための引当金などが一部しか設定されていない。また、従業員の平均年齢も高い。

このうち、①と②は売掛金や在庫の評価が過大になっている可能性を意味しており、貸倒引当金の設定や在庫の評価損を計上することを検討する必要がある。

売掛金や在庫の評価額について、一定期間以上回収ないし使用されていない場合は、それらの評価額を減額するといったルールを設定するなど、管理体制を整備する必要もある。

さらに、顧客との間で売掛金の金額に認識のずれが出ている点については、売掛金の回収があった段階での売掛金の消込、つまりどの売掛金が回収されたのかの確認をしっかり行なうような管理体制をつくることが必要になる。さらに認識のずれによる差額についても調査を行ない、どうして

も確認が難しい場合は、貸倒損失の計上も検討する必要がある。

③については、業績不振の事業の有形固定資産について、減損損失の計上が必要かどうか検討する必要がある。

④については、退職金を支払う義務があるかどうかを確認し、もし義務があると考えられる状況であればそれを引当金として設定しておく必要がある。

この4つは、非公開企業に対するM&Aのデューデリジェンスにおいて指摘される可能性があるポイントである。上場公開企業の場合は、継続して会計監査を受けているため、大きな問題は出ないことが多いが、非公開企業を中心に、このような指摘が出てくる可能性があることには注意が必要である。

後日談
貸倒引当金、退職金の準備…
叩けばホコリが出てくる

社長室長の丹羽は、経理部長の田中から説明を聞く中で、監査法人の説明の内容がかなり明確になってきた。

P社の場合、アフリカや南米地域に関して、一部の顧客企業の財務状況がよくないため、売掛金の評価を厳密に行なう必要があり、貸倒引当金の設定が必要だと考えられること、また、一部売れ行きがよくない製品があるので、その評価もポイントになっており、棚卸資産評価引当金の設定も検討する必要があること、従業員の退職金の準備が財務諸表の中では十分にできていないため、退職給付引当金を追加で設定する必要

があることなどがポイントになっているようだ。

これらを考慮した上で、最終的なP社の買収金額を交渉して決める必要がある。丹羽は、早速M&A実行チームのメンバーと情報共有をして交渉への準備を始めようと　足早にチームメンバーがいる会議室へ向かった。

まとめ

☑ デューデリジェンスとは、一般に企業に対するいろいろな調査のことを意味している。M&Aでは、買収される企業に対する調査という意味で使われている。

☑ M&Aの場合のデューデリジェンスは、リーガル（法律面）、アカウンティング＆タックス（会計税金面）、ビジネス（事業関係、人事関係なども含む）、システム、環境（土壌汚染などの調査）といった点について行なわれる。

☑ 会計面のデューデリジェンスでは、買収金額が高くなりすぎないことがポイントなので、資産はより価値がないのではないか、負債はもっとあるのではないか、といった見方がベースとなる。

☑ 資産では、評価が難しい売掛金、棚卸資産、非公開企業などに対する投資などがポイントになることが多い。また、減損損失につながる可能性がある、有形固定資産やのれんなどの評価も重要である。負債については、非公開企業の退職給付引当金や保証債務などが課題になることがある。

☑ 一般に資産の問題はリストされているものの検討なので実行しやすい

が、負債の問題はリストされていないものまで含めて検討することになるので難しい面があり、契約書などでリスクをヘッジすることが望ましい。

第3章

業績管理と意思決定のための数字の活用【管理会計】

本章で学ぶこと

どう業績を管理するか
どう意思決定をするか
数字をもとに把握する

　アカウンティングは企業の立場で数字を活用していくものである。その中でも管理会計は、企業の内部で経営管理のために数字を活用していくものである。
　さらに管理会計は、2つの分野に分かれている。1つは、どの部門や製品が儲かっているのかを把握し、戦略の策定や担当者のインセンティブなどにつなげていく業績管理に関係する分野。もう1つは数字を使ってシミュレーションを行なうといった意思決定に関係する分野である。
　本章では、管理会計について、ビジネスリーダーにとって重要だと考えられる、業績管理に関係するポイントと意思決定に関係するポイントについて学んでいく。それでは始めていこう。

1 変動費、固定費と損益分岐点

ストーリー
なぜ、固定費削減に集中するのか？

　精密機械の製造販売を行なうR社の基幹工場の工場長である三谷は、午前中に出席していた次期中期経営計画の検討会議の内容について考えていた。

　会議の中で中心的な議題の1つになっていたのは「固定費の削減」。

　次期の中期経営計画の中では利益率の大幅な向上が目標として掲げられる方向となっており、そのための重要なポイントの1つが固定費の削減となっている。

　会議の中では、経営企画部長から、外注比率のアップ、間接業務の外部企業へのアウトソーシングなど、いくつかの固定費削減についての事例説明があり、それらを参考に2週間後の会議までに各部門で具体策をまとめ、次回はそれらについて議論することが決まった。

　三谷の工場では、原材料や部品の購入価格の削減、製造段階でのロスの削減、現場担当者の残業時間の削減、生産方法の効率化など、これまでもコスト削減に取り組んできている。また、所属する各担当者のコスト削減に対する意識もかなり高い。

　ただ、今回は固定費の削減がテーマだ。固定費は、売上や生産量に連動せず、絶えず固定的に発生する費用と理解しているが、それを削減するために何ができるのであろうか。また、それにはどのような意味があり、業績にどのようなインパクトがあるのであろうか。三谷は、固定費の削減の事例や効果について知りたいと考え、ネットで情報の検索を始めた。

変動費と固定費
――売上や生産量に応じて変化するか、しないか

　変動費・固定費とは何か、これはすぐイメージができると思う。

　**売上や生産量の変化に合わせて
　変化するものが変動費
　変化しないものが固定費である。**

　たとえば、売上が増えると増加する物流コストや、生産量が増えると増加する部品や原材料費などが変動費の代表例である。一方で、売上が増えても基本的に変化しない、正社員の人件費や本社のさまざまな経費、生産量が変化しても変化しない工場の固定資産税などが固定費の代表例だ。
　ただ、実際は変動費と固定費をはっきり区分するのは難しい。たとえば、電気代などのように、一定の定額料金があり、それに加えて使用量に応じて料金が増えていくような固定費と変動費が合体したようなものや、売上や生産量が一定の金額を超えるごとに階段のように増えていくような費用もあるからだ。
　ただ、費用を変動費と固定費に区分して、いろいろな分析をしていくためには、まずは費用を2つのグループに区分することが必要になる。
　区分する代表的な方法としては、

　**勘定科目法：費用の項目ごとに、売上や生産量の変化と連動して変化するかどうかに注目して、変動費と固定費に区分していく方法
　最小二乗法：過去数年、あるいは数カ月の売上と費用の金額との関係から、固定費と変動費率を推定していく方法**

という2つの方法がある。
　ただ、このうち**実務では、前者の勘定科目法がよく使われている。**その理

由は、勘定科目法によって、変動費と固定費に含まれる項目が具体的になることで、その後のコスト削減の具体策の検討につなげやすいからだ。

一方で、最小二乗法では、過去の実績をもとに、おおむね適切に変動費率と固定費を推定することができるが、変動費の内訳、固定費の内訳がわからない。そのため、そのあとのコスト削減の具体的な検討につなげるのが難しくなってしまうことが多い。

ただ、勘定科目法では、変動費と固定費の区分が若干大雑把になってしまう可能性もある。そのため、全体としておおむね適切かどうかを確認する意味で、最小二乗法を並行して活用する意味もある。

短期的意思決定は利益をベースに考える

2つの選択肢のうちどちらを選んだらよいのか、またあるプロジェクトを実行してもいいのか、といった意思決定を、客観的に、またより適切に行なうためには、数字を使ったシミュレーションを行なうことが望ましい。ただその場合、何をベースに評価するのがいいのだろうか。

このような場合の意思決定の基準は、プロジェクトの中身によって変わってくる。

まず、どちらの製品をより積極的に販売すべきかというように、現在の仕組みや体制などを変えないことを前提に、現時点から1年以内の短い期間の中で**意思決定（短期的意思決定）を行なう場合**はどちらのほうが**より利益が多くなるか**で考えていくことが必要になる。また、1年以内の短い期間の意思決定を行なう場合は、利益の出るタイミングの違いもほぼ無視できるので、利益を割り引いて比較する必要もない。

一方、5年間使えるような設備を購入してもよいかといったように、現在の仕組みや体制を変更し、またその意思決定の影響が1年を超えた数年にわたって出るような**意思決定（長期的意思決定）を行なう場合**は、NPV法やIRR法を使ってどちらが（フリー）キャッシュフローが多くなるかで考えていく。また、この場合は（フリー）キャッシュフローが生み出されるタイミングの違いも数年にわたるので、その違いを反映するために160

ページで見てきたWACCを使って割り引く必要が出てくる。

つまり、**短期の意思決定は利益をベースにして割り引かずに評価し、また、長期の意思決定はキャッシュフローをベースにして割り引いて評価して**いくのだ。

図表3-1　意思決定のベースの違い

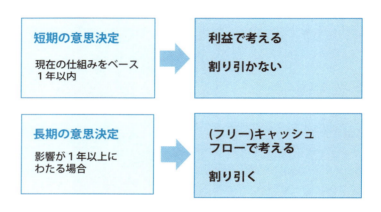

ここで、**短期では利益、長期ではキャッシュフローといった違ったモノサシを使う理由は何であろうか**。これは、利益の意味と関係がある。

本来、企業の実質的な活動はすべてキャッシュフローをベースに行なわれている。実際に、企業は外部から増資や借入をすることでキャッシュとして資金を集め、そのキャッシュを設備などに投資し、事業の儲けも最終的にキャッシュとして生み出している。したがって、

意思決定はキャッシュフローをモノサシにするのが原則

である。その意味では長期的意思決定はまさに正攻法で評価していることになる。

ただ、キャッシュフローで儲けを集計すると、事業はほぼ同じように行なわれていても、設備投資をする年にはその投資額が全額マイナスとして

集計されるため大きなマイナスとなり、その翌年からは投資のマイナスがなくなるため大きなプラスになるというように、かなりブレの大きな業績が集計されてしまう。

したがって、各年の事業の実態を反映した業績を集計していくためには、何らかの調整をすることが望ましい。そこで、たとえば設備投資については、設備投資の金額をその設備が使える期間にわたって割り振っていく減価償却という方法で、設備の毎年の傷み具合に見合うような費用が集計され、結果として業績がならされ、実態を表すものに調整されていく。このように、

事業の実態を表すためにいろいろな調整を行なった結果
集計された業績のモノサシが利益であり
1年や半年、3カ月といった一定期間の企業の儲けという意味では
利益のほうがキャッシュフローよりも適切

だということになる。そのため、現在の仕組みや体制などを変えないことを前提に、現時点から1年以内の短い期間の中で意思決定（短期的意思決定）をする場合は、利益をモノサシとして使っていくのである。

売上から変動費を引いて計算する限界利益

短期の意思決定では、利益がどちらのほうが多くなるのかがポイントになる。ただ、具体的にはどのように考えていくといいのだろうか。

通常、短期的な意思決定では、2つの選択肢を比較する場合に、それぞれ売上がどうなるか、費用がどうなるか、結果として利益がどうなるかを比較して、利益が多くなるほうを選択していく。

ただ、費用を変動費と固定費に区分して考えると、変動費は売上に合わせて変化するので、選択肢によって変わってくるが、固定費は固定なのでどちらを選ぼうが変化しない。つまり、比較する必要があるのは、選択肢によって違ってくる売上と変動費ということになる。そこで、売上から変

動費を引いた利益のことを**限界利益**と呼ぶが、この限界利益がどちらのほうが多くなるかで判断していけばいいことになる。

図表3-2　限界利益のイメージ

損益計算書

売上高	100
変動費	40　（40%）
限界利益 →	60　（60%）
固定費	50
営業利益	10

　実際に、2つの製品のどちらを拡販したほうがいいかを考える場合には、この限界利益をもとに、

売上ベースで考えると限界利益率が高いもの
個数ベースで考えると1個当たりの限界利益額が大きいもの

に比重を置いていくことが利益を増やすための正攻法になる。
　ただ、これは、あくまでも社内のコスト構造、利益構造をベースにした結論であるため、市場の拡大状況、競合製品との力関係といった外部の状況によっては、結論が違ってくる可能性はある。

コスト構造の管理は事業環境に応じて変化する

　事業環境に合わせて、変動費と固定費をどのように扱っていくとよいのだろうか。まず、**市場や競合関係が安定しており、今後も順調に安定して売上が伸ばせそうな環境にある場合**には、**変動費の比重を落とし、固定費の比重を上げることが望ましい。**
　なぜなら、固定費の比重が大きいほうが、売上が増えたときに全体としての費用があまり増えないので、儲けがより増えるからだ。

一方で、**市場や競合関係が不安定で、売上の激減なども考えられる環境にある場合**には、変動費の比重を上げ、固定費の比重を下げることが望ましい。
　なぜなら、変動費の比重が高いほうが、売上が減ったとき、減ってくれる費用が多いため、その割に儲けが減らず、利益を安定的に確保できるからだ。一方で、変動費の比重が高いと、売上が増えたときに増加してしまう変動費が多いため、売上が増加した割に儲けが増えないというデメリットはある。

　なお実際に変動費の比重を落とし、固定費の比重を上げるためには、自ら設備や従業員を抱え、外部に依頼していることを社内で行なうようにすることなどが考えられる。逆に、変動費の比重を高め、固定費の比重を下げるためには、社内で行なっている業務を外部にアウトソーシングすることなどが考えられる。

図表3-3　経営環境と望ましいコスト構造

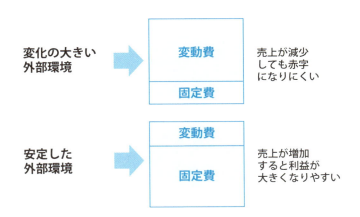

　また、変動費の比重が高い場合と固定費の比重が高い場合とで、利益を高めるために重視するポイントも変わってくる。まず、

> 変動費の比重が高い場合は
> まず販売価格を適切に維持し、変動費を少しでも削減して
> 限界利益を高める。その上で、販売量(売上)を高めていく

と利益が出やすくなる。つまり、変動費の比重が高い場合は、そのままの状態で販売量(売上)を増やしてもその割に利益が増えないので、まずは限界利益率の向上が重要になるのだ。

　また、固定費の削減も意味があるが、もともとコストに占める比重が低いので、優先順位は低くなる。一方で、

> 固定費の比重が高い場合は
> 販売量(売上)の増加が利益の増加に直結するので
> 販売数量を増加させることが重要になる。
> 費用については、まずは比重の高い固定費の削減に取り組む

ことがポイントになる。一方で、変動費は比重が低く、また売上から変動費を差し引いた限界利益もすでに高くなっているので、変動費の削減や限界利益率の向上も意味はあるものの、優先順位は低くなる。

　また、固定費の増大はリスクとも関係がある。第2章で確認したように、リスクは不確実性、ブレのことであるが、固定費の増大は、コストの面でのリスクを高めることになるのだ。つまり、固定費の比重が高くなると、売上が大きく変化したときに、利益が大きくブレてしまう。一方で、変動費の比重が高い場合は、売上が変化しても利益はあまり変動しない。つまり、

> 売上が変動したときに利益が大きくブレてしまうという意味で
> 固定費の比重が高い状態はリスクが高いコスト構造

になるのだ。別のいい方でいうと、固定費を増やすことは、設備を保有し

たり正社員を雇ったりすることで、自ら仕組みや体制をつくってしまうことを意味することが多い。そしてこのような仕組みや体制をつくり上げてしまうと、売上の大きな変化などがあった場合に、それに柔軟に対応できないという意味でリスクが高くなってしまうのだ。

　また、**コスト削減は一般的に変動費のほうが取り組みやすい**。なぜなら、変動費は、たとえば原材料費や仕入代金など、一般に外部から購入しているものが多いので、あらためて他の企業も含めて相見積もりをとったり、値引き交渉をすることで、削減に向けた行動を行ないやすいからだ。

　一方で、固定費は、保有している設備や正社員の給与など、社内の仕組みに関係する費用が多いので、社内の反発もあり、削減に向けた行動を起こしにくい面がある。ただ、コスト削減を図る場合には、固定費の比重が高い企業を中心に、変動費だけでなく一般に削減のハードルが高いといわれる固定費にもメスを入れることが重要である。

「利益がちょうどゼロになる」損益分岐点を使って分析する

　変動費と固定費を使った分析ツールの1つに、**損益分岐点分析（Break Even Point Analysis）** がある。これは、費用を変動費と固定費に区分した上で、利益がちょうどゼロとなる売上高（損益分岐点売上高）を計算し、それをもとに黒字や目標利益を達成するために必要な売上高やコスト削減目標などを計算していくものである。

損益分岐点売上高と損益分岐点比率の計算方法

　損益分岐点売上高の計算では限界利益率がポイントになる。限界利益は、売上高から変動費を差し引いたあとの利益のことであり、売上高がある金額だけ増えたときに、どの程度利益が増えるのか、という変化分を表す利益という意味である。また、限界利益率は、この限界利益を売上高で割った比率のことである。

$$\text{限界利益} = \text{売上高} - \text{変動費}$$

$$\text{限界利益率} = \frac{\text{限界利益}}{\text{売上高}}$$

損益分岐点売上高は、この限界利益率を使って、以下のように計算する。

$$\text{損益分岐点売上高} = \frac{\text{固定費}}{\text{限界利益率}}$$

また、目標利益を達成するために必要な目標売上高は、以下のように、目標利益の分だけ固定費が多くなったと考えて、損益分岐点売上高を計算することで確認できる。なぜなら、実際には目標利益分だけ固定費が少ないため、その分がまさに利益になるからである。

$$\text{目標利益の達成に必要な目標売上高} = \frac{(\text{固定費}+\text{目標利益})}{\text{限界利益率}}$$

また、一般的に損益分岐点売上高は小さいほうが望ましい。なぜなら、この金額が低いほうが、売上高が低い水準でも利益を確保でき、また、売上高がかなり低下しても赤字にならないことを意味しているからだ。

なお、損益分岐点売上高が現在の売上高に対してどの程度の水準になっているのかを確認するために、下記のような損益分岐点比率を計算することがある。

$$\text{損益分岐点比率} = \frac{\text{損益分岐点売上高}}{\text{現在の売上高}}$$

この損益分岐点比率は、一般に低いほうが望ましい。なぜなら、この比率が低いほうが、売上高が低下してもなかなか赤字にならない状況にあることを意味しているからである。ただ、一般的には、

損益分岐点比率が80％を下回る水準にあれば

売上が20％程度低下しても赤字にならないので、かなり余裕がある

と考えられている。ただ、売上の変動が大きな企業の場合は、もう少し低い水準となっていることが望ましい。

損益分岐点を下げるための方法

　それでは、損益分岐点比率（＝損益分岐点売上高／現在の売上高）を低下させるにはどうしたらよいのだろうか。

　計算式からすると、分子の損益分岐点売上高を低下させるか、分母の現在の売上高を高めるかのいずれかが必要になる。

　ただ、一般に実際の売上高を増加させることは一朝一夕には難しいと考えられるため、ポイントになるのは損益分岐点売上高（＝固定費÷限界利益率）の引き下げになる。そのためには、計算式からすると、分子の固定費を削減するか、分母の限界利益率を高めることが重要になる。

　このうち、限界利益率（＝限界利益／売上高）の向上は、価格を高くするか、変動費を引き下げることで実現する。ただ、価格の引き上げは現実にはなかなか難しいので、変動費の引き下げがポイントになる。つまり、固定費の削減、変動費の削減がポイントになるのだ。

　しかし、これでは単なるコスト削減の話になってしまう。ただ、実際には、より重要になるのは、固定費の削減である。なぜなら、

売上高が低下しても赤字にならない体質になるために重要なのは
売上高が低下したときにハードル、岩盤になってしまう固定費の削減

だからだ。逆に、変動費は売上の低下とともに減ってくれるコストなので、その割に負担にならない。ということは、固定費を変動費に変えるために、社内でやっている業務を社外に出していくアウトソーシングや外注なども、1つの選択肢になる。

　ただ、製造をすべて外注してしまうことで、生産技術が磨かれない、あるいはコストダウンのポイントが把握しづらくなるなど、競争優位を失う

ようなアウトソーシングは避けることが重要である。

> **ケース**
> **変動費の比重が低く、固定費の比重が高い事業の盲点と解決策**

　鉄鋼業界や化学業界、またパルプ業界のように、設備投資型で、変動費の比重が低く、固定費の比重が高い事業では、業績が落ち込んできた場合に注意すべき点がある。
　具体的には、**変動費が低いということをベースに、大幅な値引きを打ち出すという行動**だ。このような事業の場合は、変動費が低いため、かなりの値引きをしても売上高から変動費を差し引いた限界利益はプラスを確保できる。
　そこで、そこそこの限界利益を維持できる範囲内で大幅な値引きを行ない、その値引きによって大幅な販売数量アップにつなげて、固定費を回収して利益を出そうという戦略を採用する企業が出てくることがある。
　たしかに、これは想定通りの結果となれば1つの選択肢になる。ただ、自社が値引きをすると、競合企業も同じようなコスト構造であれば、すぐに値引きに追随してくる可能性が高い。そうすると、どの企業の販売数量もあまり伸びず、業界全体として価格を下げただけで、各社の販売数量はあまり変わらず、結果として業界全体で利益を大きく落としてしまうことになりかねないのである。

このように、固定費の比重が高い事業、例えば設備投資型の事業では、業績が落ち込んできた場合に、安易に価格引き下げによるテコ入れという手段を採用しないことが重要になる。
　さらに、設備投資型で正社員などが多く固定費の多い事業では、環境が悪化した際にも、設備を廃棄するのはもったいない、また正社員の解雇も難しい、またいつかはよくなるかもしれないということで、各企業が事業を停止せずに細々とでも継続することを選択する傾向が強い。その結果、業界の企業の数が減らず、厳しい状況が継続してしまうこともある。
　このような場合の1つの解決策は、業界の再編や徹底した差異化だ。業界の競合企業が合併や統合することで企業数が減少すれば、価格競争に陥る可能性も減少し、顧客に対する交渉力も高まっていく。
　また、差異化をすることでニッチ市場に絞り込めば利益を確保できる可能性も出てくる。
　このように、固定費が多く変動費が少ない事業の場合は、環境が悪化したときの対応について注意が必要である。

ケース
A社の損益分岐点売上高を計算する

　A社のコストを変動費と固定費に区分した場合の損益計算書は下記の通りである。このA社の損益分岐点売上高、損益分岐点比率、営業利益が20％増益となる

1,200百万円にするための目標売上高の3つを計算してみよう。

変動費と固定費で区分した損益計算書

売上高	10,000百万円	（100%）
変動費	4,000	（40%）
限界利益	6,000	（60%）
固定費	5,000	
営業利益	1,000	

$$損益分岐点売上高 = \frac{5,000百万円}{60\%}$$

$$= 8,333百万円$$

$$損益分岐点比率 = \frac{8,333百万円}{10,000百万円}$$

$$= 83.3\%$$

営業利益を1,200百万円にするための目標売上高

$$= \frac{(5,000百万円 + 1,200百万円)}{60\%}$$

$$= 10,333百万円$$

次に、A社の価格、販売量、変動費、固定費をそれぞれ10%だけ利益が増える方向に動かすと、利益は何%増加するであろうか。

価格が10%増加した場合　　営業利益100%増加
　　　　　　　　　　　　　（2,000百万円）

販売量が10％増加した場合　営業利益60％増加
　　　　　　　　　　　　　　（1,600百万円）
　変動費が10％減少した場合　営業利益40％増加
　　　　　　　　　　　　　　（1,400百万円）
　固定費が10％減少した場合　営業利益50％増加
　　　　　　　　　　　　　　（1,500百万円）

　これから見るとわかるように、4つの項目を同じ％で変化させた場合の営業利益の変化を比較してみると、価格の引き上げ効果が最も高い。そのあとは、販売量の増加、固定費の削減、変動費の削減、という順だ。
　これから考えられるのは、初期の価格設定と価格を値引かないことの重要性だ。なお、そのあとの販売量の増加、固定費の削減、変動費の削減のインパクトの大きさは、変動費と固定費の比重によって変わってくる。変動費が大きい場合には、変動費の削減、販売量の増加、固定費の削減といった順番に、また固定費が大きい場合は、販売量の増加、固定費の削減、変動費の削減といった順番になりやすい。
　このように、コスト構造の違いによって、利益を高めるための方策のインパクトの強さが変化することも意識しながら、収益性の向上を検討していくことも重要である。

後日談
キモは固定費の削減

　工場長の三谷は、固定費削減の意味や業績との関係について調べる中で、今回の中期経営計画の中でなぜ固定費削減が重視されているかが理解できてきた。

　具体的には、当社の事業は固定費の比重が高く、その削減が利益改善の大きなポイントになりそうなこと、最近需要の変動や競合企業との競争が激しくなり、売上の変動が大きくなる中で、固定費の比重が高いままだと利益が大きく変動してしまうこと、本格的なコスト削減のために、一般にハードルが高いとされる固定費の削減もしっかりと実現することが必要なこと、などが今回の方針の背景にはありそうだ。

　三谷は、会社全体の業績改善のために工場での固定費の削減にしっかりと取り組もうと、具体的な案について考え始めた。

まとめ

- ☑ 変動費は、売上や生産量に応じて変化する費用、固定費は変化しない費用である。変動費と固定費を区分する方法としては、項目ごとに区分する勘定科目法と過去の実績などをベースに区分する最小二乗法があるが、コストダウンの具体策の検討などまで考えると、変動費や固定費の内訳がわかる勘定科目法が望ましい。

- ☑ 長期的意思決定では、（フリー）キャッシュフローをベースに、割り引いて評価し、短期的意思決定では、利益をベースに割り引かずに評価していく。

- ✓ 短期的意思決定では、短期で変動する可能性がある売上高から、同じく短期で変動する可能性がある変動費を引いた限界利益で評価していく。具体的には、売上高限界利益率、1個当たりの限界利益額がポイントになる。

- ✓ 環境変化が激しい場合は、固定費の比重を下げ、環境が安定している場合には、固定費の比重を上げることが、利益の確保のためには望ましい。

- ✓ 固定費の比重が高い事業では、利益を出すために、販売量の増加と、固定費の削減の効果が高く、逆に変動費の比重が高い事業では、限界利益率を向上させた上での販売量の増加と、変動費の削減の効果が高い。

- ✓ 固定費の比重が高い事業は、売上が変動すると利益がブレてしまうこと、また環境変化に対応しにくいコスト構造であることから、コストの面ではリスクが高いと考えられる。

- ✓ 損益分岐点分析は、利益がゼロになる売上高をもとに分析をするツールである。また、売上高の面から利益を確保できる余裕度を見ていくために、損益分岐点比率を計算することがある。さらに損益分岐点比率を低下させるには、固定費の削減がポイントになる。

2 アウトソーシングとシェアードサービス、どちらを選択？

ストーリー
間接業務の効率化をどうすすめるべきか

　間接業務は社内と社外のどちらで行なうのがいいのか？
　機械部品メーカーＳ社の営業本部長である山本は、午前中行なわれた本部長会議の議論を振り返っていた。管理本部長の三島が説明した議題の中で、人事の給与計算、経理の伝票入力といった業務を効率化するために、

シェアードサービスか？　アウトソーシングか？

　このどちらを採用するか、今年度中に決定したい、という話があったのだ。
　ここ数年、重要案件を議論する経営会議で、コスト削減のために間接業務の効率化がもっとできないか、という話題が出ていたが、その具体的な検討が始まったのだ。山本は、入社以来ずっと営業を担当してきたこともあり、管理業務や間接業務のことはあまりくわしくない。
　また、今日の説明の中で出てきたシェアードサービス、アウトソーシングという言葉も何となくイメージはわかるが、くわしい内容まではわからない。また、間接業務の効率化は、山本が担当する営業本部には直接は関係ない話のようにも思えるが、話の中で出ていた経費の伝票入力などは、営業本部の営業管理担当者も行なっており、少しは影響も出てきそうだ。
　そこで、この２つがどのようなものか、またこれらを採用するとどのような効果があり、営業本部にはどのような影響があるのか、管理本部長の三島に聞いてみようと内線電話を手に取った。

社内業務を社外へ委託するアウトソーシング

　アウトソーシングとは、社内の業務の一部を外部の企業などに外部委託することである。

　具体的には、購買、労務管理、総務、経理といった間接的な業務を対象にすることが多い。このアウトソーシングには、一般に以下の5つのようなメリットがあるといわれている。

メリット①コスト削減
　外部委託先が、その業務を専門的、また集中的に引き受けることによって、作業効率が上がり、コストが低下することで、社内で行なうよりも安いコストで委託できる可能性が高くなることである。

メリット②固定費の変動費化
　アウトソーシングの契約を、業務量に応じて費用が変動するような形態にできると、社内で行なっていたときは正社員が担当するなど固定費中心であったコスト構造が変動費中心に変化していく。その結果、業務量、ひいては売上高に対して柔軟にコストが変化する構造に変わり、赤字になりにくい体質に変えることができることである。

メリット③業務の品質の向上やサービスの幅の拡大
　外部委託先が、業務を専門的に、また集中的にプロとして行なうことで、社内で行なうよりも業務の品質が向上する、またサービスの幅も広がる可能性が出てくることである。

メリット④組織のスリム化
　アウトソーシングすることで、以前その業務に従事していたヒトやモノを抱える必要がなくなるため、組織のスリム化につながる可能性が出てく

ることである。

メリット⑤ より重要な業務への経営資源の集中的な投入

　アウトソーシングによって不要となったヒトや設備といった経営資源を他の重要な業務へ投入することができるようになることである。

アウトソーシングの注意点
「競争優位との関係」「信頼性と管理」

　一方で、アウトソーシングには注意点もある。
　まず1つ目は、

競争優位に関係する業務をアウトソーシングの対象にしてはいけない

という点である。一般にアウトソーシングは間接的な業務が対象となるので、競争優位につながる重要な業務は対象とならないことが多い。
　たとえば購買部門の情報収集力、管理能力、あるいは交渉力をもとに、コスト競争力が強みとなっている企業で、購買部門の業務のほとんどをアウトソーシングしてしまうことは、強みの喪失やノウハウの流失などを通じて企業の弱体化につながる可能性が高い。競争優位につながる業務はしっかりと社内で抱え、平均点でいいものを外部に委託していくことが重要になる。
　2つ目は、

アウトソーシング先の信頼性や管理の問題である。

　社内で行なっていた業務を外部の企業に任せるとなると、機密保持、正確性などが重要なポイントになってくる。また、アウトソーシング先で何か問題が発生した場合には、彼らに責任追及はできるものの、管理上の責任が発生する。その面で、アウトソーシング先の選別、またその管理は

しっかりと行なっていくことが必要になる。

社内に分散している業務を
集中・標準化させるシェアードサービス

　シェアードサービスとは、社内あるいは企業グループの中で分散して行なわれている業務を、社内のある部門あるいは子会社に集中し、さらに業務の見直しを行なって標準化することで、業務の効率化を図ることである。

　具体的には、アウトソーシングと同じように人事や経理といった社内の間接業務が対象になることが多い。

　また、シェアードサービスの目的としては、一般にコスト削減があげられるが、そのためには業務を集中するとともに、業務内容を標準化することも重要になる。それによって、専門性の高い担当者が育成でき、業務の品質も向上していく。また、結果として情報の一元化が実現し、管理体制や内部統制の強化などにもつながっていく。なお、

**シェアードサービスを行なう場合の形態としては
一般に社内（本社）の一部門に業務を集中する場合と
専門の子会社をつくってそこに業務を集中させる場合**

とがある。このうち、社内（本社）の一部門に業務を集中する場合は、新たに組織をつくる必要がないため負担が少ないというメリットがあるが、従来の業務を引き継いでしまう傾向が強いため標準化があまり進まない可能性がある、組織が独立していないため業務の効率化による業績の改善効果などがわかりにくい、といった課題が出てくる可能性がある。

　一方で、専門の子会社をつくって業務を集中させる場合は、逆に、新たに組織を立ち上げることになるためコストがかかるというデメリットはあるが、業務の標準化を重視すると大きな成果が出やすい、組織が独立しているため業務の効率化の成果が明確にわかる、担当者の給与体系などの設

定の仕方によっては人件費を抑えることができる、といったメリットがある。

シェアードサービスの注意点「標準化の徹底」

シェアードサービスは、一般に社内の業務を標準化し、コスト削減を図ることを目的として行なわれる。ただ、一部の企業では、外部の企業の業務も引き受けることによって外販を行ない、売上高や利益を増加させることを目的にする場合もある。この外販を目的にする場合は、専門子会社を設立する場合が多いようだ。

ただ、外販を行なうと、外販を重視するあまり外部顧客の要望に合わせてカスタマイズを行なうことで業務の標準化が進まないなど、本来の目的が達成されないことも多いようだ。したがって、外販については慎重に対応することが望ましい。

また、業界の数社が集まって業務を集中化し、標準化を図るという形態のシェアードサービスもある。このケースでは、各企業のノウハウがもち寄られ、業務を集中して行なうことで大きな成果も出ることがあるようである。ただ、この場合も、

標準化の徹底度、またシェアードサービス専門子会社の経営の自立が成果を高める際のポイント

になりそうだ。

アウトソーシングを優先するほうが望ましい

これまで見てきたように、アウトソーシングとシェアードサービスは、いずれも基本的には間接業務の効率化、コストダウンを実現することを目的とする仕組みである。

ただ、その**違いは業務を外部に委託するのか、社内や企業グループ内で集**

中して行なうのか、という点である。どちらの仕組みを選択すべきかという判断はなかなか難しいが、**単純作業や競争優位につながらない業務**については、コスト削減を重視して外部に任せ、競争優位に関連する業務に経営資源を集中するという意味で、**アウトソーシングを優先的に考える**ほうが望ましいといえそうだ。

一方で、グループ内で行なうことに意味があり、間接的ではあっても競争優位につながる可能性がある業務は、シェアードサービスで社内に抱えることが望ましいであろう。

ただ、著者のこれまでの印象では、日本の優良企業のほうが欧米の優良企業に比較してやや自前主義が強いようだ。昨今多くの企業の経営環境の変化が激しくなる中で、企業が柔軟性を保つためには、どちらかというと自前主義につながるシェアードサービスよりも、外部に委託するアウトソーシングをやや優先することが望ましいともいえそうだ。

ケース
アウトソーシングやシェアードサービスの成果

アウトソーシングは、最近多くの日本企業が間接業務の効率化のために採用している。ただ、実情を聞いてみると、順調に成果が生み出されている例もあるようだが、一方でコストが思ったほど下がらない、またミスが多く業務の質が必ずしも高くない、という声を聞くこともある。やはり、業務の委託先の選択、契約内容の検討、その後の定期的なフォローが重要なポイントになるようだ。

実際に、あるメーカーで経理業務をアウトソーシングしたときの話を聞いたことがある。事前の検討、見

積もり段階では、業務量に応じた契約にすることで、かなりのコストダウンが期待できるという話であった。

しかし、実際にアウトソーシングを始めてみると予想以上に業務量が多く、あまりコストの削減につながらなかったということであった。さらに、アウトソーシング会社が海外でかなりの業務を行なう体制を取っており、また業務の標準化や一般化をあまりせずに依頼したこともあり、初期段階ではミスも多く、そのフォローのためにかなりの手間がかかったということもあったようだ。

その後徐々にスムーズに業務が行なわれるようになったようであるが、コスト削減は期待したほどには進まなかった、という結果に終わったと聞いている。やはり、アウトソーシング先の選択、可能な範囲での業務の標準化などの事前準備、契約内容、その後のフォローは重要なポイントだと考えられる。

また、シェアードサービスについても、人事、経理の業務などを中心に専門子会社に集中する企業グループが増えている。このように業務を集中することで、専門性も高まり、標準化につながり、コスト削減と業務の質の向上が図られるという結果が出ている企業が多いようだ。

一方で、一部に業務の外販を行なっている企業もあるようだが、これが業績に大きく貢献しているという話はあまり聞かない。やはり、グループ内の業務に特化し、コスト削減を目的とするほうが、一般的には成果が出やすいといえそうだ。

実際に、大手総合商社では人事、経理、財務などの業務をシェアードサービスの子会社に任せているケー

スが多いが、基本的にグループ内の企業の間接業務だけに特化している。その結果として、標準化も進めやすく、コスト削減を中心に一定の成果を生み出しているようである。やはり、中途半端に外部へのサービスの提供を行なうことは望ましくないといえそうである。

後日談
間接業務に従事していた人の雇用はどうなる？

　営業本部長の山本は、管理本部長の三島の説明を聞く中で、グループ内で業務を集中して行なうシェアードサービスと外部に業務委託をするアウトソーシングの意味と違いが理解できてきた。

　たしかに、業務の効率化やコスト削減を考えると意味のある仕組みのように感じる。ただ、営業本部の中で営業管理を担当する部下の仕事、またその雇用はどうなるのであろうか。次回の会議ではそのあたりの確認をしようと思い始めた。

まとめ

- ☑ アウトソーシングは、社内の間接業務などを、外部の企業に委託することである。一般に、そのメリットとしては、コスト削減、固定費の変動費化、アウトソースした業務の品質の向上やサービスの幅の拡大、組織のスリム化、より重要な他の業務への経営資源の集中的な投入などがあげられている。

- ☑ アウトソーシングの注意点としては、競争優位に関係する部分は基本的に対象としないこと、信頼できるアウトソーシング先を選択し、管理もしっかり行なうことなどがあげられる。

- ☑ シェアードサービスとは、社内や企業グループ内で分散している業務（一般的には間接業務）を、一部門ないし子会社などに集中することによって、業務を標準化し、効率化することである。

- ☑ シェアードサービスの課題として、外販を重視しすぎると、業務の効率化によるコストダウンという本来の目的が達成できない可能性があることがあげられる。

- ☑ 外部に依頼するアウトソーシングと社内・グループ内で集中して行なうシェアードサービスはいずれも業務の効率化、コストダウンを目的としたものである。ただ、競争優位に関連する業務などへの集中、過度な自前主義からの脱却を考えると、どちらかというとアウトソーシングをやや優先して考えるほうが望ましい。

3 ABCは正確なコスト計算のための間接費の割り振り

ストーリー
間接費の中身と集計方法がわからない

　食品メーカーＦ社の菓子事業部の事業部長に就任した宮本は、担当事業部で扱っている製品の業績集計資料を前に考え込んでいた。
　担当することになった菓子事業部は、ここ数年、売上高は何とか維持しているものの赤字が続いており、早急に事業の立て直しが必要な状況にある。事業部長就任にあたり社長からも、

「３年を目処に立て直しをしてほしい。期待している」

といわれている。日本国内の人口減少傾向の中で、国内の食品の市場は縮小傾向になっており、菓子の市場も例外ではない。ただ、一部の競合企業は好業績をあげており、やり方によっては宮本の事業部も業績を回復させられる可能性はありそうだ。
　宮本は資料を見ていく中で、赤字の製品が多いものの、一部の製品は黒字を確保していることがわかってきた。また、各製品の費用の中に間接費という項目があり、これがかなりの金額になっていることにも気がついた。
　ただ、間接費とは具体的には何だろうか。また各製品の間接費はどのように集計されているのであろうか。間接費の意味や集計方法を中心とした資料の作成方法を確認するために、資料の作成を担当している経理部の部長である鈴木に聞いてみることにした。

ABCの意味と目的

ABCはActivity Based Costingの略である。日本語では**活動基準原価計算**と呼ばれている。これは、どの製品のコストであるのかがわかりにくいコストである間接費を、できるだけ適切に割り振り計算をすることによって、正しい原価を計算するための考え方である。製品のコストは、

直接費：コストと製品との関係が直接的で、どの製品のコストであるのかが明確にわかるコスト
間接費：コストと製品との関係が間接的で、どの製品のコストであるのかがわかりにくいコスト

この2つに分けることができる。

具体的には、自動車メーカーで考えると、製造中のそれぞれの自動車に取りつけられるエンジンやハンドルなどの部品は、どの自動車にどの部品が取りつけられたのか、またどの自動車のコストなのかがはっきりわかる直接費の代表例である。

一方で、工場の天井に設置された照明の電気代や、工場の管理部門の経費などは、自動車の生産に貢献しているコストではあるものの、どの自動車にどれだけのコストがかかっているのかという関係が見えにくい間接費の代表例である。

原価計算の中では、直接費は明確な関係に基づいて、各製品にそのまま直接に集計されていく。一方で間接費は製品との関係が明確ではないため、まず間接費をいくつかのグループに分けていく。その上で、各グループごとの間接費の金額を、たとえば現場の作業者の作業時間である直接作業時間や、現場の機械の作業時間である機械作業時間といった、それぞれ適切だと考えられる割り振り基準（配賦基準）によって、各製品に割り振って、間接費を集計している。ただ、

「通常の原価計算」では
間接費の割り振り（配賦）はかなり大雑把に行なわれている。

　一方で、ABCでは間接費を製品などの**アウトプットを生み出すためのひとまとまりの活動を意味するアクティビティ**というグループごとに区分し、それぞれのアクティビティの**コストの発生と関係の深い数値データ**である**コストドライバー**を探索し、それによって各製品に割り振り計算をする。
　アクティビティとは、たとえばメーカーでは製造ラインに関係する、原材料の保管、移動、切断、加工といったものから、製造を支援する生産管理、人事、といったものまで幅広く、数十あるいは数百にも及ぶことがある。また、コストドライバーについても、いくつかの候補をあげながら過去の各アクティビティのコストの発生とコストドライバーの数値との関係の深さをもとに、割り振り基準（配賦基準）として最も適切なものを選択していく。

図表3-4　通常の原価計算とABCの違い

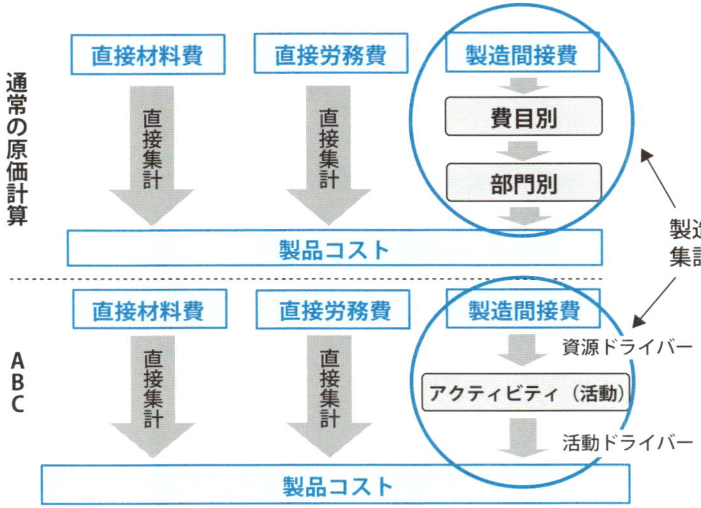

このABCの目的は大きく2つある。

1つ目は**より正しいコストの計算**、2つ目は**コストダウンへの結びつけ**だ。

このうち、より正しいコストの計算は、前述のようにABCによって間接費がより適切に各製品に割り振られることで実現されていく。これによって、各製品の本当の採算がわかり、それをもとに、今後比重を置いていくべき製品や、今後の価格政策などの情報がえられるのだ。

一方で、コストダウンについては、各アクティビティのコストの発生と関係の深いコストドライバーに注目し、その数値を減らす施策を考えたり、またそれに関係する業務を組織全体のビジネスフローの改革も意識しながら徹底して効率化するなどして、各アクティビティのコスト削減に結びつけていくことになる。

ABCを活用して効果がある企業、あまりない企業

ABCは必ずしもすべての企業にとって大きな効果があるとはいえない面もある。ここでは、効果がある可能性が高いケースについてまとめていこう。

多品種少量生産を行なっている企業

多品種少量生産を行なうと、いくつもの種類の製品をつくることになるため、ある業務の手間のかかり方が製品によってかなり違う、といったことが発生する可能性が高い。それは、間接費に含められている業務についても同じだ。

そのため、間接費を大雑把に各製品に割り振ってしまうと、コストの計算が実態を表さなくなってしまう可能性が高い。つまり、多品種少量生産を行なっている企業では、ABCを活用することで間接費をより正しく割り振ることによって、より正しいコスト計算ができる可能性が高くなる。

間接費の比重が高い企業

全体のコストに占める間接費の比重が高い企業の場合は、当然のことながら間接費の割り振り計算を大雑把に行なってしまうと、コストのゆがみ

が大きくなる可能性が高い。したがって、ABCを活用して間接費の割り振りを適切に行なうことがより重要になる。

また最近は、コストを意識したグローバルな調達や製造ラインの自動化などによって、直接費に含まれる主要な部品や材料などの直接材料費や製造現場の人件費などの直接労務費が徐々に低下する一方で、ラインを制御するシステムコストなど、間接費に含まれる可能性が高い費用の比重が大きくなってきている傾向が強い。その意味でも、間接費の割り振りを適切に行なうことの重要性が高まっている。

安定期、成熟期にある企業（製品）、コスト競争力が重要な企業

成長ステージの中で、安定期や成熟期に入ってくると、一般に競合製品も出てくるため、正確なコストをもとに適切な価格を設定したり、コスト競争力を高めることの重要性が高くなってくる。そのため、正確なコストを集計し、コストダウンに結びつけるABCを活用する意味が大きくなる。また、コスト競争力で勝負しようとしている企業は、コストダウンに結びつけるために、ABCを活用する意味が大きくなる。

このように、**多品種少量生産を行なっている企業、間接費の比重が高い企業、安定期、成熟期にある企業（製品）、コスト競争力が重要な企業では、ABCの活用を積極的に考えてみる余地がある。**

逆に、限られた製品を大量生産している企業、間接費の比重が低い企業、成長期にある企業（製品）、コスト競争力ではなく差異化で勝負している企業では、ABC活用の重要性は低い。

メリットが多いABCだが、手間がかかる

ABCは、これまで見てきたように、正確なコスト計算やコスト削減といったメリットを生み出すものである。ただ、これを導入する場合には、いくつかの注意点がある。ここでは、それらについてまとめていこう。

注意点①アクティビティ設定のコスト

　ABCを導入する場合には、間接費を集計する単位として、製品などのアウトプットを生み出すためのひとまとまりの活動を意味するアクティビティを設定することが必要になる。

　アクティビティは、社内の業務の状況をもとに、ある程度細かく設定していく必要があるが、このアクティビティの設定は、ABCのベースになるので、ある程度ていねいに行なう必要がある。この**アクティビティの設定に、通常かなりの手間がかかる**という点が注意点の1つである。

注意点②コストドライバーの探索、集計コスト、システム導入レベル

　ABCでは、アクティビティを設定したあと、アクティビティごとに間接費を集計し、選択したコストドライバーをもとに割り振り計算をしていく。

　ただ、各アクティビティの間接費と関係の深いコストドライバーは、実際はいくつかの候補をあげて、間接費の変動と相関関係の深い数値データを統計的な手法によって選択していくことになる。

　したがって、システムがかなり導入されており、コストドライバーの候補となるいろいろな数値データがある程度入手できるベースがないと、コストドライバーの探索がかなり難しいことになる。したがって、**システムの導入があまり進んでいない企業での導入は難しくなる可能性が高い**。

注意点③導入目的に対する社内での理解

　ABCを導入すると、通常の原価計算でコスト計算をした場合に比較して、標準的な製品のコストは、いろいろな手間がかかっていないために間接費の割り振りがより少なくなり、複雑で特殊な製品のコストは、いろいろな手間がかかっているために間接費の割り振りがより多くなる傾向が強い。

　つまり、標準的な製品のコストはより安く、複雑で特殊な製品のコストはより高く計算される可能性が高くなる。

　そうすると、複雑で特殊な製品を扱っている担当者は、ABCによる丁寧なコスト集計によって、コストがより高く、採算がより悪いことが明確に

なり、彼らの評価が低下することを危惧し、ABCの導入に後ろ向きになる可能性もある。

このようなことを避けるために、**ABCの結果をすぐに評価やインセンティブにリンクするのではなく、正確なコストの把握やコスト削減によって、企業をよい方向に向けるために活用する、ということをしっかり理解してもらうこと**が必要になる。

注意点④結果の適切な活用

ABCを導入すると、先に述べたように、標準的な製品のコストはより安く、複雑で特殊な製品のコストはより高く計算される可能性が高い。

その結果、これまでのデータに比較して、標準的な製品はより儲かっており、複雑で特殊な製品はより儲かっていないことが明確になってくる。

そうすると、単純に考えると、より儲かっている標準的な製品を拡販し、複雑で特殊な製品の販売は縮小したほうがいい、という結論になってくる。

ただ、標準的な製品、複雑で特殊な製品のどちらに比重を置いていくのかは、2つの製品の市場や競合、また今後のコスト削減の可能性なども含めて総合的に判断する必要がある。このように、**ABCの結果だけで製品戦略が決まるわけではない**ことには注意が必要である。

また、ABCによってコスト削減を行なうと、コストドライバーの数値の削減やそれに関連する業務の効率化によって、ヒトの時間やシステムの稼働に余力が出てくることになる。

その場合、その余った時間やシステムの余力などをそのままにしておくと、本当の意味でのコスト削減にはつながらない。

つまり、**浮いた時間やシステムの余力などを、実質的に削減するか、別の用途に活用しないと本当の意味での成果にはつながらない**ことにも注意が必要である。

顧客視点から原価の改善を行なうABM

ABMとは、Activity Based Managementの略である。これは、**顧客価値と利益改善のためにABCの情報を活用する原価の管理の仕組み**のことである。

具体的には、企業の持続的な競争優位を確保するために、企業のいろいろな活動を顧客の視点から見直して、顧客にとってムダな付加価値のない活動は止め、付加価値のある活動のみを効率的に実施できるように、業務活動を抜本的に改革し、継続的に原価の改善を行なっていくことである。

実際には、以下のような5つの活動を実行していくことになる。

- 活動の実行に必要な時間と努力を削減する
- 不要な活動を削減する
- 低コストの活動を選択する
- 可能な限り活動を共通化する
- 未使用資源を再配置するか、削減する

ABCやABMからわかることと「顧客の要望」

これまで見てきたように、ABCを使ってコストを計算してみると、通常のコスト計算の結果に比較して、特注品的な製品のコストがより高く、標準品的な製品のコストがより低いという結果になる場合が多い。

これは、逆に、特注品は通常コストがかなり高くなっていることを意味している。ということは、**特注品は採算がとれるような高い価格を設定して**販売していくか、それが難しい場合は、特注品の種類を絞り込むことで少しでも1種類当たりの数を増やしたり、生産効率を高めてコストを下げることも検討の余地があることを意味している。

このところ明治をはじめとする日本の菓子メーカーが取り組んでいる製品種類数の削減は、かなりのコスト削減になり、さらに業績向上につながることが多いようだ。また、ABMの発想の延長上で、顧客に見える部分、

また求める部分は徹底して顧客の嗜好に合わせ、一方で顧客に見えない部分、あまり求めていない部分は徹底して効率化を図る、そして、顧客の求めていない機能などは徹底して削除する方向性も選択肢の1つだ。

　実際に、自動車メーカーは、車体などのベース（プラットフォーム）の共通化を図り、見えない部分ではコストを抑える一方で、デザインや内装、性能などはそれぞれの車種や顧客の好みに合わせて変えていくといった方向性を採用している。

　旅館やホテルを運営する星野リゾートでは、受付、接客、清掃や布団設置、食事の配膳など、1人で何役もこなせるマルチタスクや、食材のベースはセントラルキッチン（工場）で大量に効率よく調理して各地に配送し、顧客が求める各地域の特産品などの一部の食材は現地で調達し各現場で調理して提供する仕組みを採用しているが、これらもそのような方向性の施策といえる。

　このように、徹底して顧客の要望に応え、特注的な対応を高い価格で提供することも1つの方向ではあるが、顧客の要望に応える部分とそうでない部分を区分し、対応しない部分は徹底して標準化し、効率化する中でコストを引き下げ、それなりの価格で提供していくという方向も検討の余地がありそうだ。

演習問題
通常の原価計算とABCでコストを計算する

　具体的な例をもとに通常の原価計算とABCの場合でのコスト計算を比較してみよう。

　Z社は製品Xと製品Yを製造している。製品Xは大量生産の標準品であり、製品Yは少量生産の特殊品である。

　現在Z社では、通常の原価計算によって、直接費についてはそのまま製品XとYに集計し（直課し）、製造間接費については機械作業時間によってXとYに割り振って（配賦して）コストを計算している。

コストデータ

	製品X	製品Y
直接材料費／個	3,000円	5,000円
直接労務費／個	2,000円	3,000円
機械作業時間／個	2時間	3時間
年間生産量	20,000個	2,000個

製造間接費の総額を230,000千円とする。

上記の表からZ社の機械作業時間の総合計を計算すると、

2時間／個 × 20,000個 ＋ 3時間／個 × 2,000個
＝ 46,000時間

機械作業時間1時間当たりの製造間接費は、

$$\frac{製造間接費総額}{機械作業時間の総合計} = \frac{230,000,000円}{46,000時間}$$

＝ 5,000円

となる。

したがって、製品X・製品Yそれぞれ1個当たりの製造間接費は以下のようになる。

製品X　2時間　×　5,000円　＝　10,000円
製品Y　3時間　×　5,000円　＝　15,000円

その結果、通常の原価計算によるコストは以下のようになる。

通常の原価計算によるコストデータ

	製品X（円）	製品Y（円）
直接材料費／個	3,000	5,000
直接労務費／個	2,000	3,000
製造間接費／個	10,000	15,000
合　　計	15,000	23,000

　Z社では、最近、製品の収益性を厳密に評価して今後の製品戦略のベースにするために、製造間接費にABCを導入してコストをあらためて計算してみることにした。

　製造間接費をくわしく分析してみると設計、部品調達、検査、その他の4つのアクティビティに分けることができ、それぞれ以下のようなコストドライバーと関係が深いことが判明した。

アクティビティごとのコストドライバー

アクティビティ	金額（円）	コストドライバー	コストドライバーの数量	コストドライバー単位当たりの金額（円）
設計	24,000,000	設計回数	30	800,000
部品調達	36,000,000	部品調達回数	9,000	4,000
検査	78,000,000	検査ポイント総数	120,000	650
その他	92,000,000	機械作業時間	46,000	2,000
合計	230,000,000			

　また、製品Xと製品Yのコストドライバーの数量は以下の通りであった。

製品Xと製品Yのコストドライバーの数量

	製品X	製品Y
設計回数	5回	25回
部品調達回数	5,000回	4,000回
検査ポイント総数	80,000点（4×20,000個）	40,000点（20×2,000個）
その他	40,000時間（2×20,000個）	6,000時間（3×2,000個）

これをベースにABCによって1個当たりのコストを計算すると、以下のようになる。

ABCによるコストデータ

	製品X	製品Y
直接材料費／個	3,000円	5,000円
直接労務費／個	2,000円	3,000円
製造間接費／個		
設　計	200円	10,000円
部品調達	1,000円	8,000円
検　査	2,600円（＝4×650円）	13,000円（＝20×650円）
その他	4,000円（＝2×2,000円）	6,000円（＝3×2,000円）
合　計	12,800円	45,000円

注）設計と部品調達については、コストドライバーによってコストの総額を製品Xと製品Yに区分し、その金額をそれぞれの製品数量で割って計算している
　設　計　　製品X　　 5×800,000÷20,000＝　　200円
　　　　　　製品Y　　25×800,000÷ 2,000＝10,000円
　部品調達　製品X 5,000×　4,000÷20,000＝　1,000円
　　　　　　製品Y 4,000×　4,000÷ 2,000＝　8,000円

これまでの結果をもとに、通常の原価計算とABCによる原価計算による製品Xと製品Yの1個当たりコストをまとめると下記のようになる。

製品Xと製品Yの原価計算の比較

	製品X（円）	製品Y（円）
通常の原価計算	15,000	23,000
ABCによる原価計算	12,800	45,000

ケース
製品Xと製品Yの原価の比較と対応策

ここで、これまで計算してきた2つの方法による原価計算の結果を比較してみよう。

まず、大量生産の標準品である製品Xのコストは従来の原価計算では15,000円であったが、ABCでは12,800円と約15％程度小さくなっている。一方、少量生産の特殊品である製品Yは従来の原価計算では23,000円であったが、ABCでは45,000円で約2倍程度とかなり高くなっている。

このように、通常の原価計算では、大量生産品や標準品のコストが実態よりも高めになり、逆に少量生産品や特殊品のコストは実態よりも低めに計算されている可能性が高い。これは、標準品や大量生産品については、比較的定型化された作業を効率的に行なっている場合が多いため、それと関係する製造間接費はあまり多くはなく、逆に相対的に手間のかかる特殊品や少量生産品のために使われている製造間接費の比率が高くなるという傾向があるためである。

それでは、この場合Z社はどうしたらよいのだろうか。

製品ごとに考えると、製品XはABCによる、より丁寧で正しい原価計算の結果、コストがより低いことがわかったのであまり大きな問題はない。一方で、問題となるのは製品Yだ。従来の原価計算では1個当たり23,000円と集計されていたものが、ABCによる、より丁寧で正しい原価計算の結果、約2倍の45,000円と

なっている。もし、製品Yの価格が45,000円以下であった場合は、利益が出ていると見えていたものが、実は赤字だったのだ。

　この場合は、**①コスト削減、②値上げ、③製造中止の順番に検討していく**ことが必要になる。まずコスト削減については、部品などの直接材料費や製造現場の従業員の人件費である直接労務費といった直接費の削減も重要であるが、ここではABCのポイントである間接費を中心に考えていく。ABCの場合の間接費の内訳を見ていくと、設計、部品調達、検査、その他の4つのアクティビティに分かれている。このうち、設計は、設計回数がコストドライバーになっているが、設計に関する作業の効率化や一部の設計の共通化、また設計回数の削減などによってコストの削減に取り組んでいく。次に、部品調達は、部品調達回数がコストドライバーになっているが、部品調達の作業の効率化とともに、使用する部品の共通化や標準化、また1回の発注量の増加などによって調達回数そのものを削減することでコスト削減に取り組んでいく。さらに、検査については、検査ポイント数がコストドライバーになっているが、検査の作業の効率化とともに、検査ポイントを絞るなど検査ポイント数を削減することでコスト削減に取り組んでいく。

　次に、コスト削減をしても一定の利益率が確保できない場合は値上げの検討だ。製品Yは特殊品なので、ある程度付加価値が高く、差異化もされている製品と考えられる。したがって、一定金額の値上げも受け入れられる余地があると考えられるので、検討の余地はある。

　さらに、コスト削減も限界があり、値上げの余地も

なく、利益が確保できない場合は撤退を考えることも必要になる。

　このように、ABCによるコスト計算の結果をもとに、適切な対応を行なうことが重要だ。

後日談
間接費の割り振り方法の違いで、各製品の儲けの見え方が変わる！

　事業部長の宮本は、経理部長の鈴木から間接費の集計を中心とした製品ごとの業績資料の作成方法の説明を受ける中で、資料の数字の意味がわかってきた。

　間接費は、どの製品のコストであるのかがわかりにくいコストであること、また今回の資料はその間接費の割り振りをある程度ざっくり行なった資料であるため、やや精度が低いと考えられること、といった点である。

　ただ、鈴木は、より正しいコストを知るために、つい最近ABCの考え方を活用して間接費を割り振り直した仮集計の資料も見せてくれた。それを見ると、販売量は多いがあまり伸びていない標準的な製品のコストが先日の資料よりもかなり低く集計されている。一方で、このところ販売量が大幅に伸びている顧客のニーズに合わせて中身の組み合わせやパッケージを変える特注的な製品のコストがかなり高く集計されている。

　このコストをベースに各製品の業績を見るとこれまでのイメージとかなり違った結果になる。仮集計した資料の精度の確認は必要だとは思いながらも、これをベースに、コストダウン、値上げ、製造中止といった各製品の今後の方向性を検討してみようと考え始めた。

まとめ

- ☑ ABC（Activity Based Costing：活動基準原価計算）は、どの製品のコストであるかの関係がわかりにくい間接費を、各製品に丁寧に割り振ることで、正確なコスト計算とコスト削減を行なう考え方である。

- ☑ ABCでは、まず間接費を、アウトプットを生み出すためのひとまとまりの活動を意味するアクティビティごとに区分し、次にそれぞれのアクティビティのコストと関係の深い数値データ（コストドライバー）を見つけて、それを使って割り振り計算をしていく。

- ☑ ABCの効果の高い企業としては、間接費のゆがみが大きくなりやすい多品種少量生産を行なっている企業、コストに占める間接費の比重が高い企業、コスト競争力が重要になる安定期・成熟期にある企業（製品）、コスト競争力が重要な企業などがあげられる。

- ☑ ABCの注意点としては、①アクティビティの設定に手間がかかること、②コストドライバーの探索と集計にも手間がかかるので上手にシステムを活用することが必要なこと、③導入目的を社内で正しく共有しすぐに評価などに結びつけないこと、④ABCはあくまでもコストデータの精緻化であることを理解すること、効率化で浮いたヒトの時間などを削減や転用しないと本当の成果につながらないこと、などがあげられる。

- ☑ ABM（Activity Based Management：活動基準原価管理）は、ABCをベースに顧客に対する付加価値の有無という視点から業務を見直し、原価改善を行なっていく考え方である。

4 予算はトップダウン？積み上げ？

ストーリー
苦労が多い予算作成、他社はどうやってる？

　20XX年秋晴れの日、製造小売のアパレル会社T社の事業部長である森川は、さわやかな天気とは逆に重苦しい気分になっていた。また毎年恒例の予算の季節がめぐってきたのだ。

　T社では、下半期に入ったすぐの段階で経営企画部門から来年度の売上や利益についての予算の大枠が示される。それをベースに各部門が現場の状況を反映して具体的な予算を作成し、それを数回にわたる予算会議でやり取りしながら、最終的な予算にしていく。

　T社はどちらかというと本社の力が強く、経営企画部門の予算の大枠は各事業部に対するやや強制に近い要求といった感じになっている。また、予算会議でもかなり詳細な質問や議論が行なわれるため、それに向けた資料づくりも大変だ。

　森川の事業部で予算を担当するメンバーも、通常の仕事をこなしながら、この予算作業を行なうため、この時期になるとかなり疲弊し、元気がなくなってくる。森川は毎年事業部長として何とかしたいと思いながらも、なかなか有効な手も思い浮かばず、今年もその季節を迎える中で重苦しい気分になっていたのだ。

　この状況を打開するヒントはないだろうか。その日の夜、たまたま大学時代の友人で、化学業界の大手企業の経営企画部長をしている大林と食事をする予定になっているので、予算について少し情報交換をしてみようと考え始めた。

予算の意味、意義、種類、設定方法

予算とは、売上高や利益などの計画を実行に移していくための総合的な計画のことである。別のいい方をすると、目標とする売上高や利益といった業績を生み出すために、具体的にどうしたらよいのかを数字をもとにつくり込んでいくためのツールでもある。

具体的には、1年ないしそれよりも短い期間（1か月、3か月、半年など）について、**損益計算書をベースに作成するものが予算の中心**になる。これが**損益予算**である。

損益予算は、売上高から始まり、損益計算書のフォームに合わせて、売上原価、売上総利益、販売費及び一般管理費、営業利益…と、当期純利益までの項目の予算を設定していく。また、販売費及び一般管理費、営業外損益については、販売促進費、広告宣伝費、研究開発費、人件費、受取利息、支払利息といった費用や収益の内訳の予算も設定していく。

また、**キャッシュフローの動きの予算である資金予算**を作成することもある。具体的には、キャッシュフロー計算書のフォームに合わせて、営業活動、投資活動、財務活動に区分してキャッシュフローの動きの予算を設定していく。ただ、営業活動の部分については、現金売上、売掛金の回収、買掛金の支払といった実際のキャッシュフローの出入りを集計する形で設定することもある。

さらに、設備投資、研究開発投資、関係会社投資といった、その効果が1年以上の長期にわたるような、いわゆる**投資に関係する資本予算**を設定することもある。これらは、**1年間の中で、どのような内容の投資をどの程度の金額をかけてどの時期に行なうか**、という形でまとめていく。

なお、予算の中心となる損益予算を作成する際にベースとなる売上高の成長率や利益率の水準については、経済環境や市場環境、過去の業績推

移、競合企業の業績、資金を提供している株主などが期待している儲けの水準を意味する資本コストなどをもとに、総合的に考えて設定することが望ましい。

　つまり、経済環境や市場環境から見て適切な水準か、過去の業績推移から見て妥当な水準か、競合企業の過去業績から見て違和感がないか、また、投資家の期待する資本コストから考えて十分な水準か、といった点をそれぞれ考慮しながら、できうる限りそれらを満たすような予算にしていくのである。

　予算は、経営者・管理者の双方にとっていくつかの意味がある。
　まず経営者にとっては、予算を作成する中で、

経営環境やそれをもとにした方針を考える機会がもてること
予算を作成することで、管理者に権限を委譲できること
企業全体の大きな方針に沿った経営に専念できること

がそれぞれ可能になることがあげられる。
　一方で、管理者にとっては、目標設定に参加することで、

全社の目標を達成するために自らが行なうべきことが明確になること
他の部門への理解が深まること
業績評価の基準が明確になり、自ら分析し管理ができるようになること

がそれぞれ実現できる。
　また、予算を使った目標管理を行なうステップは、一般に、

予算を作成していく「計画」
予算を決定するために、本社と現場の間で調整をしていく「調整」
実績の集計段階で、予算と比較・分析し改善を行なっていく「統制」

の3つに分かれている。この中で、もともとは「統制」が重要だといわれていたが、最近は今後につながる「計画」が重要だといわれるようになっている。

　また、予算の設定方法は、大きくは2つある。1つ目は、

経営トップが予算を決め、現場はそのまま受け入れるような「割当予算」

である。この方法は、トップの考えが反映されるものの、現場がノルマと感じてしまい、動機づけにつながらない可能性が高い。
　もう1つは、

現場がそれぞれ予算をつくり
ボトムアップで全社予算をつくっていく「積み上げ予算」

である。この方法は、現場の状況は反映されるが、甘い予算になってしまう可能性が出てくる。

　したがって、2つの方法をミックスした折衷型予算が一般的には望ましいとされている。つまり、

トップのほうで予算の大枠を決め、その大枠に沿って
各現場で予算を積み上げ、予算委員会などで調整していく「折衷型予算」

である。この方法によると、組織全体でのコミュニケーションが促進され、現場の予算に対するコミットメントも高まるといわれている。日本では一般的にこの折衷型がよく採用されている。

最高の業績につながる予算とは

予算については、いくつか注意点がある。

まずは、予算を設定した期間の中での修正についてである。予算が一定期間の売上高や利益を生み出していくための計画であることを考えると、**安易に修正することはよくない。**

ただ、金融危機といった大きな環境変化があった場合は、その変化が起こる前につくった予算のままでは、計画としての意味がなくなってしまうので、修正予算を作成することが望ましい。しかし、修正をすべきかどうか、その時期をどうするか、修正の程度をどうするかについては慎重に検討していくことが必要になる。

次に、**予算の達成度合いを報酬や昇進といったインセンティブと連動させることも重要**である。インセンティブと連動させることで、従業員のモチベーションも高まり、予算が達成できる可能性も高まると考えられる。

また、売上高や利益をはじめとする予算数値のレベルについては、一般に、

現場が受け入れられる範囲で最も厳しい目標が、最高の業績につながる

といわれている。そのような予算が設定されている場合の若干の未達の数字は、動機づけや目標レベルの適切性を意味するとも考えられている。また、

**非常にストレッチした、まず達成不可能だと考えられるような予算は
現場のモチベーションを落とす可能性がある。
一方で、簡単に達成できてしまうような予算は
現場が甘くなり、全力をあげなくなる可能性が高い。**

なお、このような**厳しすぎる、あるいは甘すぎる予算を作成してしまうことを予算のバイアス**と呼んでいるが、これが激しいと予算の意味がなくなってしまう。したがって、一生懸命やれば達成できるような現実的で厳しい予算を作成することが重要になる。

超予算モデル──予算管理の問題点を乗り越える

予算は多くの企業で使われているが、これまでの予算の仕組みには課題があるとして、それを改善する考え方も出てきている。その代表的なものが、Beyond Budgeting Model（超予算モデル）である。

これは、1998年1月に英国で設立されたBBRT（Beyond Budgeting Round Table）が、従来の予算管理のシステムを廃止したいくつかの企業の事例をもとに提示したものである。

まず、BBRTがあげている従来の予算管理システムに対する批判から見てみよう。BBRTがあげる予算の問題点は下記の4点である。

- 予算は、その策定に膨大な時間とコストをかけている割に価値を生み出していない。
- 予算は環境変化に対する柔軟で機動的な対応を妨げることがある。これは、予算を設定する時期が、実際の予算の対象期間のかなり前になっていることが多いため、実際の状況とかなり違う前提で作成されてしまう可能性があるという意味である。
- 予算が報酬と結びついている場合には、真実の情報を提示するインセンティブが少なくなり、予算数値が社内政治によってゆがめられたり、不正につながる可能性もある。たとえば、達成しやすい甘い予算になるように、政治的な動きが出てきたり、予算がもう少しで達成できそうであれば、押し込み販売などの不正が行なわれる可能性が出てくるといった意味である。
- 予算によって短期的なつじつま合わせに関心がいってしまい、長期的な視点から組織能力構築のための努力を行なわなくなってしまう。

このような予算管理システムの問題点を解決するために、BBRTが提示しているのが、以下のようなポイントからなる変化適応型プロセスである。

①目標設定

目標を、各部門が最高な状況のもとで生み出すことができる成果として、客観的で意欲的な（ストレッチした）ものとして設定していく。さらに**目標設定は評価や報酬と切り離していく**。これによって、目標が内部の交渉によって決まるといった歪んだものではなくなってくる。

一方で、評価や報酬は、事前に決めた固定的な数値ではなく、同業他社や社内の他の事業部、あるいはその事業部の過去の業績をベンチマークすることによって行なっていく。これによって、環境の変化などが反映されることになる。

②評価と報酬

組織全体、グループ、チームなどをベースに、事後的な**相対評価、つまり同業他社や社内の他の事業部、過去の業績との比較によって評価を行なって、報酬を決定**していく。これによって、環境の変化や各部門やチームの実情などを反映した上で、評価や報酬の決定が行なえるようになる。

③計画の策定

1年間の事業年度単位で固定的な計画を作成することは、必ずしも戦略を実行するサイクルや、経済やビジネスのサイクルに合致していない。

したがって、**絶えず一定期間の計画を作成していくローリング方式**を採用することによって、計画の更新頻度を高め、計画の精度を高めていく。これによって、環境変化に対応した計画を策定できるようになり、絶えず顧客や株主への価値提供に関心をもち続けることができるようになる。

④資源配分

KPI（Key Performance Indicator：重要業績評価指標）なども活用しなが

ら、環境変化に合わせ、必要量に応じて資源を再配分することによって、ムダをなくしていく。

⑤調整
　顧客のニーズに対応するために、組織横断的な活動がスムーズに行なわれるようにする。

⑥業績測定と評価
　効果的な統治の仕組みをつくるとともに、一連のそれぞれ相関関係のあるKPIを活用しながら管理を行なっていく。

　この**変化適応型のプロセス**の内容を見ていくと、競合他社や社内の他部門との比較をベースに評価する**ベンチマーキング**、絶えず一定期間の先を見ていく**ローリング予測**、KPIの活用につながるバランストスコアカード、資源の再配分や顧客価値の重視につながる**ABCやABMなどとかなり関係**があり、またそのような指摘も行なわれている。
　ということは、このような管理会計の考え方やツールを予算と並行して活用していけば、予算をより意味のあるものに変えることにつながるともいえる。
　また、Beyond Budgeting Modelの考え方の出発点となった**予算管理システムに対する批判は、予算管理のシステム自体ではなく、その運用方法に関するものが中心**である。
　具体的には、企業の環境変化が激しくなる中で、伝統的な予算管理が有効でない場合が出ており、それに対応する仕組みを考える必要があるということが中心となっている。
　したがって、ここで説明した変化適応型プロセスは環境変化が激しく、不確実性が高い事業を行なっている企業で導入する意味が大きいといえる。また、環境変化が激しい場合には通常分権的な組織が適しているが、このプロセスはそのような分権的な組織を前提にしているともいえそうだ。

ケース
ディスコ
── 環境変化の激しい事業の業績管理

　ディスコは、半導体に関連する精密加工装置や精密加工ツールの製造販売、またその保守で圧倒的なシェアと高い収益性を確保してきている企業である。ただ、環境変化が激しい半導体に関連する事業を行なっているため、Beyond Budgeting Modelの中で取り上げられている変化適応型プロセスが適している企業ともいえる。実際に、同社の経営管理の仕組みの中には、そのようなプロセスと重なるような点が含まれている。具体的に見ていこう。

　ディスコには、1997年に設定した進むべき方向性や企業としてのあるべき姿を示した企業理念である「DISCO VALUES」があり、200を超える項目が明文化されている。また、この理念を共有し浸透させる仕組みをつくり、「何が正しいか」を基準とする考え方を組織に浸透させ、権限の委譲を進めている。

　その権限委譲のベースの1つが、Will会計という独自の管理会計システムである。もともとは京セラのアメーバシステムから発展したものであり、社内業務からの収入や人件費や設備費といった支出など、業務にかかわるあらゆる事項に金額を設定し、部門の採算管理に活用している。
　また、2011年から個人Will会計として従業員1人ひとりまで落とし込む仕組みもつくり、個人の業務パ

フォーマンスを見える化し、仕事の採算管理に活用している。

その中で、固定費や変動費という一般的な費用の区分以外に、会社の意思で使う経費である意志費（残業代、出張旅費、接待費など）という概念を採用し、収益悪化の際には意志費を削減することで利益率を確保する体制をつくり上げている。

さらに、営業が顧客のいいなりに仕様変更に対応してしまい、設計や試作などの手直しが発生するなど、組織全体の利益に対してマイナスの行動をとった場合に、その営業の組織や個人に金額のペナルティを科す「痛み課金」、また逆に組織全体の利益にとって大きく貢献する行動をとった場合に報奨を与える「Will報奨」といった仕組みも組み込まれている。

このシステムによって、仕事や働き方が個人で選択できるようになり、働き甲斐、パフォーマンス、意思決定のスピードが向上し、生産性も高まっている。

また、それに加えて業務改善活動であるPIM（Performance Innovation Management）も導入している。これは業務を通じて得た気づきから目標値を設定して、改善案を生み出し、短期間で振り返りを行ないながら実行していく活動である。

なお、ディスコは、変動の激しい事業を行なう中で、量的な拡大ではなく質的な向上を追求することを目指すべき方向性としている。具体的には、売上高やシェア、規模の拡大などを目標とはせずに、利益の質を表す利益率、つまり4年累計で20％以上の連結売上高経常利益率を維持することを目標にしている（2018年3月期）。さらに、顧客満足度や従業員満足度の調

査も行なっている。

このように、ディスコの仕組みの中には、4年間の累計での連結売上高経常利益率を目標にするといった1年という期間にこだわらない管理、顧客満足度や従業員満足度といったKPIの活用とそれによる顧客ニーズへの対応、Will会計という環境変化に柔軟に対応しやすい分権的で社内での部門間比較が可能な仕組みといった、変化適応型プロセスにつながる仕組みがいくつか採用されている。このように、環境変化が激しい事業の場合には、それにふさわしい仕組みを採用していくことも重要である。

後日談
予算の仕組みを見直す必要があると思い始めた

製造小売のアパレル会社の事業部長である森川は、大手化学メーカーの経営企画部長である大林から彼の会社の予算設定の仕組みを聞く中で、かなり違いがあることがわかってきた。大林の会社では、本社の意向はあるものの、現場の意見もかなり取り入れられている。

また、利益については資本コストもかなり考慮しており、損益計算書を中心とした財務数値の予算だけではなく、それに関連する顧客満足度や顧客のリピート率、新規顧客の増加率といった数値の予算も設定している。

加えて、2年前からは、四半期ごとに絶えず15カ月の予算を設定していくローリング予算も始めているとも言っていた。それなりに負担もあるようではあるが、売上や利益といった結果を出すためにどうすればよいかを考え、また環境変化を取り込みながら絶えず将来を見ていくような仕組みであり、メリットは大きそうだ。

> 森川は、自社の予算の仕組みもあらためて見直す必要があるのではないかと思い、機会を見つけて同期の社長室長の北川に話してみようと考え始めた。

まとめ

- ☑ 予算は、売上高や利益などの計画を実行に移していくための総合的な計画のことである。具体的には、損益計算書ベースの損益予算、キャッシュフローベースの資金予算、投資に関係する資本予算などがある。

- ☑ 予算は、経営者にとっては、経営環境や方針を考える機会がもてる、権限委譲ができる、経営に専念できる、といった意味があり、管理者にとっては、全社の目標達成のために行なうべきことが明確になる、他の部門への理解が深まる、業績評価の基準が明確になり、分析や管理が可能となる、といった意味がある。

- ☑ 予算による管理は、予算を作成する「計画」、本社と現場との調整である「調整」、実績との比較分析や改善につなげる「統制」の3ステップに分かれるが、最近はそれらのなかでは「計画」が重要だと考えられている。

- ☑ 予算の設定方法には、トップダウンをベースにする割り当て型、現場からの積み上げをベースにする積み上げ型、2つを一緒にした折衷型があり、日本企業では折衷型が多い。

- ☑ 予算設定においては、安易な修正は避けること、インセンティブと関連づけること、またその水準は現場が受け入れられる範囲で最も厳し

い目標が望ましく、厳しすぎる、甘すぎるものは避けることなどに注意が必要である。

☑ 予算の課題を改善しようという考え方として超予算モデルがある。これは環境変化の激しい分野の企業をある程度ベースにしており、そこであげられている変化適応型プロセスは、ベンチマーキング、ローリング予測、KPIを含むバランスト・スコアカード、ABCやABMといった考え方を予算に活用していくことがベースとなっている。

5 ROE、ROIC…どの財務目標がよいのか?

ストーリー
財務目標はどの指標が適切なのか?
目標水準はどの程度がよいのか?

　医療機器の製造販売会社であるK社の経営企画部長である宮本は、ここ数日、次期の中期経営計画で掲げる財務目標について考えていた。先日の次期中期経営計画の策定プロジェクトのミーティングの中で、財務目標がかなりの議論になったのだ。

　最近話題になることが多く、かなり多くの企業が財務目標としているROEがいいのではないか、以前から課題になっている営業利益率の向上を目標にしてはどうか、有名な大学教授が講演の中でROICをすすめていたので検討してみてはどうかなど、いろいろな意見が出た。かなりの時間をかけて議論したものの結局話はまとまらず、次回のミーティングに持ち越しになった。

　宮本はこのプロジェクトのとりまとめ役であり、全体のスケジュールを考えると財務目標とする指標とその水準をここ1カ月程度で決める必要がある。このままで次のミーティングを開いても議論が続くだけで、期限までにまとめるのはかなり難しそうだ。そこで、経営企画部としての原案を事前に提示し、それに沿って次のミーティングでは議論を進めてはどうかと考えていたのだ。ただ、その原案については、外部の意見も聞いた上で固めていきたい。そこで、大学時代の同期で、大手コンサルティング会社の幹部をしている三科に連絡をとった。

財務目標の選択と浸透

　適切な財務目標を設定し、それを組織に浸透させるためには、いくつかのポイントを考慮することが必要だ。ここでは、4つのポイントをあげてみたい。

①目指す方向に合うものを採用する
　財務目標は、当然ながら企業が目指すべき方向に合うものを選択することが必要になる。たとえば、

> 株主を意識し、株主から見た投資効率の維持や向上を目指す場合には
> ROE（Return On Equity：自己資本利益率：87ページを参照）
> 事業の投資効率の維持や向上を目指す場合には
> ROA（Return On Asset：総資産利益率：90ページを参照）

が適している。また、

> 資本コストであるWACCを上回る儲けを確保することを目指す場合には
> WACCとズバリ比較できるROIC（Return On Invested Capital：投下資本利益率、172ページ、350ページを参照）

を採用することが望ましい。
　また、ROEやROA、またROICの構成要素であり、それを高めるためのベースである売上高営業利益率などを、

> 売上高利益率を目標として強く意識させるために
> 追加の財務目標とすることもある。

　これは、ROEやROAの水準が売上高利益率に大きく依存している傾向

が強いことを考えると、1つの選択肢だ。
　また、資産の効率を高めるために、

> **売上債権や棚卸資産などの運転資本を圧縮することを目指す場合には、CCC（Cash Conversion Cycle：106ページ参照）の短縮**

を目標とすることも選択肢になる。
　さらに、規模的な成長を目指す場合には、金額としての目標、つまり売上高や営業利益の金額を目標にすることが望ましい。
　一方で、財務的な安全性が低い場合には、それをある程度まで高めるために、安全性に関係する財務目標を設定することもある。たとえば、

> **借入金や社債といった借りた資金を意味するDEBTを**
> **ある程度の水準に抑えることを目指す場合にはDebt Equity Ratio**

> **DEBTを事業から生み出すキャッシュフローで**
> **余裕をもって支払える状態を目指す場合には**
> **その返済可能年数を意味する**
> **DEBT営業キャッシュフロー倍率**
> **（DEBT÷営業活動からのキャッシュフロー）**

などを採用することも選択肢になる。また、

> **DEBTの返済などのためにキャッシュを確保することを目指す場合には**
> **投資まで含めた事業からのキャッシュフローを意味する**
> **フリーキャッシュフローをプラスにする、あるいは一定金額確保する**

という目標もある。
　なお、これらの財務目標のうち、何を採用するのか、またその水準をどうするのかは、企業の置かれている状況によっても変化する。

たとえば、**財務的に厳しい状況から復活する段階では、安全性の目標と、利益率や利益額といった儲けについての目標が重要**になる。また、その水準もとりあえずは業界から見て平均的なレベルをターゲットにしていく。

次に、企業を平均的な水準からかなり良好な水準までレベルアップさせる段階では、そのときの状況に応じて、改善すべき方向に関連する目標を、達成すべき水準で設定していくことが重要になる。

さらに、すでに**良好な状況に到達している場合**は、その状態を維持するために、**利益率やCCC、さらにROEやROAといったキーとなる目標を維持することを目指し**、それに加えて成長が重要な場合には、**成長の目標を加える**ことが選択肢になる。

②設定する財務目標の数と目標値の水準

採用する財務目標の数に決まりはない。ただ、ROEやROAには規模的な成長という視点が入っていないように、一般に1つの財務目標だけで、企業の目指すべき方向性をバランスよく指し示すことは難しい。したがって、

　　通常はいくつかの財務目標を組み合わせていく

ことが多い。また、数については、よく**黄金の数字といわれる3つ**あたりが一般には明確で記憶しやすくバランスがよさそうだ。ただ、目指すべき方向性をバランスよく示せるのであれば、もう少し多くてもいいかもしれない。

また、**財務目標の数字の水準については、一般に最も高い成果につながるといわれる「現実的に達成可能で、やや難しいレベル」**が望ましい。

ただし、ROEやROICといった株主や資金提供者の期待レベルである資本コストを上回ることが必要となる数値については、**資本コストが最低ライン**になる。具体的には、ROEは株主が期待、要求している儲けの率である株主資本コスト、ROICは資金提供者が期待、要求している儲けの率であるWACCがそれぞれ基準となる。

また、ROA、売上高利益率、CCCなどについては、過去のトレンド、同業や同じようなビジネスモデルを採用している企業の中でよい状態にある企業の水準などをもとに設定することが望ましい。

　さらに安全性の目標については、業種によって適切な財務数値には違いがある傾向もあるので、同業のバランスのいい企業の状況などをベースに設定することが望ましい。

③社内への展開

　財務目標を社内の各部門へ展開していく場合には、全社の目標を実現するために、各部門が目指してほしい目標、また各部門がコントロールできる目標を設定することが重要になる。

　例えば、全社で規模的な成長を目指す場合には、売上高や営業利益の絶対額の拡大を各部門の目標に含めることが望ましい。

　また、全社的に資産の投資効率を高めることを目標にしている場合には、全社でROAの目標を設定するのと並行して各部門にもROAの目標を与えることが必要だ。

　一方で、指標によっては、全社の財務目標と同じものを設定しないほうがいい場合もある。

　たとえば、**全社でROEの目標を設定した場合に、各部門にもROEの目標を設定することはあまり望ましくない**。なぜなら、各部門にROEの目標を設定するためには、その分母である自己資本（ほぼ純資産と同じ）と当期純利益を部門ごとに集計する必要が出てくる。これらの2つの数字の各部門への正確かつ公平な割り振りをすることがかなり難しいからである。無理して割り振りを行ない評価しようとすると、実態を十分に反映した数字とならずに、実情が把握できなかったり、各部門で不公平感が高まり、モチベーションが下がるといった事態にも陥りかねない。

　さらにROEを向上させるためには、そもそもROEの分子の当期純利益の増加と分母の自己資本の削減がポイントになるが、いずれも各部門レベルで変えられる部分は限定されるため、具体的な目標につながりにくいと

いうこともある。

したがって、その場合は、**ROEとの関連性が高いROAを部門レベルの目標として採用する**ことが1つの選択肢になる。ROAであれば、ROEの向上と基本的に同じ方向性を目指す財務目標を設定することになり、さらにROAの分母である資産の圧縮や分子の営業利益などの拡大であれば、売掛金の回収の早期化、在庫の圧縮、設備の投資効率の向上、さらに値引きの回避やコスト削減といった通常各部門が日々取り組んでいる具体的な目標と直接に関係づけることができるからである。

このように各部門がコントロールできるような目標を設定することも重要になる。そういう意味では、営業利益率やCCCなどもまさに各部門の業務に直結する目標であるため、各部門の財務目標の選択肢になる。

なお、売上高成長率、ROA、営業利益率、CCCなどの目標水準は業種によって適正レベルが違ってくる。したがって、部門ごとにいい状態にある同業他社などを参考にしながら設定していくことが望ましい。

一方で、安全性に関する財務目標は、基本的に全社として達成するべきものであるため、一般に各部門への展開にはあまりなじまない。したがって、

安全性の財務目標は会社全体で設定し
事業に関係する成長や投資効率、利益率などの目標を各事業ごとに設定

していくことが望ましいといえる。

また、社内の組織への財務目標の展開は、各組織、例えば社内の事業部やその中にあるチームのくくり方や位置づけにも関係する。組織の位置づけ方には、大きくレベニューセンター、コストセンター、プロフィットセンター、インベストメントセンターの4つがある。

まず、**レベニューセンターは売上の目標が与えられ、売上が目標を上回れば評価される組織**のことである。営業部門はレベニューセンターとなるこ

とがある。

次に**コストセンターはコストの目標が与えられ、コストが目標の範囲に収まれば評価される組織**のことである。工場や管理部門などはコストセンターとして位置づけられることが多い。なお、307ページで取り上げたグループ全体の管理業務などを集中して担当するシェアードサービス部門などは、一般にコストセンターとして位置づけられることが多いが、外部企業にもサービスを提供するとプロフィットセンターになる。

プロフィットセンターは売上とコスト、さらには利益の目標が与えられ、目標利益を達成すれば評価される組織のことである。営業部門や事業部などは、プロフィットセンターに位置づけられることがある。

さらに、**インベストメントセンターは、売上とコスト、さらには利益とともに、資産を中心に貸借対照表の項目を各部門に割り振ることで各部門の貸借対照表をつくり、それをもとに計算できるROAなどの資産効率の目標を達成すれば評価される組織**のことである。事業部などはインベストメントセンターと位置づけられることがある。

なお、このうちインベストメントセンターはプロフィットセンターという名前で呼ばれることもある。つまり、プロフィットセンターという名称は、利益目標だけを与えられている正真正銘のプロフィットセンターと、貸借対照表まで割り当てられて、資産効率の目標を与えられているインベストメントセンターの両方に使われていることがあるのだ。

このような組織の位置づけ方は、会社全体の目標達成のために、各グループやチームにどんな役割を担ってもらうかによって、決めていくことが必要になる。

たとえば、営業部門にまずは売上を上げてほしい場合は、レベニューセンターとして位置づけることが望ましい。

次に、工場や管理部門にコストの削減や維持を意識して活動してもらいたい場合はコストセンターとして、逆に工場や事業部に利益を上げることを意識して活動してもらいたい場合は、プロフィットセンターとして位置づけることが必要になる。

さらに、事業部などに貸借対照表まで含めた投資効率を高めることを意識して活動してもらいたい場合は、インベストメントセンターとして位置づけていくのだ。結果として、

レベニューセンターの場合は売上高や売上高の成長率
コストセンターの場合は例えばコストの削減率
プロフィットセンターの場合は営業利益額や営業利益率
インベストメントセンターの場合はROAや営業利益率、CCC

などがそれぞれの場合の財務目標として採用されるケースが多くなる。
　なお、この組織の位置づけは、各部門に何を目標として活動してほしいのか、といったメッセージにもなり、さらにこの位置づけは、全社の目標と各部門の目標のベクトルの方向性を合わせる、といった意味もあることにも注意が必要である。

④浸透と共有
　財務目標は、組織の中で理解され、共有されることによって、達成への意識が高まる面もある。
　したがって、設定した財務目標の意味を社内で理解し、共有してもらうために、必要に応じて財務目標についての研修を実施したり、経営幹部からのメッセージの中で何度も取り上げることも意味がある。
　ある業績が順調に伸びている企業では、経営理念や共有すべき価値観とともに、財務目標の意味と現状、今後の目標を、年に数回ある幹部会、社員会で何度も繰り返し社長が話をしている。そのような繰り返しの中で、それが重要だということが組織の中に浸透し、共有されていっているようだ。
　また、単にROE何％、ROA何％ではなく、それを達成するために重要な財務数値に分解して、営業利益率何％、CCCを何日まで削減、といった具体的な目標として設定していくことも1つの選択肢である。

ROICについて

　最近比較的多くの企業が財務目標として設定するようになってきている財務数値の1つに、**ROIC（Return On Invested Capital：ロイック：投下資本利益率）** がある。

　これは、外部から資金提供してもらっている**投下資本であるDebt（借りた資金）とEquity（株主からの資金）に対する儲けの率を計算したもの**である。なお、この場合、儲けについては実質的な儲けという意味で、税金を差し引いたうえでの本業の儲けであるNOPAT（Net Operating Profit After Taxes：税引後営業利益）を使っていく。NOPATは下記のように計算する。

$$\text{NOPAT} = \text{営業利益} \times (1 - \text{実効税率})$$

　このNOPATをもとに、ROICは下記のように計算していく。

$$\text{ROIC} = \frac{\text{NOPAT}}{\text{Debt} + \text{Equity}}$$

　なお、ROICは資金提供者から預っている投下資本をベースに、事業の投資効率を計算する比率であり、WACCも投下資本に対する資金提供者（株主と資金を貸している銀行など）が期待している儲けの比率である。どちらも投下資本をベースにしている比率という意味で完全に比較できるものだ。

　したがって、毎年の業績が資金提供者の期待以上、つまり資本コスト以上の水準に達しているかどうかを確認していく財務比率として非常に注目されるようになっている。したがって、資本コストを意識した経営を行なうために、財務目標としてROICを採用していくことも1つの選択肢と考えられる。なお、ROICは売上高を分母と分子に掛け合わせることによって、次のような2つの比率の掛け算に分解することができる。

$$\text{ROIC} = \frac{\text{NOPAT}}{\text{売上高}} \times \frac{\text{売上高}}{(\text{Debt} + \text{Equity})}$$

この分解式をもとに、さらにそれをいくつかの財務数値に分解していくROICツリーを使って、目標をブレイクダウンして、企業全体の状況を把握し、改善に向けている企業もある。

また、ROICは、投下資本であるDebt＋Equityと関係が深い資産を各部門に割り振ることができれば、社内の部門ごとに展開することもできる。それによって、組織全体に、資本コストを意識した業績管理、ひいては経営を浸透させることができるようになる。

ケース
リクルート、花王の財務目標

リクルート

海外も含め順調に事業を拡大するリクルートホールディングスは、2019年3月期の段階で、以下の3つの財務目標を設定している。

・調整後EPS年平均成長率　2019年3月期と比較して1ケタ台後半の成長を目指す
・調整後EBITDA　投資と利益成長のバランスを考えて毎期設定
・ROE　15％を目安
　注）調整後EPS（調整後1株当たり当期利益）＝調整後当期利益／（期末発行済株式総数ー期末自己株式数）。調整後当期利益＝親会社の所有者に帰属する当期利益±調整項目（非支配持分

帰属分を除く）±調整項目の一部に係る税金相当額。調整項目は企業結合に伴い生じた無形資産の償却額±非経常的な損益
注）調整後EBITDA＝営業利益＋減価償却費及び償却費（使用権資産の償却費を除く）±その他の営業収益・費用

　リクルートは、調整後EPSについては、以前から株主価値の向上を重視する中での目標と説明しており、また、EBITDA成長率については、積極的なM&Aなどの投資を含めた長期的な利益成長を重視する中での目標と説明している。また、事業別には、EBITDAマージン（EBITDA／売上高）をベースに、国内のメディア＆ソリューション事業については高い水準を維持すること、また海外事業については継続的に改善していくことをそれぞれ目標としてきている。さらに、株主から見た投資効率を意味するROEも目標に加えている。

　このように、リクルートの財務目標には、EPSを重視することで、利益から見た1株の価値を高め、株主価値を向上させること、また、その前提として事業から稼ぐキャッシュフローを意味するEBITDAを拡大させること、さらに株主から見た投資効率であるROEも一定水準で維持していくこと、というバランスを考えた方向性が表れている。

　さらに、事業分野別には、EBITDAマージンによって収益率も意識しており、また、収益率を維持する部門と改善する部門とに区分している。このあたりもきめ細かく、適切であるといえそうだ。

花王

　花王は、2018年12月期の時点で、目標とする経営指標としてEVAを採用している。また、それに加え

て、具体的な財務目標を、2030年までに達成したい長期の目標と、2020年までの4年間の中期経営計画の2つに区分して設定している。その内容は以下の通りである。

・2030年までの長期目標
　売上高2.5兆円を超える（海外1兆円）
　営業利益率17％を超える
　ROE20％を超える
・2020年までの中期経営計画（2017年からの4年間）
　過去最高益更新の継続
　実質売上高CAGR　＋5％
　営業利益率　15％
　売上高1,000億円のブランドを3つ
　（ベビー用品おむつ「メリーズ」、衣料用洗剤「アタック」、スキンケア製品「ビオレ」）
　配当性向40％目標

　これからわかるように、中期計画、長期計画ともに、成長に関連する規模の目標（長期では売上高、中期では最高益の更新と売上高CAGR）と収益性と投資効率に関係する目標（長期ではROEと営業利益率、中期では営業利益率）をそれぞれ設定している。このような目標は、現金及び現金同等物が社債及び借入金を上回るという実質無借金の状況にあり、財務的な安全度が抜群の花王として、高収益力、投資効率を保ちながら、成長していくというバランスのとれた目標といえる。

ケース
ピジョンの財務目標とPVAツリー

　赤ちゃん用品を中心に事業を展開するピジョンは、花王が採用しているEVAと基本的に同じ指標であるPVA（Pigeon Value Added）を財務指標として採用すると同時に、ROE、ROICなどの目標も設定している。

　具体的には、2019年1月時点では、2020年1月までの目標として、ROE22％以上、ROIC20％以上を掲げている。同時に、ピジョンは、PVAをベースにそれを分解し、PVAツリーとして、金額ベースのもの、率ベースのものを作成し公表している。

ピジョンのPVAツリー①（2019年1月期　全社連結）

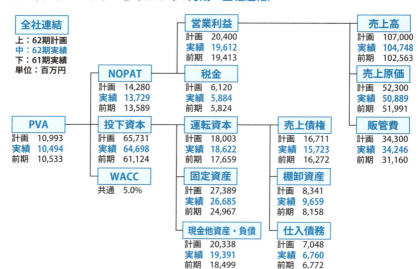

第3章 業績管理と意思決定のための数字の活用【管理会計】

ピジョンのPVAツリー② (2019年1月期 全社連結)

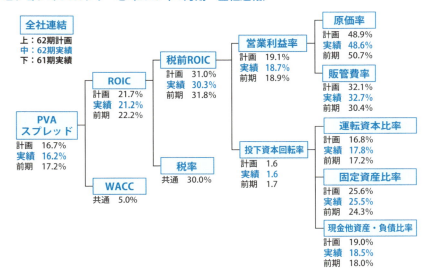

ピジョンのPVAツリー③ (2019年1月期 全社連結)

注) 2017年1月期より、PVA算出時の貸借対照表項目の各数値は期首・期末平均を使用している
出所) ピジョン 2019年1月期決算説明会

このように、細部まで分解することで状況を把握し、公開することで、よりきめ細かい管理ができ、また全体としていい方向に向かうことが期待できる。ピジョンのモデルはROICなどの財務諸表の活用に関する1つのモデルと考えられる。

> **後日談**
> ### 資本コストを意識させるにはROICがよさそうだ
>
> 　経営企画部長の宮本は、友人でありコンサルティング会社の幹部である三科と相談する中で、徐々に自分の考えがまとまってきた。
> 　まず、社内に資本コストを意識させ、社外にも資本コスト重視をアピールするには、中心にすえる財務目標はROICがよさそうだ。また、それを社内に具体的な目標として展開するためにROICツリーも活用し、営業利益率やCCCなども目標として加えていく。
> 　さらに、規模的な成長も重要なので、売上高の目標も設定する。こうすれば、結果として一定レベルのROEも十分に確保できそうだ。宮本は、この方向性をもとに次回のミーティングで経営企画部として提案を行ない、方針をまとめていこうと、詳細を詰めるために担当の部下と検討を始めた。

まとめ

☑ 財務目標の設定にあたっては、①目指すべき方向に合うものを採用する、②設定する目標値の数は複数でもかまわず、その目標水準は効果が高いといわれる「現実的に達成可能で、やや難しいレベル」をベー

スに考える、③社内への展開の際は、いくつかに分解することも含め、各グループがコントロールできるものにする、④浸透と共有のために、何度も研修などで財務目標を意識づける、といった点が重要になる。

☑ 組織の位置づけ方には、売上が目標になるレベニューセンター、コストの維持や削減が目標になるコストセンター、利益が目標になるプロフィットセンター、資産まで含めてROAなどの投資効率が目標になるインベストメントセンターがある。組織の位置づけは、その組織に対する目指すべき方向のメッセージにもなり、また目標も変わるため、各部門の財務目標も異なってくる。

☑ ROICは、株主や銀行といった資金提供者から預かっている資金に対して、どのくらいの儲けを生み出しているか、という投資効率を計算したものである。これは、資金提供者が期待・要求している儲けの率を意味するWACCと完全に比較できるものであり、資本コストを意識した企業にとっては、採用することが望ましい財務目標の1つである。

6 重要業績指標KPIは どう決める？

ストーリー
KPIはどのように決めればよいのか？

　家庭用品の製造販売会社N社の事業部長である田辺は、午前中に出席していた拡大経営会議での財務担当副社長の話を思い出していた。全社の方針として、来年度から各部門でKPIを設定することになり、1カ月後の次回のミーティングまでに各部門でKPIの原案を作成してほしい、という要請があったのだ。

　副社長は話の中で、KPIには財務に関係する数字を含めてもいいが、財務に直接は関係しない重要な数値も考えてほしい。また、結果を表す数値だけでなく、先行指標になるような数字も検討してほしい、ともいっていた。また、KPIの数については厳密な指示はなかったが、原案段階で5個程度は候補をあげてほしいということだった。

　田辺の事業部では、以前から独自に売上高成長率、利益率、在庫回転率、新製品の売上高比率などをKPIとして設定している。また、田辺自身もKPIについては何となくイメージはもっているものの、十分に理解しているわけではない。また、話の中に出ていた財務に直接関係しない重要な数値や先行指標となると、具体的にどのような指標をKPIとして採用すべきかすぐには思い浮かばない。そこで、そのような疑問点について相談に乗ってもらおうとKPIのプロジェクトを中心になって担当している社長室長の大野にメールを送った。

KPIの意味

　KPIはKey Performance Indicatorの頭文字であり、日本語では**重要業績評価指標**と呼ばれている。これは、**企業の業績目標の達成度合いを評価するための重要な指標**のことであり、最近多くの企業が業績評価の中で採用するようになっている。

　具体的には、売上高や営業利益率、ROEといった、業績結果を表す財務指標をKPIとするケースもあるが、実際にはそのような

財務指標で示された目標を実現するために
重要なプロセスの状況を表す指標

を意味する場合が多い。

　たとえば、営業分野では、顧客訪問数、見積作成数、受注率、平均受注額、新規顧客獲得数、リピート率、既存顧客売上高増加率、営業担当者1人当たりの売上高、1顧客当たりの売上高などである。

　これを見てもわかるように、営業分野では一般に売上高を獲得することが目標になるため、それに関係する重要なプロセスの状況を表すような数値がKPIの候補になる。

　一方で、製造分野では、稼働率、1人当たり生産高、多能工比率、不良率、欠品率、事故発生率、製造ラインのストップ回数などが考えられる。製造分野では、一般にコストの削減、品質の確保、契約通りの出荷納品が重要になるので、それに関係するプロセスの状況を表すような数値がKPIになっていく。

　ある意味で、KPIは企業の業績にとって重要な活動の状況を「見える化」し、状況を把握するとともに必要に応じて対策を打っていくためのツールでもある。KPIは、上で見てきたように、営業や製造といった業務によっても異なり、また事業内容によっても異なってくる。

　また、コールセンター、物流会社、ネット関連の企業のように、比較的

業務が定型化しているなど、さまざまな数値データを集計しやすい業種や業界では採用しやすい傾向がある。

ただ、KPIは企業の業績に重要な影響を与え、また業績との間に適切な因果関係があるものを選択することが重要になる。

以前、顧客満足度を高めるためのKPIとして、「顧客からかかってきた電話に出るまでの時間」を採用した企業の話を聞いたことがある。その企業では、受注や質問などの顧客対応を基本的に電話で行なっており、顧客からの電話をできるだけ早く受けることが顧客満足度を高めると考えたのだ。

その結果、ある事業部が平均で1秒を下回るような非常に短い抜群の数値を達成し、高い評価を受けることになった。ただ、その素晴らしい成果を他の部門ととも共有するために、時間を短縮するために実行したことを確認したところ、電話を受ける時間の短さで評価されることになったので、それを短くするために、アルバイトの方の雇用を増やし、管理担当者も通常業務よりも電話応対を優先していたことがわかってきた。

その結果、その部門では、電話に出る時間は短くなったものの、コストアップや一部の業務処理の遅れが発生し、結果として売上高や利益といった業績は低下することになってしまったとのことであった。

このことからわかるように、個人、グループは評価される方向に向けて努力し、活動してしまうので、評価の基準となる**KPIが本当に目指すべき方向につながる重要なものであること**をよく考えた上で、KPIとして採用することが非常に重要になる。

さらに、数値データであるため、可能な限りシステムなどを活用して数値を無理せずに入手できる環境をつくること、また具体的な数値目標の設定についても、一般的に最も成果が出やすいといわれる**「現実的に達成可能で、やや難しい」**レベルに設定することが望ましい。

BSCの意味とKPIとの関係

BSCはBalanced Score Cardの頭文字であり、日本語ではバランスト・スコアカードと呼ばれている。

BSCは企業の理念や戦略を出発点として、それを実現するための具体的な戦略目標を、4つの視点と呼ばれる重要な要素ごとに分解して設定していく。その上でそれぞれの戦略目標と関係の深い評価指標を設定して、数値の水準や変化をもとに理念や戦略の達成状況を管理しその達成を促進していくものである。

この場合の4つの視点は、

財務的な目標に関係する**財務の視点**
顧客との関係に関係する**顧客の視点**
企業内部の業務の状況などに関係する**内部ビジネスプロセスの視点**
組織の活性化や従業員の能力やモチベーションに
関係する**学習と成長の視点**

である。

また、この4つの視点の間には、因果関係がある。

具体的には、組織や従業員の状況に関連する**学習と成長の視点の状況が良好であると**、顧客との関係を表す**顧客の視点**や社内の業務の状況を表す**内部ビジネスプロセスの視点の状況が改善される。**

また、社内の業務の状況を表す**内部ビジネスプロセスの視点の状況が良好であると**、顧客との関係を表す**顧客の視点の状況が改善される。**

さらに、**顧客の視点の状況が良好だと**、財務的な目標を表す**財務の視点の状況が改善**されるというような関係が考えられるのだ。

また、各視点では、まずは全体の理念や戦略につながる具体的な戦略目標を設定し、それに関係のある評価指標を選択していくことになる。

たとえば、財務の視点の中で規模的な成長を戦略目標とした場合は売上高の成長率、株主価値の向上を戦略目標とした場合はEVAやROEをそれぞれ評価指標として採用していく。

また顧客の視点の中で顧客満足度の向上を戦略目標とした場合は顧客満

足度指数、新規の顧客の開拓を戦略目標とした場合は新規顧客の数を評価指標としていくのだ。

なお、BSCはバランスト・スコアカードと呼ばれていることは述べたが、バランスト（Balanced）の意味にはいろいろなものがあるといわれている。その中から、意味合いが大きいものをあげてみたい。1つは評価指標として**財務的な指標とともに財務とは直接関係のない非財務の指標を採用するという財務指標と非財務指標のバランス**、4つの視点で戦略目標と評価指標を設定し管理することで、**比較的短期的な成果に関係する「財務の視点」と「顧客の視点」、逆に中長期の成果に関係する「内部ビジネスプロセスの視点」と「学習と成長の視点」の双方が含まれているという意味での短期と中長期のバランス**などである。

特に、中長期の成果につながる2つの視点が含まれているため、BSCを使った管理は、中長期的にも成果を生み出すことにつながり、結果として良好な状態を長い期間にわたって継続できるという面で意味が大きいともいわれている。

なお、評価指標は、一般に全体として20個程度はあってもいいといわれている。ただ、数については各担当者が管理できる範囲も考えて設定することが望ましい。また、財務的な成果をしっかりとあげていくことを考えると、

評価の比重としては
財務の視点の評価指標の比重を60%～70%程度にする

ことが望ましいという見解もある。

なお、BSCの評価指標のことをKPIと呼ぶこともある。

ところで、BSCは、もともと米国でハーバードビジネススクールの管理会計の有名な教授であるロバート・S・キャプラン氏と経営コンサルタントのデビッド・P・ノートン氏がいくつかの企業の社内管理の仕組みを調査する中で発表した業績管理、戦略管理のツールである。

図表3-5 バランスト・スコアカード（BSC）のイメージ

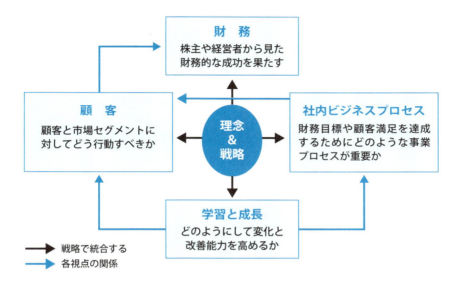

図表3-6 4つの視点の戦略目標の例

財務の視点
- 株主価値の上昇
- 持続的成長
- 原価低減
- 生産性の向上
- 市場における地位の向上
- 収益性の向上
- 原価構造の改善
- 資産の有効活用

社内ビジネスプロセスの視点
- 製品の革新性の向上
  （品質、スピード）
- 業務の卓越性
  （コスト、スピード、品質）
- 顧客親密度

顧客の視点
- 顧客数の増加
- 顧客満足度の向上
- 顧客1人当たりの年間売上高の増加
- リピート購買率の向上
- 新規顧客の開拓
- 顧客収益性の向上

学習と成長の視点
- 従業員の意識
- 能力の開発
- ナレッジマネジメント
- 製品開発能力の向上
- 営業能力の革新

図表3-7　4つの視点の評価指標の例

財務の視点
- EVA
- ROA
- キャッシュフロー
- マーケットシェアの増加
- ROE
- 売上高利益率
- 成長性

社内ビジネスプロセスの視点
- リードタイム
- 不良品率
- 生産性
- クレーム対応時間
- 納期遵守率
- 歩留まり率
- 顧客対応時間

顧客の視点
- 顧客満足度指数
- 納期遵守率
- 特色のある商品の売上全体に占める割合
- 主要顧客の売上全体に占める割合
- 主要顧客から見た当社のランキング
- 提携協調関係にある顧客数
- 新製品の売上高割合
- クレーム発生件数

学習と成長の視点
- 新製品開発に要する時間
- 新製品の売上比率
- モラールサーベイ
- 社員の提案件数
- 従業員定着率
- 従業員満足度指数

　日本では、BSCは2000年代の前半に非常に話題になり、採用する企業もそれなりにあったが、その後BSCを継続して活用している企業はかなり限られているようである。

　採用をやめてしまった企業に理由を聞いてみると、戦略との因果関係を考えて評価指標を選択し設定するところが実務上かなり難しい、という理由が多いようである。ただ、BSCの活用をやめた場合でも、BSCの中で採用した重要な評価指標の一部は継続して活用しているケースが多いようであり、日本企業がKPIを導入することになった背景の1つには、BSCの採用があったといえそうである。

　ただ、戦略との因果関係をもとに、企業にとって重要なKPIを選択するという意味では、今後もBSCの考え方を活用する余地はありそうだ。

EVAの意味とKPIとの関係

　EVAはEconomic Value Addedの頭文字で、日本語では経済的付加価

値と呼ばれている。これは、企業が事業から生み出している儲けが、株主や銀行、社債の保有者といった資金提供者が期待している儲けの水準を、どの程度上回っているかを計算していく業績評価の指標である。

つまり、企業が、資金提供者の期待、要求レベル以上に、どの程度儲けているかを計算したものである。具体的には、以下のように計算する。

$$EVA = NOPAT - (Debt + Equity) \times WACC$$
注）NOPAT ＝ 営業利益 ×（1－実効税率）

この計算式をもとに、EVAの意味を再確認してみよう。

最初の**NOPAT**は、179ページで説明したように、Net Operating Profit After Taxesの頭文字であり、Operating Profitが「営業利益」、After Taxesが「税引き後」、Netが「減価償却費を差し引いた後」、をそれぞれ意味している。しかし、営業利益の段階で減価償却費を差し引くのは当然なので、日本語では税引後営業利益と呼んでいる。

つまり、儲かると必ず払うことになる税金を差し引いたうえでの事業からの儲けのことである。

次にマイナスされている部分は、社債の保有者や株主といった資金提供者が企業に投入している資金の合計である（Debt＋Equity）に、その資金提供者が期待している儲けの率を意味するWACCをかけたものである。これは、資金提供者がその企業に対して期待している儲けの金額になる。つまり、

EVAは、「企業の事業からの儲け」から
「資金提供者が期待している儲け」を引いて、
期待されている以上に儲けたかどうかを評価するための指標

なのである。

つまり、EVAは資本コストであるWACCを毎年の業績管理に結びつけるために、WACCをベースに、資金提供者から求められている儲けを確保

しているかどうかを毎年評価していくための指標である。

なお、資本コストであるWACCをベースに、一定期間継続する事業投資の評価を行なうツールであるNPVやIRRとEVAを比較すると、

一定期間継続するプロジェクトの評価にWACCを入れ込むツールがNPVやIRR、毎年の業績評価にWACCを入れ込むツールがEVA

であるということができる。

また、EVAは金額で計算されるので、資本コストを上回る儲けを生み出しているかといった投資効率に関係するポイントだけでなく、規模の拡大に関係する成長までも含まれているという点で、総合的な評価指標として優れているという見方もある。

EVAと似たような指標は、1970年代ころから一部で採用されていたようであるが、1980年代になって米国のコンサルティング会社であるスターンスチュワート社がEVAを商標登録し、いろいろな企業に導入していたことで利用されるようになっていった。

日本でも、1990年代の終わりに導入する企業が出てきたが、EVAの計算のベースとなるWACCの理解が社内でなかなか浸透しないことなどが理由となり、採用している企業はあまり多くはない。

ただ、家庭用品や化粧品で有名な**花王は、約20年にわたりEVAを評価指標として活用**しており、情報通信やヘルスケア、医療分野へ事業を展開している**HOYAはSVA**（Shareholder's Value Added）、前述のように哺乳瓶などの赤ちゃん用品で有名な**ピジョンはPVA**（Pigeon Value Added）という名称で同じような評価指標を採用している。

それでは、EVAを高めるためにはどうしたらいいのであろうか。計算式であるEVA＝NOPAT－(Debt＋Equity)×WACCから考えると、

NOPATを高める
(Debt＋Equity)を小さくする

WACCを低下させる

という3つの方向によってEVAは高くなっていく。

このうち、NOPAT（＝営業利益×(1－実効税率)）の向上は、営業利益の向上と税金の優遇策の活用がポイントになる。

次の（Debt＋Equity）の削減は、それによって保有している資産の圧縮が課題だ。

また、WACCの引き下げは、一般に資本コストが低い資金であるDEBT、つまり借入金や社債を一定レベルで活用することがその中心的な方策になる。このように、営業利益の向上、税金の優遇措置の活用、資産の圧縮、適度な借入金や社債の活用をバランスよく行なっていくことがEVAの上昇につながっていくのだ。

また、EVAは350ページで見てきたROICとも密接な関係がある。すでに述べたが、ROICは投下資本であるDebt（借りた資金）とEquity（株主からの資金）に対する儲けの率を表している。

先ほどのROICとEVAの計算式を変形しながら、その関係を見てみよう。まず、ROICの式は以下のように表せる。

$$\text{ROIC} = \frac{\text{NOPAT}}{(\text{Debt} + \text{Equity})}$$

これを変形すると、以下のようになる。

$$\text{NOPAT} = \text{ROIC} \times (\text{Debt} + \text{Equity})$$
$$= \frac{\text{NOPAT}}{(\text{Debt} + \text{Equity})} \times (\text{Debt} + \text{Equity})$$

これを利用して、EVAの式を分解していく。

$$\text{EVA} = \text{NOPAT} - (\text{Debt} + \text{Equity}) \times \text{WACC}$$

$$= \frac{\text{NOPAT}}{(\text{Debt} + \text{Equity})} \times (\text{Debt} + \text{Equity})$$

$$- (\text{Debt} + \text{Equity}) \times \text{WACC}$$

$$= (\text{Debt} + \text{Equity}) \times \left(\frac{\text{NOPAT}}{(\text{Debt} + \text{Equity})} - \text{WACC} \right)$$

$$= (\text{Debt} + \text{Equity}) \times (\text{ROIC} - \text{WACC})$$

　これからわかるように、EVAは、ROICがWACCを上回っているときには、(Debt + Equity) が大きくなればなるほど増加し、逆にROICがWACCを下回っているときには、(Debt + Equity) を小さくするほどマイナスが小さくなっていく。

　つまり、事業に投下した資金の投資効率であるROICが投下した資金の資本コスト（資金提供者が期待する儲けの率）であるWACCを上回っているかどうかによって、資金の調達額、逆にいうと事業への資金投入額を調整すべきだ、ということになるのだ。

　具体的には、**ROICがWACCを上回っているときには、投入する資金を増やし、逆にROICがWACCを下回っているときには、投入する資金を減らしていく**ことが望ましいことになる。

　このように、

ROICはEVAのまさに中核的な構成要素

になっている。したがって、**EVAはROICをベースに事業の評価を行ない、選別を行なうことを促すような評価指標と考えることもできそうだ。**

　また、先ほどのようにEVAをその構成要素に分解していくと、営業利益、税金、事業に投入している資産 (Debt + Equity)、WACCに分けることができる。

　さらに、営業利益は、売上高（＝単価×販売数量）、原価、販売管理費

に、資産は運転資本と固定資産に分解できる。ただ、これだけでは具体的な現場の活動につながらないため、たとえば、売上高を伸ばすために、重要だと考えられる新規顧客の数の増加、既存顧客のリピートオーダーの増加、顧客満足度の向上といった評価指標を目標として設定して管理していくことがある。このような評価指標のことを<u>バリュードライバー</u>と呼んでいる。

このバリュードライバーは、実際にはBSCでいう評価指標とかなり重なると考えられており、結果としてKPIにつながるものでもある。

前述のようにEVAを導入している企業はあまり多くはない。ただ、WACC、さらには企業価値との関係をもとに、企業にとって重要なKPIを選択するという意味では、EVAの考え方を活用する余地もありそうだ。

ケース
オムロンのKPI

オムロン

企業価値の向上を意識し、またESGなど社会への貢献も考える経営をしているオムロン。センサーをはじめとする制御装置、電子部品、車載部品、ヘルスケアなど幅広い事業を行ない、業績も順調に拡大している。

ただ、この順調な業績の背景には、明確な財務目標の設定と、それを現場のわかりやすい目標に展開したKPIの設定がある。

まずは、同社の全社の財務目標から見ていこう。オムロンは、2019年3月期時点で、2020年度に達成する

ものとして下記の6つの財務目標を掲げている。

オムロンの財務目標

売上高	1兆円
売上総利益率	41％以上
営業利益	1,000億円
ROIC	10％以上
ROE	10％以上
EPS	300円以上

　これを見ると、成長につながる売上高の目標、資本コストをベースに投資効率を意識したROICとROE、さらに投資効率と関係が深い収益性に関係する売上総利益率と営業利益額と、バランスのいい優良会社ならではの目標となっている。さらに、株主を意識して、株式の価値を上げるベースとなるEPSも目標に加えている。

　また、中でも中心的な目標と考えられるROICについては、それをまず売上高利益率（ROS：Return On Sales）と投下資本回転率の2つに分解し、さらにそれらを改善ドライバーと呼ぶ売上高総利益率や運転資金回転率をはじめとする7つの財務数値に分解している。

　さらに、それらの財務数値を、注目業界エリア売上高、自動化率（省人数）、不動在庫月数、設備回転率といった現場の担当者がイメージしやすい12のKPIに分解している。このROICを3段階で分解していく関係を示したものを、ROIC逆ツリーと呼んでいるが、これによって、ROICの向上と現場の担当者の目線とが直接つながるようになっている。

ROIC逆ツリー

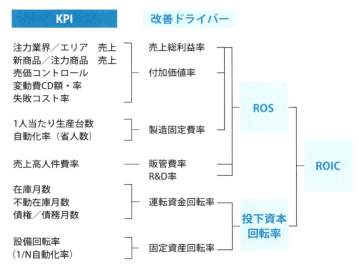

出所）オムロン統合レポート2018

　また、オムロンでは、ROIC翻訳式というものも作成し、分母を必要な経営資源と停滞している経営資源に区分し、さらに分子を「わたしたちのお客様への価値」と置き直している。このような工夫によって、ROICを高めるために、具体的に何をすればいいのか、どのような方向性に向かえばいいのかを財務諸表と普段は接点のない開発や営業部門でも理解できるようにしている。

　また、オムロンは、サステナビリティ課題を設定し、それに関連する主な非財務目標も設定している。具体的には、2018年時点で血圧計販売台数2,500万台／年、ネブライザ＋喘鳴測定器販売台数765万台／年といった自社の社会的な貢献度の高い製品の販売に関連するものや、人材マネジメントに関する、海外重要

ポジションに占める現地化比率3分の2、女性管理職比率（グループ国内）8％といったもの、また環境などに関係する、新規開発品の製品安全アセスメント実施率100％、電子体温計と電子血圧計等の普及による水銀削減69トン／年など幅広い課題に対するKPIとなっている。このように、オムロンはKPIを上手に活用している1社といえそうだ。

後日談
全社の財務目標を意識し、何をすべきかを考えると部門のKPIが見えてくる

　事業部長の田辺は、社長室長の大野から受け取った説明のメールを読む中で、KPIについてかなりイメージがつかめてきた。

　全社の財務目標に売上高とROICが含まれていることを考えると、この2つは田辺の事業部でも意識する必要がある。それらを改善するためには、新規顧客の開拓と既存顧客への売上高の拡大、またコストを低減するために、製造部門での生産性のアップと不良品の削減がキーになりそうだ。

　そう考えると、新規顧客の数、既存顧客の売上高の増加率、1人当たりの生産高、不良品率などがKPIの候補となりそうだ。田辺はこれらをたたき台にして部門内で議論してみようと、ミーティングのスケジュールの検討を始めた。

まとめ

☑ KPIとは、Key Performance Indicatorの頭文字で、日本語では、重要業績評価指標と呼ばれている。具体的には、企業の業績目標の達成度合いを評価するために重要な指標のことであり、財務指標だけではなく、それを実現するために重要なプロセスの状況を表す指標も含まれることもある。

☑ KPIは、目標と方向性が合っている数値データであること、またその数値の目標水準が、最も成果が出やすいといわれる、「現実的に達成可能で、やや難しい」水準になっていることが重要である。

☑ BSCは、Balanced Score Card（バランスト・スコアカード）のことであり、戦略や理念を実現するための経営管理の仕組みである。具体的には、戦略や理念を出発点として、財務、顧客、内部ビジネスプロセス、学習と成長の4つの視点に区分して具体的な戦略目標を設定し、それと関係の深い評価指標を設定して戦略の実現を管理していく。

☑ BSCの中で設定される評価指標がKPIの1つのベースともいわれており、戦略を中心にKPIを設定していく場合には、BSCをベースにすることも考えられる。

☑ EVAは、Economic Value Added（経済的付加価値）のことであり、企業の事業からの儲けが、株主や銀行といった資金提供者が期待している儲けを上回っているかどうか、毎年評価していくための業績評価指標である。ある意味で、資金提供者が期待している儲けのレベルであるWACCを、毎年の業績の管理に入れ込んでいくツールである。

☑ EVAは、それを分解して考えていくとROICとも関係があり、さらにKPIと近いバリュードライバーに分解して活用されることもある。企業価値を中心にKPIを設定していく場合には、EVAをベースにすることも考えられる。

参考文献

第1章

〈書籍及び論文〉

黒沢義孝［1999］『〈格付け〉の経済学』PHP研究所
グロービス経営大学院［2008］『MBAアカウンティング　改訂3版』西山茂監修、ダイヤモンド社
西山茂［2006］『企業分析シナリオ第2版』東洋経済新報社
西山茂［2014］『出世したけりゃ　会計・財務は一緒に学べ！』光文社
西山茂［2015］『増補改訂版　英文会計の基礎知識』ジャパンタイムズ
西山茂［2016］「ROEから考える日本企業の課題」『年報財務管理研究』日本財務管理学会、第27号、pp.106-120
西山茂［2018］『ビジネススクールで教えている会計思考77の常識』日経BP社
日本格付投資情報センター［1998］『格付けの知識』日本経済新聞社

〈ウエッブ資料〉

奥貴史「大塚家具、消えた強気と消えない不安」日経ビジネス電子版、2019年2月15日（https://business.nikkei.com/atcl/gen/19/00002/021500091/）
三井住友信託銀行のガバナンスサーベイ
「経営目標に「ROE」は37%　三井住友信託銀調べ」日本経済新聞電子版、2018年2月18日
（https://www.nikkei.com/article/DGXMZO27064330Y8A210C1NN1000/）
日本格付投資情報センターホームページ（https://www.r-i.co.jp）
日本格付研究所ホームページ（https://www.jcr.co.jp/）
日本取引所グループホームページ「IFRS適用済・適用決定会社一覧」（https://www.jpx.co.jp/listing/others/ifrs/index.html）
ヤフーファイナンスホームページ（https://stocks.finance.yahoo.co.jp/）
「持続的成長への競争力とインセンティブ～企業と投資家の望ましい関係構築～」プロジェクト（伊藤レポート）最終報告書（平成26年8月）（https://www.meti.go.jp/press/2014/08/20140806002/20140806002-2.pdf）
ISS2017年版　日本向け議決権行使助言基準（2017年2月1日施行）（https://www.issgovernance.com/file/policy/2017-japan-voting-guidelines-japanese.pdf）

〈有価証券報告書・決算短信及びその他公開資料〉

トヨタ自動車、シャープ、スバル、東急電鉄、三菱地所、良品計画、ファナック、阪神阪急ホールディングス、ZOZO、アステラス製薬、マツダ、ライフコーポレーション、ヤマダ電機、アークス、本田技研工業、オービックビジネスコンサルタント、サイゼリヤ、コーセー、大塚家具、キヤノン、J.フロントリテイリング、コマツ、塩野義製薬、明治ホールディングス、ヤオコー、ひらまつ、TAC、ミクシィ、花王、キリンホールディングス、日本製鉄、リクルートホールディングス、LINE

〈アニュアルレポート〉

LVMH（モエ・ヘネシー・ルイ・ヴィトン）、ウォルマート、アマゾン、アップル、P&G

第2章

〈書籍及び論文〉

黒沢義孝［1999］『〈格付け〉の経済学』PHP研究所
グロービス経営大学院［2008］『MBAアカウンティング　改訂3版』西山茂監修、ダイヤモンド社
西山茂［2006］『企業分析シナリオ第2版』東洋経済新報社
西山茂［2007］『M&Aを成功に導くBSC活用モデル』白桃書房
西山茂［2008］『入門ビジネス・ファイナンス』東洋経済新報社
西山茂［2014］『出世したけりゃ　会計・財務は一緒に学べ！』光文社
西山茂［2015］『増補改訂版　英文会計の基礎知識』ジャパンタイムズ
西山茂［2018］『ビジネススクールで教えている会計思考77の常識』日経BP社
日本格付投資情報センター［1998］『格付けの知識』日本経済新聞社
松本茂［2014］『海外企業買収　失敗の本質――戦略的アプローチ』東洋経済新報社
Cullinan, G., J. Le Roux and R. Weddigen［2004］, When to Walk Away from a Deal, *Harvard Business Review*, Vol.82, No.4, pp.96-104.（マクドナルド京子訳「プライベート・エクイティ・ファンドに学ぶデュー・ディリジェンスの真実」『DIAMONDハーバード・ビジネス・レビュー』第30巻第2号, pp.102-114）
Brealey, R. A., S. C. Myers and F. Allen［2016］, *Principles of Corporate Finance, 12th Edition*, McGraw-Hill.
Eccles, R. G., K. L. Lanes and T. C. Wilson［1999］, Are You Paying Too Much for that Acquisition?, *Harvard Business Review*, Vol.77, No.4, pp.136-146.
Higgins, R. C.［2015］, *Analysis for Financial Management 11th Edition*, McGraw-Hill.
McKinsey & Company, T. Koller, M. Goedhart and D. Wessels［2015］, *Valuation-Measuring and Managing the Value of Companies, 6th Edition*, Wiley Finance.

〈ウエッブ資料〉

ロイターホームページ（https://jp.reuters.com/）

〈有価証券報告書・決算短信及びその他公開資料〉

JR東海、任天堂、東急電鉄、キッコーマン、トヨタ自動車、りそなホールディングス、ミクシィ、コマツ、三菱地所、三井不動産、小田急電鉄、京成電鉄、バンダイナムコホールディングス、ディー・エヌ・エー、京セラ、本田技研工業、アシックス、JR東日本、ダイキン工業、オムロン、シャープ、三菱商事

〈アニュアルレポート〉

バークシャー・ハサウェイ、アマゾン

第3章

〈書籍及び論文〉

伊藤嘉博・清水孝・長谷川惠一［2001］『バランスト・スコアカード　理論と導入――事例に学ぶ実践手法』ダイヤモンド社

グロービス経営大学院［2008］『MBAアカウンティング　改訂3版』西山茂監修、ダイヤモンド社
清水孝［2013］「予測型経営の理論と実務」『早稲田商学』第434号、pp.825-854
西山茂［2009］『戦略管理会計　改訂2版』ダイヤモンド社
西山茂［2010］「イノベーションを活性化させる経営管理システム──3Mとグーグルの研究開発部門を比較しながら」『早稲田国際経営研究』早稲田大学ビジネスファイナンス研究センター、第41号、pp.15-28
西山茂［2018］『ビジネススクールで教えている会計思考77の常識』日経BP
森沢徹・宮田久也・黒崎浩［2005］『バランス・スコアカードの経営　戦略志向の組織づくり』日本経済新聞出版社
Hope, J. and R. Fraser [2003], *Beyond Budgeting: How Managers Can Break Free from the Annual performance Trap*, Harvard Business Review Press.
Kaplan, R. S. and D. P. Norton [1996], *The Balanced Scorecard: Translating Strategy into Action*, Harvard Business School Press.（吉川武男訳［1997］『バランス・スコアカード──新しい経営指標による企業変革』生産性出版）
Kaplan, R. S. and D. P. Norton [2000], *The Strategy-Forcused Organization, How Balanced Scorecard Companies Thrive in the New Business Environment*, Harvard Business School Press.（櫻井通晴監訳［2001］『キャプランとノートンの戦略バランスト・スコアカード』東洋経済新報社）
Kaplan, R. S. and D. P. Norton [2004], *Strategy Maps: Converting Intangible Assets into Tangible Outcomes*, Harvard Business School Press.（櫻井通晴・伊藤和憲・長谷川惠一監訳［2014］『戦略マップ［復刻版］』東洋経済新報社）
Knight, J. A. [1997], *Value-Based Management: Developing a Systematic Approach to Creating Shareholder Vaalue*, McGraw-Hill.
Rappaport, A. [1986], *Creating Shareholder Value: Developing a Systematic Approach to Creating Shareholder Vaalue*, The Free Press.
Shank, J. and V. Govindarajan [1993], *Strategic Cost Management: The New Tool for Competitive Advantage*, The Free Press.（種本廣之［1995］『戦略的コストマネジメント──競争優位を生む経営会計システム』日本経済新聞社）
Stewart, Ⅲ, G. B. [1991], *The Quest for Valu*e, Harper Collins Publishers.（日興リサーチセンター・河田剛・長掛良介・須藤亜里訳［1998］『EVA創造の経営』東洋経済新報社）

〈ウエッブ資料〉

「ポーター賞　受賞企業・事業部レポート　星野リゾート」（https://www.porterprize.org/pastwinner/2014/12/29164554.html）
星野リゾートホームページ（https://www.hoshinoresorts.com/）

〈有価証券報告書・決算短信及びその他公開資料〉

明治ホールディングス、ディスコ、リクルートホールディングス、花王、ピジョン、HOYA、オムロン

【著者紹介】
西山　茂（にしやま　しげる）
早稲田大学ビジネススクール教授
早稲田大学政治経済学部卒業。ペンシルバニア大学ウォートンスクールMBA修了。監査法人トーマツ、西山アソシエイツにて会計監査・企業買収支援・株式公開支援・企業研修などの業務を担当したのち、2002年より早稲田大学、06年より現職。学術博士（早稲田大学）。公認会計士。主な著書に『企業分析シナリオ（第2版）』『入門 ビジネス・ファイナンス』（以上、東洋経済新報社）、『改訂2版 戦略管理会計』（ダイヤモンド社）、『出世したけりゃ 会計・財務は一緒に学べ!』（光文社新書）、『増補改訂版 英文会計の基礎知識』（ジャパンタイムズ）、『ビジネススクールで教えている会計思考77の常識』（日経BP社）などがある。

「専門家」以外の人のための決算書&ファイナンスの教科書

2019年 8 月 1 日　第 1 刷発行
2025年 5 月27日　第12刷発行

著　者——西山　茂
発行者——山田徹也
発行所——東洋経済新報社
　　　　〒103-8345　東京都中央区日本橋本石町1-2-1
　　　　電話＝東洋経済コールセンター　03(6386)1040
　　　　https://toyokeizai.net/

装　丁…………秦　浩司
ＤＴＰ…………アイランドコレクション
印　刷…………広済堂ネクスト
編集担当………黒坂浩一
©2019 Nishiyama Shigeru　　Printed in Japan　　ISBN 978-4-492-60228-7

本書のコピー、スキャン、デジタル化等の無断複製は、著作権法上での例外である私的利用を除き禁じられています。本書を代行業者等の第三者に依頼してコピー、スキャンやデジタル化することは、たとえ個人や家庭内での利用であっても一切認められておりません。

落丁・乱丁本はお取替えいたします。